高等院校会计系列案例教材

Auditing Cases in Transitional Economy

转型经济中的审计问题

——基于中国上市公司的案例

陈信元　王英姿　夏立军／主编

上海财经大学出版社

图书在版编目(CIP)数据

转型经济中的审计问题:基于中国上市公司的案例/陈信元,王英姿,夏立军主编. —上海:上海财经大学出版社,2011.11
(高等院校会计系列案例教材)
ISBN 978-7-5642-1216-2/F·1216

Ⅰ.①转… Ⅱ.①陈…②王…③夏… Ⅲ.①上市公司-审计-案例-中国 Ⅳ.①F239.22

中国版本图书馆 CIP 数据核字(2011)第 214783 号

□ 封面设计　张克瑶
□ 责任编辑　吴晓群
□ 责任校对　王从远

ZHUANXINGJINGJI ZHONG DE SHENJI WENTI
转 型 经 济 中 的 审 计 问 题
——基于中国上市公司的案例
陈信元　王英姿　夏立军　主编

上海财经大学出版社出版发行
(上海市武东路 321 号乙　邮编 200434)
网　　址:http://www.sufep.com
电子邮箱:webmaster @ sufep.com
全国新华书店经销
上海华教印务有限公司印刷装订
2011 年 11 月第 1 版　2011 年 11 月第 1 次印刷

787mm×1092mm　1/16　12.25 印张(插页:1)　238 千字
印数:0 001—4 000　定价:33.00 元

前　言

本书是继《转型经济中的会计与财务问题——基于中国上市公司的案例》、《转型经济中的公司治理——基于中国上市公司的案例》、《基于价值管理的管理会计——案例研究》之后的第四本会计系列案例教材。本书的研究内容集中在我国的审计市场与上市公司会计信息质量两个方面。

本书得到了上海财经大学"211"工程二期建设资金的资助，是我校会计学院会计专业学位（MPAcc）审计教材建设项目的最终成果。

（一）

虽然我国的经济体制改革可以追溯到1978年，但真正意义上的体制转型却发生在20世纪90年代，尤其是以我国证券市场的诞生和现代企业制度的建立为重要标志，转变的目标是从原有行政主导的计划经济体系转变为以市场为导向的市场经济体系。这一自上而下的转变方式，形成了目前中国所有经济问题研究最特殊的社会背景。注册会计师行业在这场社会变革中也经历了逐步走向规模化、规范化的过程。

总体而言，注册会计师行业的发展历程可以从以下几个方面进行分析：

1. 审计及相关服务的供给方

1988年，我国注册会计师协会成立时，会计师事务所的数量为250家左右[1]。经过20余年的发展，根据财政会计行业管理信息系统的统计数据，截至2010年7月1日，我国有会计师事务所6 892家（不含分所），其中，6 682家属于小型会计师事务所，约占97%[2]。

根据注册会计师协会在2011年7月25日发布的"2011年会计师事务所综合评价前百家信息"，2010年我国注册会计师行业的业务收入总额为375亿元，前百家事务所2010年业务收入合计为231亿元。这些数据表明规模较大的事务所具有较高的审计市场占有率。

---

[1] 杨时展："中国注册会计师制度的沿革与发展"，《财会通讯》1995年第3期。
[2] "严格小所市场准入　提高小所执业质量——财政部会计司解读《关于科学引导小型会计师事务所规范发展的暂行规定》"，《财务与会计》2010年第9期。该文将年度营业收入低于1 000万元的事务所界定为小型事务所。

2. 审计及相关服务的需求方

资本市场的发展推动了融资渠道的多元化，也吸引了众多的投资者和债权人。为了保护资金提供方的利益，监督企业及其管理层履行受托责任、遵循借款合同约定等方面的情况，监管部门出台了一系列的规章制度，要求相关企业定期提供经审计（或审阅）的财务报表。

在我国，企业对审计或其他服务的需求主要是相关法规制度出台引发的强制性需求。会计师事务所的服务对象从20世纪80年代主要面向外资企业（依据1979年全国人民代表大会发布的《中外合资经营企业法》、1980年财政部发布的《中外合资经营企业所得税法施行细则》等），之后逐步扩展到上市公司（依据1993年国务院发布的《股票发行与交易管理暂行条例》等）、国有企业（依据1998年财政部发布的《国有企业年度会计报表注册会计师审计暂行办法》等）、商业银行（依据中国人民银行与财政部于2000年联合印发的《会计师事务所从事金融相关审计业务暂行办法》）等。在此基础上，会计师事务所的客户正在向大专院校、医院等非营利组织和政府机构等方面扩展。

由于上市公司的信息披露比较规范、数据比较容易取得，本书的案例研究对象主要是上市公司。截至2010年年末，我国境内上市公司（A、B股）总数达到2 063家，境外上市公司（H股）数为165家。

3. 审计及相关服务的内容

随着经济的发展，注册会计师提供的业务内容从最初的财务报表审计、验资、咨询逐步扩展到财务报表审阅、内部控制鉴证、内部控制审计、专项审计等。

财务报表审计是会计师事务所向客户提供的最常见的一种业务类型，通常适用于年度报表，审计师提供的是一种积极的保证；财务报表审阅通常适用于中期报表，审计师提供的是一种消极的保证。

2001年安然事件之后出台的Sarbanes-Oxley法案（SOX，以下简称"萨班斯法案"）要求审计师在提供财务报表审计的基础上对财务报告的相关内部控制发表审计意见。上海证券交易所和深圳证券交易所分别在2006年6月和9月发布了《上海证券交易所上市公司内部控制指引》和《深圳证券交易所上市公司内部控制指引》，要求上市公司在披露年度报告的同时，披露年度内部控制自我评估报告及会计师事务所对内部控制自我评估报告的核实评价意见。2008年6月，财政部、证监会、审计署、银监会和保监会联合发布了《企业内部控制基本规范》，该规范要求公司披露年度内部控制自我评价报告并可聘请中介机构对内部控制有效性进行审计。2010年4月，五部委又发布了《企业内部控制应用指引》、《企业内部控制审计指引》等配套规范，内部控制规范体系自2011年1月1日起在境内外同时上市的公司首先实施，2012年1月1日起在上海证券交易所上市的公司及深圳证券交易所主板上市的公司实施，同时鼓励非上市大中型企业提前实施。

4. 注册会计师行业的监管

在我国，财政部、注册会计师协会、证监会等机构根据相关法律规章有权参与注册会

前　言

计师行业的监管。对注册会计师行业的监管主要有以下几种形式：

- 会计师事务所的设立。设立会计师事务所，由财政部（或者省、自治区、直辖市人民政府财政部门）依据《注册会计师法》的有关规定审批。
- 制定行业发展规划并推动其实施。注册会计师协会负责对行业发展做出规划并通过细化的规章制度推动这些规划（如事务所做大做强、业务多元化、创新人才培养等）的实现。
- 制定业务准入标准。财政部对从事国有企业审计业务的会计师事务所、中国人民银行对从事金融相关审计业务的会计师事务所都有从业时间、规模等方面的要求；财政部与证监会负责制定（或修改）具有证券资格的会计师事务所的申请条件[①]，并依法对具有证券资格的会计师事务所从事证券业务的情况进行监督检查；2009年，财政部和证监会对从事H股企业审计业务的会计师事务所也做出了相应的界定。本书的研究内容集中在具有证券资格的会计师事务所及其所服务的上市公司。
- 制定并完善执业准则。注册会计师行业的执业规范在过去20年内经历了初步建立（1995～1999年）、逐步实现国际趋同（2006年、2010年）的过程。执业准则的完善在一定程度上有助于改进注册会计师的执业质量。
- 违规处罚。会计师事务所或审计师如果存在违法违规行为，财政部、证监会等有权做出警告、罚款、暂停其执行业务或者予以撤销等处罚。

（二）

从方法论的角度，研究可以分为分析性研究（Analytical Research）和经验性研究（Empirical Research）。分析性研究所描述的理论要经过经验研究成果的检验，才能站得住脚；而经验性研究也需要理论的指导，否则其研究成果将成无源之水。统计分析和案例分析是经验性研究的两种重要形式。在经济学研究中，严格意义的统计分析需要遵循"理论—假说—检验"这一研究模式，通常称为实证研究（Positive Research），这是比较严谨的学术研究，其结论往往具有普遍意义，可以推广，但进行统计分析需要足够的样本数量。案例分析以实际的案例为出发点来分析问题，在经济学研究中，案例分析就是对一个经济问题或经济现象的刻画和分析，以此给人以启示。案例分析也需要有理论框架，但可能存在理论基础薄弱的问题，而且由于结论是从分析个案后得出的，往往缺乏推广价值。但是，在一些理论积累比较薄弱的领域，或者当研究者只能得到小样本（甚至个案）但现象本身又非常有意义时，采用案例分析方法有助于读者了解事物的具体过程，积累经验，逐步形成理论和假说，或者检验现有的理论和假说。

Ryan，Scapens 和 Theobald（1992）将会计与财务的案例研究分为五类：描述性案例研究（Descriptive Case Studies）、说明性案例研究（Illustrative Case Studies）、实验性案例研

---

① 部分规定的内容参见第八章附表8.1。截至2010年末，我国共有54家会计师事务所具备执行证券业务的资格。

究(Experimental Case Studies)、探索性案例研究(Exploratory Case Studies)、解释性案例研究(Explanatory Case Studies)。本书中的案例没有说明性和实验性的案例。本书试图使案例分析具有一定的理论基础,我们也尝试对案例的原始数据进行处理,以便提炼出基本的原理。这反映出我们实际上希望呈现给读者的是解释性或者探索性的案例研究。但是,由于自身能力和收集到的数据有限,部分案例也许没有能够达到这一愿望,更多地表现为描述性案例。

(三)

本书由上海财经大学会计与财务研究院陈信元教授、夏立军教授和会计学院王英姿副教授、杨忠莲副教授、杜英博士负责撰写。陈信元教授和王英姿副教授组织全书的撰写,并在定稿时对全书进行修改、补充和总纂。

第一章由夏立军、高擎编写,首先介绍了我国注册会计师行业的产生和发展过程。在此基础上,分析了这一行业的市场结构,为理解我国审计市场结构的历史和现状、形成原因及存在的问题提供借鉴。分析发现,我国审计市场的集中度呈现两阶段的发展,表现为1993～1999年间集中度逐渐下降、2000～2008年间集中度逐渐上升。国际大型事务所在我国大客户市场上占有优势,审计的客户资产占整个证券市场的绝大部分,市场份额呈逐渐增加的趋势;而国内事务所审计的客户数比较多,但主要是中小客户,以客户规模特征衡量的市场份额非常低,合并后国内事务所规模经济优势不明显。随着一些改革措施的推进,审计市场的地区分割现象有所减弱。

第二章由陈信元、夏立军、林志伟编写,以"盛润股份"连续15年获得非标准审计意见为例,分析了这些非标准审计意见未能发挥公司治理功能的制度根源。在这一案例中,独立审计之所以没能发挥公司治理功能,是因为审计师出具的非标准审计意见未能给公司及其内部人带来显著的成本,而这又与市场价格机制和公司股权结构上的问题以及有效的监管和法律诉讼机制的缺失有关。本章的研究有助于深入了解我国证券市场上独立审计制度在公司治理中的功能及其存在的问题。

第三章由杨忠莲编写,在对我国2004～2006年388家报表重述公司总体特征描述的基础上,对2006年具有27项报表重述的深圳赛格三星进行了报表重述与审计质量关系的案例分析,并发现注册会计师在审计财务报表时,未能起到应尽的职责,会计师事务所的审计质量控制缺失。

第四章由杨忠莲编写,分析了我国2007年46家ST公司的"持续经营"非标准审计意见,发现无论是披露持续经营不确定性的公司还是未披露持续经营不确定性的公司都存在严重的审计意见变通行为。监管部门有必要从投资者的利益出发,针对审计意见变通行为采取对策。

第五章由王英姿编写,在分析证监会于2006年7月发布的针对科龙电器(000921,SZ)的行政处罚公告以及处罚公告所涉及的该公司2002年至2004年年报基础上,参照注

前　言

册会计师执业准则体系的相关内容,说明了上市公司财务报表审计业务中重大错报风险的一些具体特征。此外,本章还分析了科龙电器财务报表错报事项的具体内容及有关审计意见,发现审计师在报表审计过程中未能识别并恰当处理财务报表中的重大错报,但造成这一结果的原因仍存在一定的争议。

第六章由杜英编写,主要分析 2001 年中天勤、沈阳华伦等 5 家会计师事务所未通过年检被取消执业资格后,所引发的其原有客户改聘其他事务所是否会明显改善审计质量(以非正常性应计利润来衡量)。我们的研究发现,在强制更换会计师事务所以后,这些公司的非正常性应计利润(DA)不降反升。进一步分析的结果显示,在正 DA 组,后任审计师没有调低公司的非正常性应计利润;而在负 DA 组,公司的非正常性应计利润在更换会计师事务所以后反而增加了。研究结果提示我们,在中国这样一个极度分散的审计市场中,强制更换会计师事务所并没有带来大家预期的效果。

第七章由陈信元、王英姿编写,对 2002 年香港安永会计师事务所与上海大华会计师事务所合并前后客户构成的变化进行了多角度的分析。事务所出具不清洁审计意见、控股股东或高层管理人员变更、公司财务状况恶化、行业竞争、原签字注册会计师跳槽、异地审计都可能是导致大华会计师事务所客户减少的原因。回归分析发现,财务状况和经营业绩对事务所变更有显著影响,这表明虽然从形式上看安永大华在合并后客户有所流失,但从其风险控制的角度看,属于客户结构的正常调整。

第八章至第十章由王英姿编写,其中：

第八章通过对立信系会计师事务所合并对审计市场和事务所自身的影响进行分析后发现,立信系会计师事务所的合并会增强相关事务所在审计市场的竞争力,提高这些事务所的市场占有率。另一方面,实现规模扩张后的事务所可以更加独立地发表审计意见,审计质量有所提高。但是,由于上市公司相关信息披露不完整,导致事务所合并对审计收费的影响无法得出确定的结论。

第九章通过对审计收费影响因素的相关文献回顾、电子行业类上市公司 2003 年度至 2005 年度财务报表审计收费概况及京东方审计收费的影响因素分析之后发现,影响京东方审计收费的最重要因素是其资产规模及是否由国际四大会计师事务所审计。另外,我们注意到,2003 年度至 2005 年度电子行业类上市公司中有 9 家公司的审计收费未发生变化,其中 8 家公司的会计师事务所也未发生变更。关于这种现象的解释可以是被审计单位(与会计师事务所)希望保持合理的审计支出(或长期的业务联系),而不是拘泥于某一期间的数据变化。

第十章通过对沪市上市公司 2006 年度与 2007 年度内部控制相关信息披露与审核的情况进行分析后发现,审计师执行上市公司内部控制审核(或鉴证)业务的依据尚不明确,有待进一步统一。民生银行与兴业银行在 2006 年度与 2007 年度均披露了较详细的内部控制自我评估报告并经审计师审核。在分析了这两家银行及其所属的金融保险业的其他公司 8 类指标之后,我们发现资产规模、外部股东持股集中度、高管持股比例、负债权益比率以及机构投资者持股比例都可能是影响这两家银行自愿披露内控信息的因素。

（四）

目前财经类院校的会计专业硕士生规模越来越大，与十多年前相比，硕士研究生的主要培养目标不再是为高校和研究机构输送人才，更多的是面向实务界，本书可作为会计专业硕士（MPAcc）和实务型硕士生《审计研究》课程的教材。

本书还可以作为本科会计学专业高年级学生《审计理论专题》课程教学材料的一部分。

需要指出的是，书中不少案例分析的结论并不是什么标准答案，案例分析可能有多个角度和路径，有些案例也可能没有答案，仅仅是告诉读者一个事实。由于结论是在个案分析的基础上得出的，即便结论是正确的，也可能没有推广价值。

此外，本书还存在着不少缺陷。书中的案例研究存在着水平参差不齐的问题：有些案例有比较强的理论基础和背景支持；但有一些案例理论基础薄弱，而且缺乏必要的背景支持；有些案例的结论比较主观，可能经不起推敲；有些仅仅是案例的简单描述，缺乏必要的分析，难以给人启迪；个别案例甚至还可能存在我们自己都没有察觉的数据不实的问题。

由于时间仓促，更因为我们的学术水平有限，疏漏和错误之处在所难免，希望会计界同仁提出批评意见，以使本书有不断的完善过程。

陈信元　王英姿
上海财经大学
2011 年 9 月

目 录

前言 1

第一章　中国审计市场结构分析 1
  一、中国注册会计师行业的产生和发展过程 1
  二、中国审计市场的结构描述和分析 5
  三、中国审计市场的行业专业化分析 14
  四、中国各地区审计市场的结构 20
  五、总结和讨论 25
  参考文献 26
  思考题 26
  分析题 27

第二章　独立审计为什么没能发挥公司治理功能？
      ——基于"盛润股份"连续15年获得非标准审计意见的案例分析 29
  一、引言 29
  二、盛润股份简介、财务状况及历年审计意见 31
  三、为什么连续15年非标意见没能发挥公司治理功能？ 35
  四、总结 41
  参考文献 41
  思考题 43
  分析题 44

第三章　报表重述与审计质量控制
——整体描述与案例分析 ················· 46
一、研究问题 ··· 46
二、财务报表重述的总体特征描述 ······································· 48
三、财务报表重述的审计特征及分析 ····································· 51
四、深圳赛格三星公司报表重述案例分析 ································· 58
五、研究总结及政策建议 ··· 62
附表 3.1：赛格三星公司报表重述详细情况 ································· 64
参考文献 ··· 66
思考题 ··· 67
分析题 ··· 67

第四章　持续经营、审计判断与审计报告
——审计意见变通行为的案例分析 ················· 69
一、引言 ··· 69
二、持续经营不确定性审计意见的发展 ··································· 70
三、相关研究综述 ··· 73
四、审计意见变通行为案例分析 ··· 75
五、研究结论及建议 ··· 81
附录 4-1：ST 贤成 2007 年审计报告及相关披露 ··························· 82
附录 4-2：ST 金泰 2007 年审计报告及相关披露 ··························· 84
附录 4-3：ST 长运 2007 年审计报告及相关披露 ··························· 85
附录 4-4：ST 秋林 2007 年审计报告及相关披露 ··························· 86
参考文献 ··· 88
思考题 ··· 90
分析题 ··· 90

第五章　上市公司财务报表审计的重大错报事项研究
——基于科龙电器年报数据的案例分析 ················· 91
一、引言 ··· 91
二、重大错报风险与重大错报事项 ······································· 92

目 录

  三、科龙电器概况 …………………………………………… 92
  四、科龙电器财务报表错报事项的分析 …………………… 94
  五、结论与启示 …………………………………………… 100
  附表 5.1：科龙电器历年财务数据与审计意见 …………… 102
  参考文献 …………………………………………………… 104
  思考题 ……………………………………………………… 104
  分析题 ……………………………………………………… 104

第六章　强制更换会计师事务所对审计质量的影响 …………… 108
  一、会计师事务所轮换制度的由来 ………………………… 108
  二、强制更换会计师事务所的理论分析 …………………… 110
  三、中天勤等 5 家会计师事务所被撤销执业资格的事件回顾 … 112
  四、研究过程的描述 ………………………………………… 113
  五、结论 ……………………………………………………… 121
  附表 6.1：5 家事务所主要客户分析表 …………………… 122
  参考文献 …………………………………………………… 127
  思考题 ……………………………………………………… 128
  分析题 ……………………………………………………… 128

第七章　我国会计师事务所变更的因素分析
    ——一项基于安永大华合并前后客户构成变化的案例分析 …… 130
  一、引言 ……………………………………………………… 130
  二、事务所变更因素的相关文献回顾 ……………………… 131
  三、安永大华合并前后客户构成变化的案例分析 ………… 133
  四、结论与建议 ……………………………………………… 140
  附表 7.1：安永大华合并前后的客户变化 ………………… 141
  参考文献 …………………………………………………… 143
  思考题 ……………………………………………………… 143
  分析题 ……………………………………………………… 144

第八章　会计师事务所合并的经济后果研究
——以立信系会计师事务所为例 ··· 146
一、引言 ··· 146
二、事务所合并的相关文献回顾 ··· 147
三、立信系会计师事务所合并概况 ··· 149
四、立信系会计师事务所合并的经济后果 ··· 150
五、结论与局限性 ··· 153
附表 8.1：我国会计师事务所合并概况 ··· 154
参考文献 ··· 155
思考题 ··· 156
分析题 ··· 157

第九章　审计收费的影响因素分析
——以京东方为例 ··· 159
一、引言 ··· 159
二、审计收费影响因素的相关文献回顾 ··· 160
三、京东方审计的背景信息 ··· 162
四、京东方审计收费的影响因素分析 ··· 164
五、结论与建议 ··· 166
参考文献 ··· 167
思考题 ··· 168
分析题 ··· 168

第十章　上市公司内部控制信息披露与审核
——以民生银行与兴业银行为例 ··· 170
一、引言 ··· 170
二、内部控制信息披露的相关文献回顾 ··· 171
三、沪市上市公司内部控制相关信息披露和审核的概况 ··· 174
四、影响民生银行与兴业银行内控信息披露的因素分析 ··· 176
五、结论与建议 ··· 178

目 录

附录 10－1：兴业银行内部控制审核报告 ………………………………… 179
参考文献 ……………………………………………………………………… 180
思考题 ………………………………………………………………………… 181
分析题 ………………………………………………………………………… 181

第一章
中国审计市场结构分析

摘要：本章首先介绍我国注册会计师行业的产生和发展过程。在此基础上，分析这一行业的市场结构，为理解我国审计市场结构的历史和现状、形成原因及存在的问题提供借鉴。分析发现，我国审计市场的集中度呈现两阶段的发展，表现为1993~1999年间集中度逐渐下降、2000~2008年间集中度逐渐上升。国际大型会计师事务所在我国大客户市场上占有优势，审计的客户资产占整个证券市场的绝大部分，市场份额呈逐渐增加的趋势；而国内会计师事务所审计的客户数比较多，但主要是中小客户，以客户规模特征衡量的市场份额非常低，合并后国内会计师事务所的规模经济优势并不明显。随着一些改革措施的推进，审计市场的地区分割现象有所减弱。

一、中国注册会计师行业的产生和发展过程

（一）消失和恢复

20世纪初中国民族工业的发展和股份制企业的出现产生了对独立审计的需求，进而促使独立审计制度产生。新中国成立初期，注册会计师制度延续了一段时间。但随着高度集中的计划经济体制的建立，社会财产的所有者和管理者都由国家（确切地说是政府）担当，所有权和经营权高度统一，审计服务市场失去存在的必要。随后会计师事务所解散，使依托于市场经济的注册会计师行业逐渐退出了社会经济生活（易琮，2002；夏立军，2006）。

20世纪70年代末实行对外开放以后，外资的引进和国有企业改革的推进，使市场对审计服务的需求开始增加，独立审计依托的经济条件得以重新出现。1979年颁布实施的《中外合资经营企业法》规定，合资企业需要由注册会计师对合资各方出资和合资企业净

利润等事项进行鉴证。1980年12月23日财政部颁布《关于成立会计顾问处的暂行规定》,规定会计顾问处由财政部领导,开办初期由财政部补贴,会计顾问处可以承接查账和咨询业务,是由各级财政部门组织成立的经济上独立核算的事业单位。这标志着中国注册会计师行业的恢复(易琮,2002)。1981年,上海会计师事务所成立,这是财政部批准的首家依照《关于成立会计顾问处的暂行规定》设立的会计师事务所。

20世纪80年代我国实行的是单一的公有制经济,当时组建的会计师事务所须由相关国有单位出资成立,这些国有单位为会计师事务所的挂靠单位(易琮,2002)。由于各挂靠单位在会计师事务所承揽审计业务中扮演着重要角色,使得当时的审计市场呈现出无序的局面。1993年颁布的《公司法》规定,公司年度财务报表应依法进行审查验证,同年颁布的各管理条例和实施细则规定上市公司的年度财务报告需经过注册会计师审计,从而进一步推动了注册会计师行业的发展。财政部和中国证监会于1993年3月颁发《关于从事证券业务的会计师事务所、注册会计师资格确认的规定》,证券审计市场许可证管理制度正式实施。

由于我国早期的审计制度植根于计划经济体制,会计师事务所挂靠在国有单位下,导致政府对审计质量重视不够,使得注册会计师承担的审计风险和法律责任较小,由此导致了1992年前后"深圳原野"、"长城机电公司"和农行"衡水信用证"案件(以下简称"老三案")的爆发,引发了公众和政府监管部门对审计质量的关注和担忧。这三大案件的爆发加快了正处于起草和审议阶段的《注册会计师法》的出台,1993年10月,全国人大通过了《注册会计师法》,规定会计师事务所组织形式可以是有限责任制,也可以是合伙制。但1993年12月根据此法制定的《有限责任会计师事务所设立及审批暂行办法》,仍然规定有限责任制会计师事务所须由单位发起设立。与此同时,作为注册会计师行业自律组织的中国注册会计师协会也开始对注册会计师行业进行清理整顿。

此外,1993年以前,我国审计市场上存在注册会计师与注册审计师并存的现象,双方在提供审计服务上彼此竞争,并分别由中国注册会计师协会和中国审计师协会管理。审计业务的重合和审计行业的双重管理给客户和审计市场质量造成了不良影响,极大地影响了审计市场的行业管理和发展秩序。1997年中国注册会计师协会与中国审计师协会、注册会计师与注册审计师的合并完成,终结了这种不合理的制度安排。

(二)脱钩改制

我国注册会计师行业的重建和发展是伴随着改革开放进行的,国有单位发起组建会计师事务所与当时的历史条件紧密相连。作为中国特定历史和社会经济环境的产物,挂靠体制在注册会计师行业恢复初期对事务所的扶持,客观上保护和推动了行业的发展。

第一章　中国审计市场结构分析

但随着市场经济的不断推进,会计师事务所如果仍然保持当年的体制,就与经济的发展不相适应。只有改革事务所体制,才能承担维护市场经济和促进经济发展的重任(丁平准,2006)。由于事务所挂靠在国有单位,是挂靠单位重要的创收来源,由此引发的利益和权力纷争导致了行政权力分割以及审计市场上的行业垄断和地区封锁,严重阻碍了事务所之间的公平竞争。此外,在挂靠制度下,事务所由挂靠单位出资,挂靠单位可能会对事务所审计业务施加行政干预,这也违背了审计独立性;而且,由于挂靠单位的行政干预,注册会计师并不能真正承担审计风险和法律责任,这就减轻了会计师事务所和注册会计师提高风险意识和承担法律责任的压力,并最终导致审计质量的降低。

在"老三案"还未得到充分解决时,1997~1998年,证券市场上"琼民源"、"四川红光"、"东方锅炉"等恶性事件再度袭击了注册会计师行业,使整个行业陷入了信誉危机。在这些案件中,上市公司都存在严重的财务欺诈行为。其中,财政部下属的中华会计师事务所对"琼民源"虚构收入5.66亿元、虚构利润5.4亿元、虚增资本公积6.57亿元的1996年年报出具了无保留意见的审计报告,严重损害了投资者的利益。这三大案件的爆发引发了人们对注册会计师挂靠制度的质疑,审计质量再次成为社会关注的焦点,审计行业的产权改革势在必行,事务所的脱钩改制亟须解决。1997年,事务所脱钩改制工作在深圳开始试点;1998年4月,财政部下发《关于执行证券期货相关业务的会计师事务所与挂靠单位脱钩的通知》,要求全国105家具有证券相关业务资格的事务所在年底前完成脱钩改制。同年8月,财政部要求1999年底全国其他事务所须完成脱钩改制。截至1999年底,全国会计师事务所脱钩改制工作基本完成。

(三)扩大规模

脱钩改制让挂靠制度这一不合理的制度安排成为历史,自此注册会计师行业开始向市场化迈进,在社会经济生活中发挥着重要作用。但由于事务所的规模普遍偏小,难以应对我国经济快速增长和服务市场对外开放的需求。截至1995年,我国从事社会审计工作的会计师事务所和审计师事务所共有6 300多家,而注册会计师人数在100人以上的事务所只有10家左右。事务所规模小,专业队伍素质不一,严重影响了审计水平和质量。为了适应社会主义市场经济的需要,会计师事务所亟须发展规模经营,以完成审计任务和国际市场竞争的需要(丁平准,2006)。因为事务所只有达到相应规模,才能胜任对大中型企业的审计;而且,国际会计师事务所在我国实行服务市场开放以后竞相打入中国市场,如果我国没有自己的大型会计师事务所,就很难走向世界,甚至可能连国内的市场也会失去。

2000年,财政部、证监会和中国注册会计师协会(以下简称"中注协")联合推动了全行业以事务所上规模、上水平为主要内容的结构调整,由此掀起了政府主导的事务所合并浪潮。2000年6月,财政部、证监会联合颁发《注册会计师执行证券、期货相关业务许可证管理规定》,废止以前颁布的有关规定。这大大提高了注册会计师从事证券和金融相关审计业务的准入门槛,造成审计市场上以"保牌"、"保资格"、"保市场"为目的的事务所合并重组。经过合并重组,行业内形成了一批初具规模的会计师事务所,行业结构得到初步改善,逐步扭转了"小、散、乱"的局面。

在合并过程中,出于"保资格、保牌"的需要,很多事务所在选择合并对象时,并没有进行详细审查,最终的结果是,合并仅仅带来数量上的增加,质量上并没有明显改进,合并后的事务所大多没有显示出规模经济。2001年前后,中国证券市场上再次爆发一系列上市公司财务欺诈案件,其中中天勤会计师事务所因涉案银广夏财务欺诈而被撤销,是事务所盲目合并失败的典型代表。财政部和证监会对执业中存在问题的会计师事务所进行了不同程度的处罚,行业监管逐渐趋于严格。自2005年起,中注协开始在全国开展会计师事务所执业质量检查工作,每年都有一些事务所因为执业能力和违规行为受到不同程度的惩罚,执业质量检查对于规范行业发展具有不可忽视的作用。

(四)国际化

在行业监管日益趋严的同时,政府部门也在为我国会计师事务所的发展提供有利环境,推动会计师事务所做大做强。资本市场的不断发展完善,带动了对高质量审计需求的增加,为事务所的规模化和国际化发展创造了条件。2006年5月30日,财政部副部长王军在第三届注册会计师论坛上强调,中国注册会计师行业要进一步适应市场经济发展要求和国际化发展趋势,加强内部治理机制建设,实现做大做强。2006年9月28日,中注协发布《关于推动事务所做大做强的意见(征求意见稿)》,指出将在5~10年内,打造10家能提供跨国经营综合性专业服务的国际化会计师事务所。

近年来,一系列准则法规的颁布实施也为我国会计师事务所的规模化经营提供了有利条件。2007年《企业会计准则》颁布实施,我国会计准则与国际财务报告准则实现了实质上的趋同,为我国会计师事务所走出国门、进行跨国经营创造了条件。

纵观我国审计行业的恢复发展可以看出,政府在行业制度变迁中的主导地位逐渐转变为对注册会计师行业的监管和引导。我国注册会计师行业经历了恢复重建、脱钩改制和合并重组后,审计市场结构发生了巨大的变化。经济体制改革的不断深入以及资本市场的不断完善发展,也对审计行业的发展不断提出新的要求。以下我们将从审计市场的产业组织角度,分析我国审计市场的结构及其演变。

二、中国审计市场的结构描述和分析

(一)我国审计市场的集中度

行业在产业经济学中等同于市场,一个行业即一个市场。市场集中度也即行业集中率(Concentration Ratio),指某一行业中,若干个最大企业所占有的市场份额,是反映市场竞争程度最基本的指标之一。它是以客户数量、客户资产规模或者收益额等为基准进行测算的,该指标由于其简单易行而被国内外学者在研究市场结构时广泛采用。市场集中度通常是依据特定行业中规模最大的前 n 个企业的相关指标(如资产规模、销售额、净收益等)占整个行业的份额计算得出的。市场集中度的计算公式为:

$$CR_n = \frac{\sum_{i=1}^{n} X_i}{\sum_{i=1}^{N} X_i}$$

其中,CR_n 表示行业中前 n 个最大企业的相关指标值在行业中所占的比重;

X_i 表示第 i 个企业的有关指标值;

N 表示行业内的企业总数。

有学者认为,只有选择事务所业务收入计算集中度,才能获得审计市场结构较为准确的评估,而使用其他替代变量就会导致测试结果产生误差。易琼(2002)采用全行业的事务所业务收入为基准,计算了我国整个审计行业的集中度,认为我国审计市场集中度虽然还比较低,但呈逐步上升的趋势。由于数据资料获得的局限,我们的研究范围定位于我国证券审计市场。本文涉及的集中度计算是以客户数量、客户资产总额以及客户的主营业务收入为测算基准进行的。之所以没有选择事务所业务收入为基准,原因有三:第一,我国自 2001 年才要求上市公司披露审计费用情况,而之前年度的审计收费无法获得,如果在各年度采用不同的市场集中度衡量标准可能会使审计市场结构趋势缺乏可比性。第二,尽管监管部门自 2001 年开始要求上市公司年报中披露审计收费情况,但目前审计费的披露状况依然很不规范,部分上市公司年报中没有披露审计收费,部分上市公司披露的审计收费为年报、中报以及其他审计费用的合计,还有一些上市公司因为同时聘请境内和境外两家事务所审计,其年报中披露的审计费用为境内和境外审计的合计数,也无法划分。这些原因导致无法获得准确和完整的审计收费信息。第三,已有的研究论证了审计客户业务的复杂程度与审计收费存在着密切的关系。徐正刚(2007)选取 2002~2003 年沪深 A 股上市公司为样本,考察了我国审计市场审计费用的影响因素,研究发现,审计收费与公司规模存在显著正相关关系,公司规模和审计业务复杂程度是审计收费的重要影响因素。

基于以上分析,我们选取 1993～2008 年间沪、深两市的所有 A 股、AB 股和 B 股上市公司及其会计师事务所为样本,分别按会计师事务所审计的客户数量、客户资产总额以及客户主营业务收入总额对其进行整理排序,计算市场份额排名前 5 位、前 10 位以及前 20 位的会计师事务所市场份额的累积数,即 CR_5、CR_{10}、CR_{20},汇总分析我国 1993～2008 年间审计市场集中度的变化趋势,以了解我国审计市场结构在该期间的演变趋势,并在此基础上分析事务所市场份额的变化,考核国际大型会计师事务所和国内会计师事务所在审计市场上的规模分布。我们计算审计市场结构的数据主要来源于 Wind、CSMAR 和 CCER 数据库,早期(2003 年以前)审计市场的数据来自夏立军(2006)所收集和使用的数据。

图 1.1、图 1.2 和图 1.3 分别给出了 1993～2008 年期间以客户数、客户资产和客户主营业务收入为基准统计的我国审计市场结构演变的趋势。

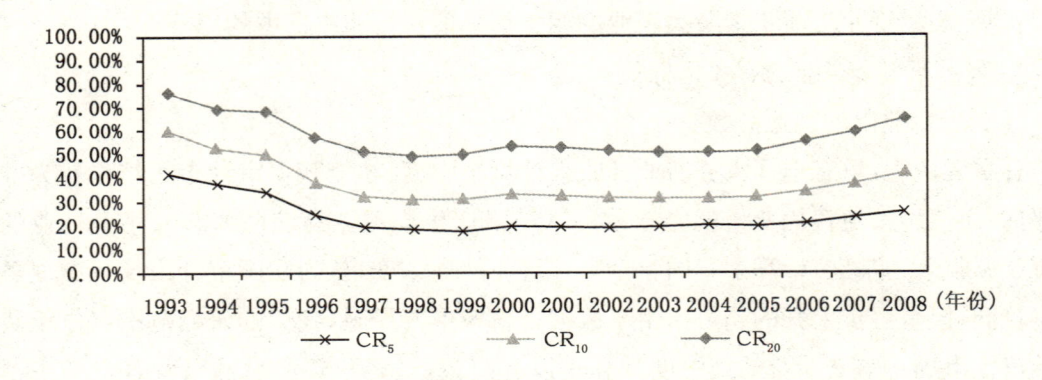

图 1.1 以客户数为基准计算的 CR_5、CR_{10} 和 CR_{20} 的变化趋势图

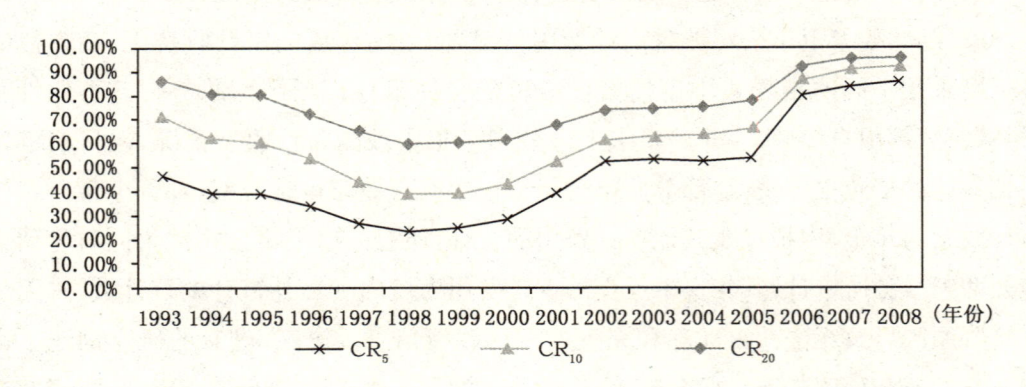

图 1.2 以客户资产为基准计算的 CR_5、CR_{10} 和 CR_{20} 的变化趋势图

第一章 中国审计市场结构分析

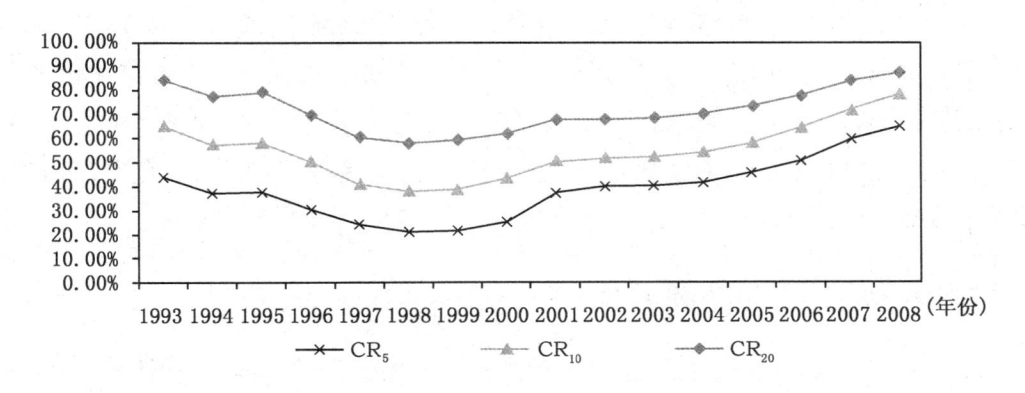

图1.3 以客户主营业务收入为基准计算的 CR_5、CR_{10} 和 CR_{20} 的变化趋势图

图1.1～图1.3描绘了自1993年实行证券资格许可证制度以来,我国证券审计市场集中度的整体变化。结合我国审计市场的制度背景与产业组织理论,可以看出,我国审计市场变化趋势充分反映了审计市场上监管政策的变化、制度的变迁以及证券市场的发展。上述三个趋势图都反映了我国审计市场呈两个阶段的变化趋势,尤其是图1.2和图1.3反映得更为明显。这两个阶段可以概括为:1993～1999年集中度逐渐下降的趋势,以及自2000年开始集中度逐年上升的趋势。

第一阶段:1993～1999年,事务所产权体制的改革与脱钩改制的完成

1992年以后,我国审计市场发生的"深圳原野"、"长城机电公司"和农行"衡水信用证"案件引发了公众和政府监管部门对审计质量的关注和担忧。从审计服务的供给方角度看,1998～1999年底以前我国审计行业实行的是挂靠制度,行政力量在事务所的创办和承接业务中发挥着很大的作用。由于会计师事务所是所挂靠单位创收的重要途径,各级政府部门竞相创办会计师事务所,并利用行政力量和部门垄断帮助事务所承揽审计业务。部门、地方以及单位间对利益的追逐造成会计师事务所"遍地开花",审计市场存在严重的行业垄断、部门分割以及地区封锁。根据前面的分析,如果一个行业进入很难,则较容易引起市场集中;反之,市场则较分散。这就解释了1993年审计市场集中度较高但随后逐渐下降的趋势。脱钩改制后,事务所执业受行政干预下降,地区进入壁垒降低,行业进入相对容易,这两点最终导致集中度的逐渐下降。同时,处于挂靠制度下的会计师事务所由于缺乏独立性,其承担的审计失败的法律责任和风险均大大降低,从而使会计师事务所失去了提供高质量审计服务的动力。

从审计服务的需求方看,在转型时期,我国计划经济体制下的企业存在国有股"一股独大"和"内部人控制"现象,政府在企业经营过程的干预,也造成市场对审计服务的需求

背离了审计的本质,企业选择审计服务仅仅是为了满足政府监管的要求,从而也就缺乏对审计质量的重视。在这种情况下,尽管合伙所和大型事务所独立性和审计质量相对较高,但中国证券市场特有的制度背景使上市公司缺乏对高质量审计的需求(李树华,2000;朱红军、夏立军和陈信元,2004),结果导致大型事务所没有优势,整个审计市场较为分散,集中度水平逐渐降低。

第二阶段:2000~2008年,会计师事务所的规模化发展

1999年底完成脱钩改制之后,注册会计师行业开始向市场化迈进,在社会经济生活中发挥着重要作用,但由于事务所的规模普遍偏小,难以应对我国经济快速增长和服务市场对外开放的需求。2000年加入世界贸易组织(WTO)后,我国的服务业开始对外开放,外资事务所执业管制的放开使处于政府"保护伞"下的国内事务所感受到竞争的压力,同时政府也逐渐认识到保护可能导致国内事务所失去自生能力(徐正刚,2007),只有推动事务所走规模化发展的道路,才能提高我国会计师事务所的执业能力以及与国际大型会计公司竞争的能力。2000年,在财政部、证监会、中国人民银行和中注协的推动下,会计师事务所开始了合并重组。合并后,行业内形成了一批初具规模的会计师事务所,行业结构得到初步改善;成功合并的会计师事务所其执业能力、竞争力以及风险防御能力都有明显提高。同时,政府对行业的监管力度日益加强,审计准则在不断完善,上市公司信息披露的要求逐渐增加,市场需求开始倾向于高质量的审计服务,大规模会计师事务所的优势有所体现,市场份额逐渐被大会计师事务所占有,促进了审计行业集中度的上升。

(二)会计师事务所的规模分布

在分析集中度上升的第二阶段时,一个不可忽视的问题就是,2001年后数家超大规模公司的上市,使证券市场资产容量大幅度增加。2001年中国石化上市,2002年浦发银行、民生银行以及中国联通上市,使审计市场在2000~2001年、2001~2002年的集中度大幅攀升,以客户资产衡量的CR_5、CR_{10}分别从2000年的29%、43%上升到2002年的53%、62%;2006年工商银行和中国银行分别上市,上港集团、中国国航和保利地产等大型公司也于该年上市,以客户资产衡量的集中度也显示出了大幅度的提高,CR_5、CR_{10}和CR_{20}都显著增加,分别从2005年的54%、67%和78%增加到2006年的81%、87%和92%,说明以客户资产衡量的市场结构显示出较高的集中度。客户主营业务收入衡量的结果也显示出上述趋势,但不如以客户资产衡量的结果明显。

从图1.2和图1.3中还可以看出,CR_5、CR_{10}和CR_{20}逐年趋于集中,其中图1.2反映的集中趋势最为明显。这说明审计市场上前5位、前10位、前20位最大规模事务所的市场

第一章 中国审计市场结构分析

份额总数之间的差额逐年递减,市场上规模较大的企业主要由少数几家大型事务所审计。为验证这种猜测和深入了解我国会计师事务所合并在促进市场集中方面是否与预期一致、会计师事务所在合并后是否显现规模经济,接下来我们考察了1993~2008年"国际四大"(或"五大")的市场份额变化,以及非"国际四大"前10位市场份额的变化,即中国本土所的CR_{10}。

表1.1　　　　　1993~2008年间"国际四大"(或"五大")客户数份额的变化

年度	安达信 数量	安达信 排名	安达信 占比(%)	安永大华 数量	安永大华 排名	安永大华 占比(%)	安永华明 数量	安永华明 排名	安永华明 占比(%)	毕马威 数量	毕马威 排名	毕马威 占比(%)	德勤 数量	德勤 排名	德勤 占比(%)	普华 数量	普华 排名	普华 占比(%)	汇总(%)
1993	1	10	0.55				3	8	1.64	2	9	1.09	1	10	0.55			0.00	3.83
1994	3	12	1.03				4	11	1.37	4	11	1.37	4	11	1.37	2	13	0.69	5.84
1995	5	13	1.55				4	14	1.24	5	13	1.55	4	14	1.24	5	13	1.55	7.12
1996	7	14	1.32				6	15	1.13	5	16	0.94	4	17	0.75	7	14	1.32	5.47
1997	11	13	1.48				6	18	0.81	7	17	0.94	4	20	0.54	10	14	1.34	5.10
1998	12	14	1.41				4	22	0.47	8	18	0.94	7	19	0.82	9	17	1.16	4.80
1999	13	15	1.37				5	23	0.53	8	20	0.84	7	21	0.74	11	17	1.16	4.64
2000	24	12	2.21				6	30	0.55	6	30	0.55	8	28	0.74	25	11	1.01	5.06
2001	27	10	2.33				6	29	0.52	8	27	0.69	12	23	1.03	20	15	1.72	6.29
2002				38	5	3.10	7	29	0.57	24	12	0.98	16	20	1.31	44	3	3.59	9.56
2003				33	6	2.56	8	29	0.62	13	26	0.98	17	20	1.32	41	4	3.19	8.67
2004				24	12	1.74	9	26	0.65	12	24	0.87	16	19	1.16	37	4	2.69	7.12
2005				23	14	1.67	8	29	0.58	15	21	1.09	22	15	1.59	33	8	2.39	7.31
2006				18	21	1.26	9	29	0.63	12	26	1.46	21	18	1.46	37	8	2.58	7.39
2007				17	25	1.10	15	26	0.97	18	24	1.16	20	23	1.29	43	6	2.77	7.29
2008							33	15	2.03	17	26	1.05	18	25	1.11	43	11	2.03	6.22

注:2002年安达信解散,香港安永与上海大华会计师事务所合并为安永大华,2008年安永大华被安永华明吸收合并。因此,2002年以后安达信的列示为空白,2002年以前和2008年安永大华的列示为空白。

数据来源:WIND、CSMAR和CCER数据库。

从表1.1中可以看出,"国际四大"(或"五大")审计的客户数占整个市场的比例非常小,

转型经济中的审计问题

最高的 2002 年也仅为 9.56%；平均来看，客户数最多的为普华永道中天，可能是因为它在 2002 年以后合并了安达信的在华业务；最少的为安永华明，其中 2008 年安永华明的市场份额大幅增加是因为吸收合并了安永大华。从"国际四大"（或"五大"）市场份额的汇总来看，1993～2008 年间，这些国际大型会计师事务所以客户数衡量的市场份额变化不大。

表 1.2 和表 1.3 分别以客户资产和客户主营业务收入汇总了"国际四大"（或"五大"）的市场份额。

表 1.2　　1993～2008 年间"国际四大"（或"五大"）客户资产份额的变化

年度	安达信 排名	安达信 占比(%)	安永大华 排名	安永大华 占比(%)	安永华明 排名	安永华明 占比(%)	毕马威 排名	毕马威 占比(%)	德勤 排名	德勤 占比(%)	普华 排名	普华 占比(%)	汇总(%)
1993	15	1.41			20	0.87	4	8.46	22	0.85			11.60
1994	18	1.69			5	6.03	7	5.48	20	1.22	22	1.05	15.47
1995	4	2.31			7	4.65	2	8.42	24	3.01	10	3.01	21.41
1996	16	1.83			5	5.77	4	6.36	35	0.62	11	2.61	17.18
1997	15	2.00			7	3.91	3	5.38	60	0.40	12	2.74	14.43
1998	13	2.36			10	2.93	3	4.33	29	1.12	19	1.77	12.51
1999	13	2.41			9	2.69	5	3.43	35	0.96	16	1.91	11.40
2000	19	2.71			4	3.86	12	2.28	42	0.88	3	4.38	14.11
2001	5	4.21			7	2.84	1	13.80	27	1.04	3	6.85	28.74
2002			3	9.71	6	2.20	1	19.92	12	1.41	2	14.59	47.82
2003			3	9.42	7	1.94	1	19.27	11	1.55	2	13.66	45.84
2004			3	9.02	7	2.68	1	19.44	10	1.58	2	13.30	46.02
2005			3	9.44	6	3.86	1	20.59	8	2.48	2	13.28	49.66
2006			4	3.60	1	35.78	3	8.61	7	1.62	2	30.23	79.83
2007			5	3.25	2	25.12	1	25.12	4	6.49	3	24.32	84.30
2008					1	28.28	3	24.30	4	6.82	2	24.75	84.15

注：2002 年安达信解散，香港安永与上海大华会计师事务所合并为安永大华，2008 年安永大华被安永华明吸收合并。因此，2002 年以后安达信的列示为空白，2002 年以前和 2008 年安永大华的列示为空白。

数据来源：WIND、CSMAR 和 CCER 数据库。

第一章 中国审计市场结构分析

从表1.2可以看出,以客户资产衡量的"国际四大"(或"五大")的市场份额占有率在1993~2008年间有非常大的增加,从1999~2000年的15%左右增加到2008年的84.15%,其中,2001~2002年市场份额大幅增加,从28.74%增加到47.82%,这可能与该期间安达信的解散和大规模公司的上市有关。2006年,市场份额再次出现了大幅度的增加,达到79.83%,相比2005年增加了30%。我们将在下面做出相关解释。另一个值得关注的现象是,2000年以后,这几大事务所以客户资产衡量的市场份额排名都在前5位,而这些事务所以客户数衡量的市场份额排名则在比较靠后的位置。

表1.3　　1993~2008年间"国际四大"(或"五大")客户主营业务收入份额的变化

年度	安达信 排名	占比(%)	安永大华 排名	占比(%)	安永华明 排名	占比(%)	毕马威 排名	占比(%)	德勤 排名	占比(%)	普华 排名	占比(%)	汇总(%)
1993	23	1.10			26	0.91	2	8.79	43	0.21		0.00	11.01
1994	21	1.48			8	0.91	3	6.62	35	0.66	22	1.36	11.04
1995	9	3.28			10	3.15	1	10.85	30	0.71	8	3.34	21.33
1996	16	1.92			5	4.92	1	7.09	45	0.53	11	2.45	16.91
1997	11	2.53			9	3.31	1	5.74	59	0.39	13	2.05	14.02
1998	3	4.31			11	2.61	2	4.33	28	1.18	27	1.19	13.63
1999	6	4.08			9	3.08	2	4.58	35	0.98	22	1.42	14.15
2000	5	4.13			2	5.68	7	3.88	37	0.99	17	1.53	16.21
2001	2	4.23			7	3.03	1	22.61	26	1.23	5	3.37	34.47
2002			4	3.44	6	2.83	1	21.32	9	2.05	2	8.66	38.31
2003			6	2.80	5	2.83	1	21.98	11	1.94	2	8.52	38.07
2004			11	2.00	4	4.57	1	22.64	10	2.23	2	7.44	38.87
2005			13	1.73	2	6.80	1	25.98	5	3.32	3	6.03	43.87
2006			18	1.17	2	9.66	1	24.32	6	3.56	3	9.29	48.01
2007			11	1.97	3	9.86	1	21.36	4	5.34	2	20.15	58.68
2008					3	13.54	2	20.18	5	5.00	1	21.12	59.85

注:2002年安达信解散,香港安永与上海大华会计师事务所合并为安永大华,2008年安永大华被安永华明吸收合并。因此,2002年以后安达信的列示为空白,2002年以前和2008年安永大华的列示为空白。

数据来源:WIND、CSMAR和CCER数据库。

转型经济中的审计问题

从表1.3可以看出,以客户主营业务收入衡量的"国际四大"(或"五大")的市场份额占有率在1993～2008年间也有比较大的增加,但不如以客户资产衡量的结果突出。1999～2000年"国际四大"(或"五大")在全行业中占比15%左右,在2001年有比较大的增加,由2000年的16.21%上升到2001年的34.47%;在以后的几年呈逐渐上升的趋势,2008年"国际四大"(或"五大")的客户主营业务收入达到59.85%。2000年以后,"国际四大"(或"五大")的以客户主营业务收入衡量的市场份额大多排在前10位。该指标的变化趋势与表1.2的结果基本一致。结合表1.1可以看出,虽然近年来国际知名会计师事务所的客户数比较少,但其审计的客户主要是规模非常大的上市公司,例如,四大国有商业银行、中国石化等超大规模的上市公司都由"国际四大"(或"五大")审计,一定程度上说明了我国审计市场上也存在对等聘任现象,即大规模上市公司主要由大型会计师事务所审计,存在结构性壁垒。

为了考核国内会计师事务所在审计市场上的规模分布情况,我们还统计了1993～2008年间我国前10位会计师事务所以客户数、客户资产和客户主营业务收入衡量的市场份额变化,如表1.4所示。

表1.4　　　　1993～2008年前10位国内会计师事务所的市场份额汇总

年　度	客户数	客户资产	客户主营业务收入
1993	59.56%	65.37%	58.99%
1994	52.23%	55.77%	51.86%
1995	49.85%	53.24%	47.10%
1996	37.55%	46.53%	43.33%
1997	31.81%	40.74%	36.99%
1998	30.43%	35.47%	35.28%
1999	30.66%	38.57%	35.05%
2000	32.63%	39.31%	37.22%
2001	32.07%	32.35%	25.23%
2002	29.00%	21.07%	22.67%
2003	29.53%	24.27%	23.72%
2004	31.15%	24.86%	24.49%
2005	31.14%	23.95%	23.33%
2006	33.75%	10.49%	23.99%
2007	37.10%	9.33%	20.80%
2008	41.23%	10.21%	22.76%

第一章 中国审计市场结构分析

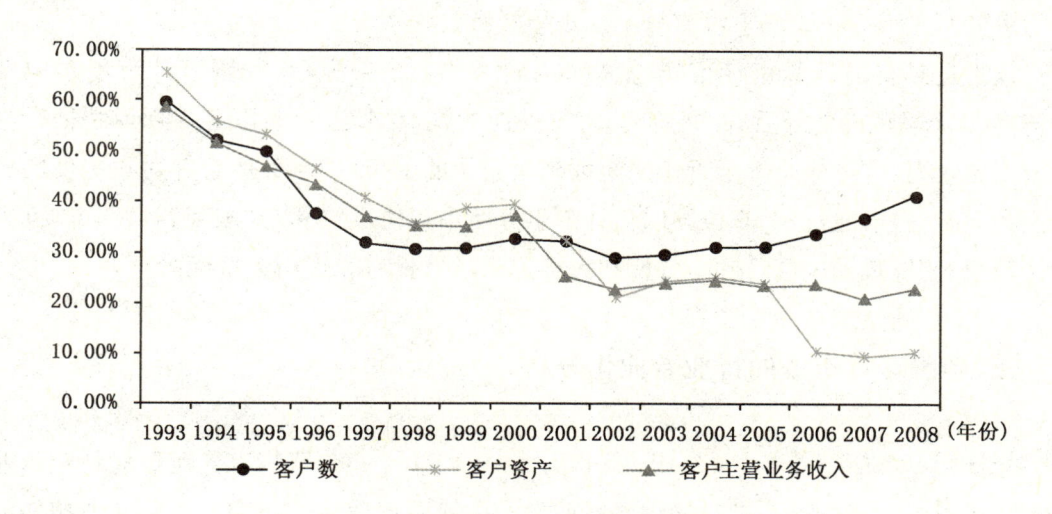

图 1.4 前 10 位国内会计师事务所的市场份额总和趋势图

表 1.4 和图 1.4 显示了 1993～2008 年间我国排名前 10 位的国内会计师事务所的市场份额变化情况。1993～1998 年，以客户数、客户资产和客户主营业务收入为基准衡量的结果都显示前 10 位国内会计师事务所的市场份额是下降的，这与我国审计行业当时的制度背景是一致的。2000 年，会计师事务所的合并重组使国内会计师事务所的市场份额有小幅度的上升，这说明合并引起了 2000 年审计市场集中度的提高。然而 2000 年以后，以客户数衡量的结果与以客户规模特征衡量的结果显示出明显的不同。2000 年以后国内会计师事务所的审计客户数逐年增加，并在 2008 年达到 41.23%，与整体的 CR_{10} 基本相同；以客户主营业务收入衡量的市场份额总和在 2001～2002 年间大幅度下降，2003～2008 年间趋于稳定，而以客户资产衡量的结果是 2001～2002 年间急剧下降，2003～2005 年间基本稳定，2006 年又急剧下降，仅为 10.49%，并在随后的两年基本保持不变。

表 1.4 和图 1.4 显示以不同指标衡量的国内会计师事务所的市场份额存在显著差异。导致这种现象出现的原因可能有两点：其一，很多事务所在 2000 年合并后，由于没有深入考察合作伙伴，所以在上市公司财务欺诈案中遭到惩罚或者撤销，譬如中天勤。而且，这些国内会计师事务所的涉案可能会引起市场对国内会计师事务所的审计质量产生质疑，从而使很多大型上市公司倾向于选择国际知名会计师事务所审计。其二，2001 年中国石化上市，2002 年中国联通、浦发银行以及民生银行上市，2006 年工商银行和中国银行以及数家大规模公司的上市，使得证券审计市场的客户资产容量迅速扩张，由于这些大规模公司或金融机构大多选择国际会计师事务所审计，因此国内会计师事务所占有的市场份额相对减少。这说明"国际四大"（或"五大"）在我国大客户市场也具有优势，而国内会

～ 13 ～

计师事务所在大客户市场上没有显示出规模经济。

以上是对我国证券审计市场总体结构的考察。结果显示,我国审计市场集中度自1993年以来呈现出先降后升的趋势。值得关注的是,尽管近年来以客户规模特征衡量的集中度比较高,这可能是源于近年来超大规模公司的上市,而事务所合并对集中度的影响并不明显。并且,通过前10位国内会计师事务所市场份额之和与"国际四大"(或"五大")的比较,我们发现国内会计师事务所在大客户市场上没有表现出竞争优势。

三、中国审计市场的行业专业化分析

会计师事务所行业专长(Audit Firm Industry Expertise)是指事务所针对特定行业的客户特征投资形成的产业专有知识和行业专家才能。行业专长作为审计师专业技能的重要组成部分,对审计质量有很大的影响作用。已有的实证研究发现,拥有行业专长的事务所在识别和处理特定行业的会计、审计问题方面能力更强,从而为该行业的客户提供更高质量的审计服务。行业专长还有助于会计师事务所发展规模经济,提高审计效率。国外关于审计师行业专长的研究证实了行业专长对会计师事务所发展的重要性。邓素玲(2009)认为,现今的中国审计市场可以识别国际四大会计师事务所的行业专长,而本土会计师事务所则不存在行业专长,同时她发现拥有行业专长的事务所能提供更高质量的审计服务。在实务界,毕马威会计师事务所于1993年率先按照行业重组了其组织结构,之后"国际四大"(或"五大")也都对其组织结构按客户行业进行了分组。在成熟的审计市场上,会计师事务所在不同行业的分布会有较大差异。因此,根据在不同行业事务所的市场份额变化可以评判事务所的行业专长水平。下面我们对此进行分析。

首先,根据中国证监会2001年发布的《上市公司行业分类指引》,把每年所有的上市公司分为13个大类,并就每个行业分别以客户数、客户资产和客户主营业务收入为基准计算集中度CR_{10};由于制造业在市场中比例较高,包含的二级行业较多,且每个行业的市场规模都比较大,本章还就制造业的二级分类行业单独进行了研究分析。通过将各行业审计市场与整体审计市场结构进行对比,了解行业审计市场的结构变化,分析其与总体审计市场结构的差异,并判断我国审计市场上会计师事务所是否存在行业专长。

表1.5、表1.6和表1.7给出了以客户数、客户资产和客户主营业务收入为基准计算的行业集中度。

第一章 中国审计市场结构分析

表 1.5　　　　　　　　　　　以客户数为基准计算的行业集中度 CR_{10}

行业 年度	A	B	C	D	E	F	G	H	I	J	K	L	M
1993	100%	—	57%	100%	100%	100%	100%	86%	100%	77%	100%	100%	81%
1994	100%	100%	47%	92%	100%	100%	100%	74%	100%	81%	100%	100%	68%
1995	100%	100%	45%	92%	100%	100%	95%	67%	100%	77%	100%	100%	69%
1996	100%	100%	35%	68%	100%	92%	67%	56%	100%	72%	88%	100%	52%
1997	77%	100%	31%	53%	91%	64%	56%	51%	100%	71%	67%	100%	49%
1998	65%	100%	30%	53%	77%	70%	57%	50%	100%	70%	74%	100%	47%
1999	68%	92%	30%	53%	75%	71%	51%	51%	100%	71%	75%	100%	44%
2000	54%	86%	32%	52%	72%	66%	50%	51%	100%	70%	77%	100%	50%
2001	54%	71%	32%	51%	65%	59%	50%	51%	100%	64%	72%	100%	51%
2002	53%	67%	31%	49%	52%	52%	49%	51%	100%	59%	78%	100%	49%
2003	52%	62%	31%	49%	54%	48%	45%	48%	100%	55%	74%	100%	52%
2004	51%	54%	33%	43%	48%	49%	42%	53%	100%	56%	62%	100%	58%
2005	44%	61%	33%	44%	52%	50%	47%	53%	100%	55%	67%	100%	58%
2006	56%	54%	35%	52%	55%	49%	49%	53%	100%	54%	63%	100%	56%
2007	54%	69%	39%	57%	58%	55%	46%	52%	79%	52%	60%	91%	56%
2008	62%	74%	43%	58%	59%	57%	48%	53%	82%	53%	58%	85%	53%

注：根据证监会《上市公司行业分类索引》，A、B、C、D、E、F、G、H、I、J、K、L、M 为行业代码，其中：

A 代表农、林、牧、渔业；

B 代表采掘业；

C 代表制造业；

D 代表电力、煤气及水的生产和供应业；

E 代表建筑业；

F 代表交通运输、仓储业；

G 代表信息技术业；

H 代表批发和零售贸易；

I 代表金融、保险业；

J 代表房地产业；

K 代表社会服务业；

L 代表传播与文化产业；

M 代表综合类。

"—"表示该行业该年没有上市公司。

转型经济中的审计问题

对比图1.1、图1.2和图1.3可以发现,1993~2008年间各行业审计市场集中度的变化趋势与总体审计市场基本一致,即呈现先下降后上升的趋势,并且在2000~2004年间行业集中度趋于稳定,维持在50%左右。行业内的上市公司越多,该行业市场的审计结构与整体审计市场结构的变化就越接近。由表1.5可以发现,行业的集中度水平比较低,但高于总体审计市场的集中度。如果不考虑情况比较特殊和市场规模比较小的金融、保险业,社会服务业以及传媒、文化产业,采掘业的审计市场集中度平均最高,1999年CR_{10}为92%,2008年CR_{10}为74%,部分原因可能是该行业的上市公司数量不多且公司规模比较大,如中国石化;市场规模最大的制造业审计市场的集中度最低,1993年CR_{10}为57%,1999年CR_{10}为30%,2008年CR_{10}上升到43%;其他行业大多在60%左右。表1.6和表1.7列示了以客户资产和客户主营业务收入为基准计算的行业集中度。

表1.6　　　　　　　　以客户资产为基准计算的行业集中度CR_{10}

行业 年度	A	B	C	D	E	F	G	H	I	J	K	L	M
1993	100%	—	72%	100%	100%	100%	100%	95%	100%	91%	100%	100%	91%
1994	100%	100%	61%	99%	100%	100%	100%	85%	100%	92%	100%	100%	81%
1995	100%	100%	62%	99%	100%	100%	99%	76%	100%	91%	100%	100%	80%
1996	100%	100%	56%	93%	100%	97%	84%	65%	100%	85%	97%	100%	67%
1997	88%	100%	47%	84%	98%	91%	74%	58%	100%	86%	88%	100%	60%
1998	79%	100%	42%	76%	96%	90%	71%	56%	100%	83%	85%	100%	54%
1999	77%	98%	40%	72%	93%	88%	64%	58%	100%	81%	86%	100%	47%
2000	65%	96%	41%	68%	91%	81%	63%	59%	100%	84%	87%	100%	55%
2001	68%	99%	38%	71%	87%	77%	67%	58%	100%	78%	83%	100%	60%
2002	66%	99%	40%	69%	84%	76%	84%	60%	100%	73%	89%	100%	54%
2003	71%	98%	39%	71%	82%	77%	82%	61%	100%	68%	87%	100%	59%
2004	70%	97%	41%	69%	77%	76%	80%	63%	100%	68%	85%	100%	68%
2005	68%	98%	44%	74%	79%	78%	79%	66%	100%	70%	88%	100%	68%
2006	71%	98%	46%	83%	79%	82%	81%	71%	100%	73%	87%	100%	65%
2007	70%	98%	52%	85%	90%	84%	79%	71%	100%	73%	84%	99%	69%
2008	74%	99%	57%	85%	93%	88%	88%	69%	100%	74%	81%	98%	69%

注:代码解释同表1.5。

第一章 中国审计市场结构分析

表 1.7　　　　　　　以客户主营业务收入为基准计算的行业集中度 CR_{10}

行业 年度	A	B	C	D	E	F	G	H	I	J	K	L	M
1993	100%	—	70%	100%	100%	100%	100%	100%	100%	90%	100%	100%	93%
1994	100%	100%	60%	99%	100%	100%	100%	86%	100%	93%	100%	100%	79%
1995	100%	100%	62%	99%	100%	100%	99%	80%	100%	93%	100%	100%	78%
1996	100%	100%	56%	93%	100%	99%	93%	66%	100%	87%	98%	100%	60%
1997	91%	100%	47%	80%	99%	94%	82%	62%	100%	89%	91%	100%	52%
1998	83%	100%	44%	75%	97%	94%	78%	62%	100%	86%	91%	100%	49%
1999	87%	99%	43%	71%	96%	93%	76%	63%	100%	87%	89%	100%	49%
2000	74%	98%	47%	71%	96%	88%	69%	66%	100%	91%	88%	100%	65%
2001	77%	100%	42%	78%	93%	85%	72%	68%	100%	86%	87%	100%	65%
2002	78%	99%	43%	75%	91%	84%	81%	69%	100%	82%	88%	100%	59%
2003	79%	99%	44%	75%	87%	85%	83%	72%	100%	77%	87%	100%	63%
2004	80%	99%	47%	71%	84%	84%	81%	77%	100%	75%	86%	100%	68%
2005	77%	99%	50%	75%	86%	86%	81%	78%	100%	71%	88%	100%	68%
2006	84%	99%	49%	82%	85%	88%	83%	80%	100%	73%	87%	100%	67%
2007	85%	99%	53%	85%	93%	90%	82%	78%	99%	72%	82%	100%	73%
2008	84%	99%	59%	85%	96%	93%	85%	79%	100%	75%	83%	99%	73%

注:代码解释同表 1.5。

　　表 1.6 和表 1.7 汇总了按客户规模指标衡量的行业审计市场集中度,相比以客户数为基准计算的结果,以客户资产和客户主营业务收入为基准计算的集中度比较高。大多数行业的 CR_{10} 都在 80% 左右。这说明行业审计市场上,前 10 位的会计师事务所的客户规模较大。与前文按照客户数计算的行业集中度的分析相类似,排除情况比较特殊和市场规模比较小的金融、保险业,社会服务业以及传媒、文化产业之后,采掘业的集中度水平依然是较高的,接近 100%,部分原因可能是存在规模较大的公司,譬如 2001 年中国石化的上市,采掘业以客户资产和客户主营业务收入衡量的集中度都明显增加。相比其他行

业较高的集中度,制造业的集中度依然最低,不到60%。因为制造业包含的二级行业最多,该行业的上市公司总数占整个证券市场的一半以上,而且各行业的业务差别也比较大。为了更深入地分析该行业的审计结构以及行业专业化,本节就制造业的二级分类行业做了进一步的考察。由于早期我国审计市场化程度较低,事务所没有培育行业专长的动机和环境,且该期间的审计结构可以参考整体制造业的研究。因此,我们仅计算2000年以后的制造业二级行业审计市场的集中度CR_{10}。集中度的计算采用的参考指标依然为客户数、客户资产和客户主营业务收入,结果如表1.8、表1.9和表1.10所示。

表1.8　　　　按客户数计算的制造业二级行业的集中度CR_{10}

行业 年度	C0	C1	C2	C3	C4	C5	C6	C7	C8	C9
2000	53%	57%	100%	70%	32%	67%	46%	38%	49%	83%
2001	47%	62%	100%	57%	35%	53%	47%	36%	45%	77%
2002	44%	65%	100%	55%	35%	56%	42%	36%	45%	71%
2003	46%	61%	100%	54%	37%	55%	41%	37%	47%	71%
2004	27%	61%	100%	56%	40%	53%	42%	34%	48%	81%
2005	41%	60%	100%	62%	40%	53%	43%	35%	49%	87%
2006	47%	62%	100%	56%	43%	51%	42%	36%	47%	75%
2007	47%	57%	100%	69%	43%	58%	44%	43%	49%	74%
2008	51%	60%	100%	65%	45%	60%	45%	49%	52%	75%

注:根据证监会《上市公司行业分类索引》,C0、C1、C2、C3、C4、C5、C6、C7、C8、C9为制造业二级行业的代码,其中:

C0代表食品、饮料行业;

C1代表纺织、服装、皮毛行业;

C2代表木材、家具行业;

C3代表造纸、印刷行业;

C4代表石油、化学、塑胶、塑料行业;

C5代表电子行业;

C6代表金属、非金属行业;

C7代表机械、设备、仪表行业;

C8代表医药、生物制品行业;

C9代表其他制造业。

第一章 中国审计市场结构分析

表 1.9　　　　　　　按客户资产计算的制造业二级行业的集中度 CR_{10}

行业 年度	C0	C1	C2	C3	C4	C5	C6	C7	C8	C9
2000	64%	64%	100%	86%	53%	87%	67%	48%	60%	94%
2001	62%	68%	100%	80%	55%	74%	66%	45%	56%	52%
2002	63%	76%	100%	81%	57%	76%	62%	46%	55%	91%
2003	63%	76%	100%	78%	55%	75%	59%	43%	56%	90%
2004	65%	78%	100%	79%	57%	74%	61%	39%	56%	91%
2005	63%	74%	100%	85%	53%	74%	69%	40%	57%	94%
2006	66%	77%	100%	84%	53%	70%	70%	52%	57%	91%
2007	66%	80%	100%	85%	54%	69%	76%	55%	57%	90%
2008	68%	77%	100%	86%	56%	74%	78%	65%	61%	92%

注：代码解释同表 1.8。

表 1.10　　　　　按客户主营业务收入计算的制造业二级行业的集中度 CR_{10}

行业 年度	C0	C1	C2	C3	C4	C5	C6	C7	C8	C9
2000	69%	67%	100%	89%	67%	91%	73%	54%	65%	97%
2001	66%	75%	100%	81%	65%	81%	67%	54%	64%	95%
2002	70%	81%	100%	85%	68%	85%	64%	52%	64%	94%
2003	73%	81%	100%	86%	70%	85%	62%	51%	66%	93%
2004	76%	81%	100%	86%	71%	84%	62%	48%	67%	93%
2005	77%	74%	100%	88%	68%	84%	69%	47%	68%	97%
2006	78%	73%	100%	87%	60%	83%	70%	51%	69%	95%
2007	75%	75%	100%	89%	60%	82%	74%	58%	70%	95%
2008	76%	76%	100%	87%	59%	81%	76%	65%	70%	95%

注：代码解释同表 1.8。

木材、家具行业由于上市公司数量较少，前 10（或少于 10）位事务所审计整个行业的上市公司，因此，2000～2001 年间 CR_{10} 都为 100%。通过对比可以看出，除了其他制造业，以客户数衡量的行业间集中度水平差异不大,基本维持在50%左右,略高于整体制造业审计市场的集中度。

表1.9和表1.10统计的结果与之前的分析一致。以客户资产和客户主营业务收入衡量的集中度高于以客户数为基准衡量的集中度。从以客户资产衡量的结果看,2000年机械、设备、仪表行业集中度最低,2000～2005年间都在40%左右,2006年开始有所上升,这可能也与该行业上市公司数量最大有关;造纸、印刷行业和其他制造业集中度较高,分别为86%和92%。

通过对行业审计市场集中度的计算分析,可以发现,我国不同行业审计市场的集中度存在较大差异,个别行业的集中度还比较低。其中,行业包含的上市公司越多,该行业审计市场的集中度越低,且与总体审计市场结构的变化趋势越接近。

四、中国各地区审计市场的结构

我国各地区经济发展水平存在较大的差异,北京、广东、上海和一些沿海地区经济发展比较快,上市公司和会计师事务所都比较多,且规模比较大;而西藏、青海和宁夏等地区的经济发展比较缓慢,上市公司和会计师事务所则比较少,且规模相对比较小。此外,由于地方政府对经济的干预程度不同,我国各省份或地区市场化程度也存在比较大的差异,这些因素都可能会反映在地区审计市场集中度的高低上,从而使总体审计市场的研究在衡量各地区的市场结构时缺乏说服力。本节将对地区审计市场结构进行分析。我们首先对我国各省份的审计结构和审计市场上地区分割的变化趋势进行描述性统计,然后就地区审计市场结构的变化做出分析解释。

地区审计市场的集中度计算与前文市场集中度的计算方法一样,依然以客户数、客户资产和客户主营业务收入为基准。由于大多数省份的上市公司数量不多,很多省份参与上市公司审计的会计师事务所数量也较少,为了使统计的结果更有意义,且更利于比较,本节考察地区审计结构时仅计算集中度CR_5。计算结果如表1.11、表1.12、表1.13所示。

表1.11 以客户数为基准计算的CR_5

年度 省份	1993 (%)	1994 (%)	1995 (%)	1996 (%)	1997 (%)	1998 (%)	1999 (%)	2000 (%)	2001 (%)	2002 (%)	2003 (%)	2004 (%)	2005 (%)	2006 (%)	2007 (%)	2008 (%)
安徽	100	100	100	100	100	100	100	96	96	94	92	89	89	80	83	82
北京	100	100	100	85	70	76	73	72	70	74	64	61	58	57	58	59
福建	100	100	100	96	97	97	95	90	80	88	88	87	84	88	90	85

第一章　中国审计市场结构分析

续表

年度 省份	1993 (%)	1994 (%)	1995 (%)	1996 (%)	1997 (%)	1998 (%)	1999 (%)	2000 (%)	2001 (%)	2002 (%)	2003 (%)	2004 (%)	2005 (%)	2006 (%)	2007 (%)	2008 (%)
甘肃	—	100	100	100	100	100	100	100	100	100	100	100	95	89	90	86
广东	79	78	76	71	68	64	62	68	61	62	62	60	58	56	55	59
广西	100	100	100	100	88	80	83	71	79	84	86	82	73	77	76	80
贵州	—	100	100	100	100	100	100	89	85	77	77	71	71	71	82	76
海南	100	100	100	100	83	83	81	91	86	90	86	81	71	75	65	65
河北	—	100	100	80	88	90	92	81	89	97	91	86	83	69	69	69
河南	100	100	100	100	100	88	86	88	77	71	65	71	72	70	75	68
黑龙江	100	100	100	92	88	86	85	67	74	55	55	48	56	50	56	58
湖北	100	100	100	84	90	88	83	87	93	88	88	86	82	84	81	78
湖南	100	100	100	100	100	100	100	100	100	94	92	89	86	78	81	85
吉林	100	100	100	100	96	96	93	77	84	85	77	77	67	72	74	71
江苏	100	89	82	82	78	85	83	84	84	84	79	77	76	73	76	72
江西	100	100	100	100	91	91	92	93	94	86	87	92	88	88	89	85
辽宁	100	100	100	100	80	78	74	80	62	61	65	64	65	70	71	68
内蒙古	—	100	100	100	100	100	100	95	90	85	85	71	71	58	68	63
宁夏	—	100	100	100	100	100	100	100	100	100	100	100	100	100	100	100
青海	—	—	100	100	100	100	100	100	100	100	100	100	100	100	80	80
山东	100	100	100	78	77	75	73	75	77	75	65	61	58	58	59	55
山西	100	100	100	100	80	92	92	88	89	84	81	86	82	80	77	81
陕西	100	100	100	100	100	100	100	100	100	96	92	85	72	75	77	76
上海	93	89	88	91	89	89	90	90	87	83	81	78	78	78	77	75
四川	100	100	100	100	95	84	89	87	85	82	81	78	78	73	75	78
天津	100	100	100	100	100	100	93	93	90	86	74	70	70	60	57	55
西藏	—	—	100	100	100	100	100	100	100	100	100	100	75	75	75	75
新疆	—	100	100	100	100	100	100	100	90	87	88	89	89	79	80	78
云南	100	100	100	100	100	100	100	100	100	100	100	100	100	96	92	96
浙江	100	100	100	100	100	100	98	94	91	90	88	86	88	87	86	89
重庆	100	100	100	100	100	100	100	100	88	81	85	83	86	79	81	77

注："—"表示当地当年无上市公司。

表 1.12 以客户资产为基准计算的 CR_5

年度 省份	1993(%)	1994(%)	1995(%)	1996(%)	1997(%)	1998(%)	1999(%)	2000(%)	2001(%)	2002(%)	2003(%)	2004(%)	2005(%)	2006(%)	2007(%)	2008(%)
安徽	100	100	100	100	100	100	100	99	99	97	96	94	92	87	87	87
北京	100	100	100	95	71	73	75	83	93	95	95	95	95	99	99	99
福建	100	100	100	98	97	97	97	98	93	95	96	95	96	97	100	99
甘肃	—	100	100	100	100	100	100	100	100	100	100	100	99	97	99	98
广东	81	81	80	77	76	76	68	69	68	81	82	80	82	82	88	88
广西	100	100	100	100	95	92	92	69	76	84	87	85	79	81	89	90
贵州	—	100	100	100	100	100	100	97	92	87	87	81	83	84	90	91
海南	100	100	100	100	94	93	91	95	98	99	96	95	83	95	90	91
河北	—	100	100	93	97	97	97	92	94	97	94	93	94	85	84	87
河南	100	100	100	100	100	92	87	87	84	80	76	48	81	78	82	83
黑龙江	100	100	100	94	95	87	85	64	77	66	61	60	68	66	72	74
湖北	100	100	100	83	89	83	79	79	92	85	87	85	83	81	78	76
湖南	100	100	100	100	100	100	100	100	100	98	97	93	91	88	86	87
吉林	100	100	100	100	99	99	91	89	95	96	89	89	78	79	82	76
江苏	100	95	97	92	86	88	88	85	87	83	78	77	77	71	77	72
江西	100	100	100	100	97	97	96	97	97	93	90	88	89	91	92	85
辽宁	100	100	100	100	75	72	70	80	63	70	73	74	80	84	85	86
内蒙古	—	100	100	100	100	100	100	98	95	94	95	93	91	85	86	83
宁夏	—	100	100	100	100	100	100	100	100	100	100	100	100	100	100	100
青海	—	—	100	100	100	100	100	100	100	100	100	100	100	100	98	99
山东	100	100	100	87	88	76	74	74	77	73	61	52	58	59	56	54
山西	—	100	100	100	88	95	95	95	96	94	91	92	86	88	89	89
陕西	100	100	100	100	100	100	100	100	100	97	96	89	78	76	84	83
上海	95	87	88	90	89	88	90	90	89	88	87	87	89	86	93	96
四川	100	100	100	100	99	92	92	90	86	86	85	85	86	81	82	90
天津	100	100	100	100	100	100	97	96	96	92	84	76	74	72	79	85
西藏	—	—	100	100	100	100	100	100	100	100	100	100	83	87	90	93

第一章 中国审计市场结构分析

续表

年度省份	1993(%)	1994(%)	1995(%)	1996(%)	1997(%)	1998(%)	1999(%)	2000(%)	2001(%)	2002(%)	2003(%)	2004(%)	2005(%)	2006(%)	2007(%)	2008(%)
新疆	—	100	100	100	100	100	100	100	97	95	94	96	95	84	80	74
云南	100	100	100	100	100	100	100	100	100	100	100	100	100	99	99	99
浙江	100	100	100	100	100	100	99	97	95	94	94	92	90	89	90	94
重庆	100	100	100	100	100	100	100	100	92	88	87	86	91	87	90	90

注:"—"表示当地当年无上市公司。

表 1.13　　　　　　以客户主营业务收入为基准计算的 CR_5

年度省份	1993(%)	1994(%)	1995(%)	1996(%)	1997(%)	1998(%)	1999(%)	2000(%)	2001(%)	2002(%)	2003(%)	2004(%)	2005(%)	2006(%)	2007(%)	2008(%)
安徽	100	100	100	100	100	100	100	99	99	98	95	96	94	93	92	90
北京	100	100	100	100	84	86	86	78	93	94	94	94	95	94	94	95
福建	100	100	100	99	98	98	98	99	97	98	99	98	98	98	99	95
甘肃	—	100	100	100	100	100	100	100	100	100	100	100	100	99	100	100
广东	81	82	75	76	74	76	70	72	54	58	58	57	62	59	70	70
广西	100	100	100	100	96	91	93	72	80	84	89	85	81	86	92	94
贵州	—	100	100	100	100	100	100	97	90	87	89	82	84	85	90	88
海南	100	100	100	100	95	94	94	94	97	98	94	96	84	96	91	90
河北	—	100	100	97	98	99	99	96	98	99	97	97	97	90	89	91
河南	100	100	100	100	100	95	84	88	88	84	81	87	86	80	83	84
黑龙江	100	100	100	98	98	89	88	71	80	69	66	59	72	71	71	76
湖北	100	100	100	87	93	85	75	80	93	90	89	86	84	85	79	79
湖南	100	100	100	100	100	100	100	100	100	99	98	94	92	89	87	89
吉林	100	100	100	100	100	99	98	94	98	97	91	91	81	81	78	79
江苏	100	99	99	94	88	91	91	90	90	90	86	88	88	79	78	74
江西	100	100	100	100	96	97	97	96	97	95	88	88	89	93	95	89
辽宁	100	100	100	100	70	69	70	72	70	79	77	80	83	85	84	84
内蒙古	—	100	100	100	100	100	100	98	98	97	98	96	95	90	92	91
宁夏	—	100	100	100	100	100	100	100	100	100	100	100	100	100	100	100
青海	—	—	100	100	100	100	100	100	100	100	100	100	100	100	99	99

续表

年度 省份	1993 (%)	1994 (%)	1995 (%)	1996 (%)	1997 (%)	1998 (%)	1999 (%)	2000 (%)	2001 (%)	2002 (%)	2003 (%)	2004 (%)	2005 (%)	2006 (%)	2007 (%)	2008 (%)
山东	100	100	100	92	90	78	73	74	77	75	63	58	59	58	59	58
山西	—	100	100	100	94	97	98	100	98	97	96	96	93	92	94	93
陕西	100	100	100	100	100	100	100	100	100	97	95	87	82	80	89	85
上海	98	87	87	88	89	80	81	81	78	76	76	75	75	77	80	87
四川	100	100	100	100	99	93	93	91	92	91	90	90	92	81	89	94
天津	100	100	100	100	100	100	99	99	97	93	86	83	83	87	86	93
西藏	—	—	100	100	100	100	100	100	100	100	100	98	89	89	90	
新疆	—	100	100	100	100	100	100	100	100	95	95	97	96	87	80	81
云南	100	100	100	100	100	100	100	100	100	100	100	100	100	100	100	100
浙江	100	100	100	100	100	100	99	99	97	98	96	94	91	89	86	90
重庆	100	100	100	100	100	100	100	100	97	93	92	91	94	89	93	94

注:"—"表示当地当年无上市公司。

从表 1.11 以客户数衡量的结果来看,地区审计市场集中度的变化与总体的变化有所不同,1993~2008 年间,除个别年份有所波动外,大多数省份的集中度总体上都呈下降的趋势。平均来说,安徽、福建、甘肃、湖南、江西、云南和浙江的集中度比较高,都在 90% 左右;北京、黑龙江、山东、广东的集中度则比较低,2000 年以后这些省份的集中度大多分布在 60% 附近;宁夏和青海两省由于上市公司比较少和事务所数量少,市场的集中度比较高。表 1.12 和表 1.13 给出了以客户资产和主营业务收入为基准衡量的结果,与表 1.11 相比,以客户资产和主营业务收入为基准计算的集中度显著高于以客户数为基准计算的结果,大多数省份的集中度都在 80% 以上,其中一些省份的集中度达到了 90% 以上。集中度比较低的省份是黑龙江和山东,大多数年份的集中度为 60%~70%,这可能是由于当地的事务所较多且上市公司规模差异不大而引起的。

出现明显拐点的是北京、广东和上海。北京 1993~1996 年间的集中度比较高,1997 年出现明显的下降,从 1996 年的 95% 下降到 1997 年的 71%,这可能是由于当年新设立的事务所比较多且市场较为分散,直至 1999 年,市场集中度才趋于稳定。可能源于 2000 年事务所的合并重组带动了集中度从 1999 年的 75% 增加到 2000 年的 83%,2001 年之后注册地在北京的大规模公司的上市,使当地证券市场上客户资产容量急剧扩大,引起以客户规模特征衡量的集中度非常高,达到 95% 左右。就广东来说,1993~2000 年间的趋势变

第一章 中国审计市场结构分析

动与北京相似,但总体水平低于北京,这可能是由于广东当地事务所比较多且客户比较分散而引起的。2002 年以资产衡量的结果比 2001 年明显增加,从 68% 增加到 81%,这可能是由于 2002 年普华永道中天并入安达信的业务,以及招商银行上市推动了广东地区以客户规模特征衡量的集中度的上升。上海总体上集中度比较稳定,其中,1993~1997 年间集中度较高,在 90% 左右,1998~2007 年间维持在 75%~80% 附近,2008 年由于安永华明吸收合并安永大华,且这两家公司的审计客户规模都比较大,推动了 2008 年上海审计市场集中度由 80% 增加到 87%。

从以上分析可以看出,各地区审计市场集中度有较大的差异,但除个别省份或地区外,总体呈下降的趋势。

五、总结和讨论

本章结合我国审计市场所处的制度背景,描述和分析了我国证券审计市场结构的演变,并就演变趋势的成因进行了分析。通过对我国审计市场总体结构和按不同的标准划分的子审计市场结构的研究发现,我国总体审计市场的集中度呈现两阶段的发展,表现为 1993~1999 年间集中度逐渐下降,以及 2000~2008 年间集中度逐渐上升。这种趋势与我国审计市场的制度变革以及证券市场的发展有关。我们的分析还发现,国际大型会计师事务所在我国大客户市场上占有优势,审计的客户资产占整个证券市场的绝大部分,市场份额呈逐渐增加的趋势;而国内会计师事务所审计的客户数量比较多,但主要是中小客户,以客户规模特征衡量的市场份额非常低,合并后国内会计师事务所规模经济优势不明显。

通过对行业集中度的研究,我们发现,1993~2008 年期间各行业审计市场集中度的变化趋势与总体审计市场基本一致,即呈现先下降后上升的趋势。而且行业内的上市公司越多,该行业的审计市场结构与整体审计市场结构的变化越接近。近年来"国际四大"(或"五大")行业专业化在我国逐渐得到认可,也是行业审计市场集中的可能原因之一。

由于地域壁垒是我国审计市场的主要特征(朱红军、陈信元和夏立军,2004),本章考察了各地区的审计市场结构。我们发现,地区审计市场集中度的变化与整体审计市场集中度的变化有所不同。除了北京、广东、上海的集中度有所差别外,1993~2008 年间大多数省份的集中度无论是按客户数还是按客户资产或客户主营业务收入,总体上都呈逐年下降的趋势。北京、广东、上海三地按客户资产和客户主营业务收入计算的集中度呈先降后升的态势。2000 年之后,地区审计市场结构的逐渐分散与整体审计市场结构的逐渐集中实际上是一致的,二者可能都是整个市场的地区间分割逐步弱化、大规模事务所异地竞争优势逐步体现的结果。

相比发达国家的审计市场,我国审计市场还不成熟。由于植根于计划经济体制,中国审计市场具有其独特的特征,譬如挂靠制度、行政干预等,这些都导致我国审计市场化程度较低并存在行政垄断和地区分割等现象(夏立军,2006;朱红军、陈信元和夏立军,2004;Wang、Wong 和 Xia,2008)。面对不合理的制度导致的我国审计质量不断降低,监管当局推出了一系列改革措施,如脱钩改制、实施许可证制度、"上规模、上水平"的事务所合并以及双重审计制度的取消等,这些措施对我国审计市场结构优化起到了积极作用。然而,我国审计市场起步晚,审计市场监管还有很长的路要走。

参考文献

1. 邓素玲:"会计师事务所行业专长现状研究",《中国注册会计师》2009 年第 9 期。
2. 丁平准:《风雨兼程:中国注册会计师之路》,东北财经大学出版社 2006 年版。
3. 李树华:《审计独立性的提高与审计市场的背离》,上海三联书店 2000 年版。
4. 夏立军:《政府干预与市场失灵——上市公司之会计师事务所选择研究》,上海财经大学博士学位论文,2005 年。
5. 徐正刚:《中国审计市场结构研究》,东北财经大学出版社 2007 年版。
6. 易琮:《行业制度变迁的诱因与绩效——对中国注册会计师行业的实证考察》,暨南大学博士学位论文,2002 年。
7. 朱红军、夏立军、陈信元:"转型经济中审计市场的需求特征研究",《审计研究》2004 年第 5 期。
8. Wang, Qian, T. J. Wong and Xia, Lijun, "State Ownership, the Institutional Environment, and Auditor Choice Evidence from China", *Journal of Accounting and Economics*, Vol. 46, 2008, pp. 112—134.

思 考 题

1. 你认为中国审计市场的结构是怎样演变的?其背后的原因和动力是什么?
2. 中国审计市场结构的形成和演变过程与成熟市场有何差异?
3. 你认为中国审计市场的结构对于审计质量和资本市场发展有什么影响?

第一章 中国审计市场结构分析

分析题

请根据以下来自中国证监会首席会计师办公室编写的《2005年证券期货相关审计市场分析》中的资料,回答问题:

审计地域关系是指会计师事务所的客户是否与会计师事务所在同一地区,以及由此对审计产生的影响。

在判断一个客户是否为会计师事务所的异地客户时,主要是参考此事务所的注册地与客户所在地(注册地或办公地)是否为同一地区。如果为同一地区,则为本地客户,否则属于异地客户。当然,还要考虑一些其他因素。

由于许多会计师事务所在异地设立分所,因此,一些与会计师事务所注册地不同的客户,并不一定是异地客户,有可能与事务所的分支机构在同一地区;或者在年报中披露的事务所地址虽与客户不在同一地区,但该事务所在客户所在地设有分所,则本文仍将此客户视为事务所的本地客户。

一些省份或地区之间存在历史或地理之间的联系,例如,东北三省、广东与深圳、重庆与四川等,因此本文将这些地区分别合并为东北、广东、四川进行分析计算。另外,由于西藏没有具备有证券、期货相关业务许可证的会计师事务所,再加上西藏在政治经济上与四川存在紧密的联系,因此将西藏并入四川,一同分析。

总体来看,在2005年1 361家上市公司中,本地客户为695家,异地客户为666家,异地客户率平均为48.93%。在69家会计师事务所中,50.72%(35家)的会计师事务所主要在本地或周边地区承揽业务(即该所异地客户率低于或等于50%),与2004年的53%相比略有降低。其中,安徽华普、广东康元、江苏苏亚金诚、山东正源和信、亚太(集团)、江苏天华大彭6家会计师事务所的客户均为本地客户;福建华兴、南京永华、浙江天健、湖南开元、河北华安、江苏公证6家会计师事务所的异地客户率低于10%。

异地客户率较高的事务所中,中审、北京永拓、北京天华、北京中证国华、中勤万信、亚太中汇6家会计师事务所的客户均为异地客户;另外,中和正信、中鸿信建元、利安达信隆、中喜、北京中天华正、天职孜信、华证、中磊、安永华明、普华永道中天、毕马威华振、德勤华永、上海东华、深圳天健信德、岳华、中瑞华恒信、中兴华、北京中洲光华、信永中和、北京中兴宇、深圳大华天诚、广东恒信德律、深圳鹏城、上海万隆众天、天津五联联合、湖北大信、北京天圆全、北京五联方圆28家事务所的多半客户均为异地客户。

转型经济中的审计问题

问题：

1. 在成熟市场上，多数上市公司偏好聘请"国际四大"会计师事务所为其审计财务报告，而中国市场上，很大一部分上市公司偏好选择本地的会计师事务所作为财务报告的审计师。你认为为什么会这样？

2. 上市公司偏好选择本地的会计师事务所审计其财务报告，这对整个审计市场的集中度以及审计质量会产生什么影响？

3. 你认为中国审计市场的结构是否需要调整？如果需要，应该从哪些方面进行调整？

第二章
独立审计为什么没能发挥公司治理功能？

——基于"盛润股份"连续 15 年获得非标准审计意见的案例分析

摘要： 本章以"盛润股份"连续 15 年获得非标准审计意见为例，分析这些意见未能发挥公司治理功能的制度根源。我们发现，在这一案例中，独立审计之所以没能发挥公司治理功能，是因为审计师出具的非标准审计意见未能给公司及其内部人带来显著的成本，而这又与市场价格机制和公司股权结构上的问题以及有效的监管和法律诉讼机制的缺失有关。本章的研究有助于深入了解中国证券市场上独立审计制度在公司治理中的功能及其存在的问题。

一、引言

在成熟证券市场上，上市公司独立审计制度是一项重要的公司治理外部机制。审计师[①]的专业审计活动有助于监督上市公司行为及其财务报告信息质量，减轻投资者和公司内部人之间的信息不对称和代理问题，从而改进公司治理、提升公司价值。独立审计之所以能够发挥公司治理功能，主要是因为：(1)市场竞争和声誉机制以及监管和法律诉讼机制使得审计师的审计质量能够得到合理保证(Wallace，1980；Watts 和 Zimmerman，1983；Palmrose，1988；Carcello 和 Palmrose，1994；Krishnan 和 Krishnan，1997；Latham 和 Linville，1998；Shu，2000)；(2)审计师出具非标准审计意见会给公司及其内部人带来融资条件的提高、更多的监管关注和投资者诉讼以及公司价值损失等方面的成本(Dodd et al.，

---

① 本章中的"审计师"是指为上市公司提供审计服务的注册会计师。

1984；Dopuch et al.，1986；Loudder et al.，1992)[①]，而公司聘任高质量审计师则可以降低融资成本、提升公司价值、减轻公司董事和高管的责任(Watts 和 Zimmerman，1983；Beatty，1989；Clarkson 和 Simunic，1994；Pitman 和 Fortin，2004；Eichenseher 和 Shields，1985)。换言之，在成熟证券市场上，审计师具有提供高质量审计的激励，而公司具有聘任高质量审计师并改进公司治理的激励(Wallace，1980；Watts 和 Zimmerman，1983；夏立军，2005)。

借鉴成熟市场的经验，中国证券市场在设立不久也采用了独立审计制度。通过制定和执行独立审计准则、对事务所进行脱钩改制，以及加强对审计师和事务所的监督、检查和处罚等措施，审计质量明显提高。例如，1995年首批独立审计准则的颁布以及1998年事务所的脱钩改制均显著提高了审计师出具非标准审计意见的比例(DeFond et al.，1999；王跃堂、陈世敏，2001；Yang et al.，2001)[②]。然而，在审计师对大量上市公司出具非标准审计意见的同时，这些审计意见似乎没能促使公司吸取教训，改进公司治理[③]。一个突出的表现是，不少上市公司连续多个年度获得非标准审计意见，呈现出"屡教不改"的特征。由此，需要回答的问题是：为什么移植到中国证券市场的独立审计制度在发挥公司治理功能上却"南橘北枳"？其背后的原因是什么？

本章以广东盛润集团股份有限公司(股票代码000030，以下简称"盛润股份")为例，对上述问题进行分析。选取盛润股份进行案例分析的理由是，此公司自1993年上市之年起至2007年度，连续15年被审计师出具了"非标准无保留审计意见"(以下简称"非标意见")，堪称中国证券市场上连续多年被出具非标意见的典型。因此，通过对其进行仔细的分析，可以在一定程度上回答上述问题。我们的分析发现，在这一案例中，独立审计之所以没能发挥公司治理功能，是因为审计师出具的非标意见未能给公司及其内部人带来显著的成本，而这又与市场价格机制和上市公司股权结构上的问题以及有效的监管和法律诉讼机制的缺失有关。这一发现对于深入了解中国证券市场上独立审计制度在公司治理

---

① 根据中国注册会计师审计准则的规定，审计意见分为四种类型：无保留意见、保留意见、否定意见和拒绝表示意见(无法表示意见)。其中，无保留意见又分为标准无保留意见和无保留加说明(强调事项段)意见。无保留加说明(强调事项段)意见多用于强调那些不直接影响财务报告数据但对报告使用者来说具有重要性的交易或事项。本章将标准无保留意见以外的所有审计意见类型统称为"非标准审计意见"，这些意见意味着审计师认为客户财务报告中存在不公允陈述或需要引起投资者注意的事项。这也与中国证监会的分类方法一致。例如，中国证监会的年报内容和格式准则要求被出具非标准审计意见的上市公司在年度报告首页的"重要提示"中，对被出具的非标准审计意见类型(包括无保留加说明意见)进行说明。此外，在2001年2月中国证监会颁布的《上市公司新股发行管理办法》以及2001年11月中国证监会颁布的《亏损上市公司暂停上市和终止上市实施办法(修订)》中，均将无保留加说明与保留、否定和拒绝表示意见一同作为"非标准审计意见"并进行特别的监管考虑。

② 根据我们的统计，1995~2007年的年报审计中，中国上市公司被审计师出具非标意见的比例一直维持在10%左右，而Lennox(2000)显示，英国1988~1994年间上市公司被出具非标意见的比例约为3%。这当然无法说明中国年报审计质量高于英国，但至少表明中国的审计师在一定程度上揭露了上市公司财务报告存在的问题。

③ 这可能也是1995~2007年间一直有10%左右的上市公司被出具非标意见的一个原因。换言之，很多上市公司可能并不在乎被出具非标意见。

第二章 独立审计为什么没能发挥公司治理功能？

中的功能及其存在的问题具有理论和现实意义。

本章其余部分安排如下：第二部分介绍盛润股份的基本情况、财务状况以及历年的审计意见；第三部分从市场、监管和法律三个方面分析为什么盛润股份连续15年被审计师出具非标意见而公司治理没有明显改进；最后是对本章的总结。

二、盛润股份简介、财务状况及历年审计意见

(一) 盛润股份简介

盛润公司在2002年之前名为深圳市莱英达集团股份有限公司（以下简称"莱英达"），其前身是1984年成立的深圳市轻工业公司，系深圳市属国营企业。1993年，深圳市轻工业公司获深圳市政府批准改组为股份有限公司，原公司净资产折合成国有股本14 500万股，占新成立公司股本的66.36%，由深圳市投资管理公司持有。1993年6月，公司发行A股4 350万股（其中，非流通A股1 850万股，流通A股2 500万股），B股3 000万股，共募集资金30 051万元。同年9月，这些股份上市交易。

政府和投资者对莱英达公司曾寄予厚望。1994年，莱英达是深圳市属重点企业，被评为深圳市优秀企业。1996年更先后被确立为"全国重点扶持1 000家、首批300家国有大中型企业、广东省重点发展70家、深圳市重点发展的30家大型企业集团"之一。早期的莱英达拥有很多著名的产品，曾多年荣获深圳市"三超"企业第一名，有着良好的盈利能力[①]。然而，好景不长，1998年6月，连续两年亏损的莱英达成为中国A股市场上首批戴上ST（特别处理）帽子的上市公司之一[②]。此后，ST的身份就一直伴随着莱英达。

2001年，莱英达公司再次巨额亏损，亏损金额高达9.95亿元。此时，莱英达已经处于资不抵债的境地。2001年底，莱英达持有的深圳新世纪饮水科技有限公司股权因诉讼而被强制变卖，莱英达失去了最主要的收入和利润来源，基本失去了持续经营能力。2002年，莱英达更名为广东盛润集团股份有限公司。2004年，公司实际控制人由深圳市政府变更为深圳市莱英达集团有限责任公司工会。2005年，盛润股份持有的深圳嘉年实业股份有限公司股权被法院强制查封拍卖，从而失去唯一的主营业务。此后，该公司只能通过

[①] 著名的中华牌自行车和金威啤酒就是莱英达旗下的产品。后来中华牌自行车由于欧美的反倾销和管理问题而日渐衰败。另外，莱英达在1997年将旗下深圳金威啤酒有限公司20%的股权（仍保留5%的股权）转让给香港港亮公司，失去了另一个重要的盈利产品。"三超"企业指销售收入、利税总额和出口创汇三项指标符合认定标准的企业。

[②] 1998年4月22日，沪、深证券交易所宣布对财务状况或其他状况出现异常的上市公司的股票交易进行特别处理（Special Treatment，简称ST）。财务状况或其他状况出现异常主要指两种情况：一是上市公司连续两个会计年度的经审计净利润均为负值，二是上市公司最近一个会计年度经审计的每股净资产低于股票面值。在被实行特别处理期间，上市公司的股票交易遵循以下规则：股票报价日涨跌幅限制为5%；股票名称改为原股票名前加"ST"；上市公司的中期报告必须审计。

"清欠盘活"来维持日常经营。

(二)盛润股份财务状况

表2.1给出了盛润股份1993～2007年的主要财务指标。可以看出,除了上市当年的1993年度以及上市后第一年的1994年度公司每股收益较好以外,其他各个年度要么是微利,要么是亏损。尤其是1998年、2001年、2002年这三个年度发生巨额亏损。同时,自上市后,公司股东权益以及每股净资产呈现出不断下降的特征。2001年底,公司股东权益已是负数,这意味着公司上市时从市场上募集的3亿多元资金已经亏损殆尽。至2007年末,公司股东权益为−163 839万元,即资不抵债金额高达16亿元以上。这些财务状况指标反映出,公司上市后不久,经营管理上的各种问题就开始暴露,并且随着时间推移,公司经营管理不仅未能得到改进,反而问题越来越严重。此外,如图2.1所示,从上市月份的下月(即1993年10月)起,公司股票相对深圳A股等权平均市场回报率的累计异常回报率也呈现总体下降的趋势,并且到2006年底为止的累计异常回报率达到−100%左右。下面我们分析审计师是如何揭示这些问题的。

表 2.1　　　　　　　　　　盛润股份历年主要财务指标

年　度	每股收益（元）	净利润（万元）	每股净资产（元）	股东权益（万元）
1993	0.53	11 575	2.91	63 498
1994	0.45	11 731	2.53	66 237
1995	0.07	2 013	2.45	70 685
1996	0.10	2 858	2.55	73 497
1997	0.15	4 334	1.74	50 229
1998	−1.42	−40 821	0.35	10 104
1999	0.17	5 022	0.20	5 769
2000	0.02	420	0.24	7 009
2001	−3.45	−99 538	−3.37	−97 177
2002	−1.96	−56 649	−5.40	−155 640
2003	0.04	1 139	−5.35	−154 447
2004	−0.17	−4 794	−5.52	−159 199
2005	−0.20	−5 718	−5.72	−164 917
2006	0.06	1 866	−5.60	−161 632
2007	−0.08	−2 208	−5.68	−163 839

第二章 独立审计为什么没能发挥公司治理功能？

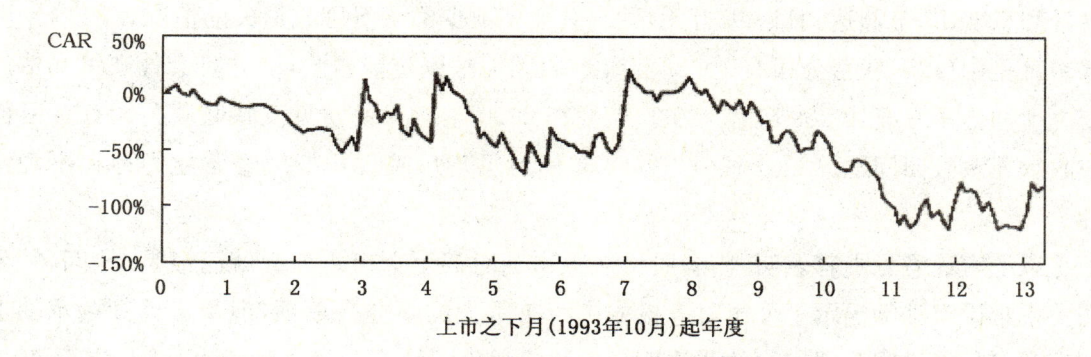

注：CAR=(盛润股份月个股回报率 − 深圳 A 股市场等权平均月市场回报率)的累计加总。

图 2.1 盛润股份自上市下月(1993 年 10 月)起的累计异常股票回报率(CAR)

(三)盛润股份历年审计意见

表 2.2 是盛润股份自 1993 年上市当年至 2007 年度的历年审计师、审计意见类型及审计意见主要内容[①]。盛润股份 1993～1995 年度聘任的会计师事务所为深圳中华会计师事务所，1996～1997 年度为深圳中城会计师事务所，1998～1999 年度为深圳大华会计师事务所，2000～2007 年度为深圳大华天诚会计师事务所。2000 年深圳大华会计师事务所与广州天诚会计师事务所合并为深圳大华天诚会计师事务所，所以实际上 2000 年没有更换事务所。这样，在 1993～2007 年度间，公司共计更换了两次事务所。从审计意见来看，盛润股份自 1993 年上市后，连续 15 个年度被审计师出具了非标意见，成为中国证券市场连续多年被审计师出具非标意见的典型。并且，除了 1993、2001、2003、2004 年度被出具无保留加说明(强调事项)意见以外，其他年度均被出具了保留意见或无法表示意见这些较为严厉的意见类型。

从非标意见涉及的事项来看，1993 年是因为 6 家联营公司由其他事务所审计，1994～2000 年度主要涉及审计范围受限以及多计利润等问题，而 2001～2007 年度都是涉及公司持续经营能力不确定。从非标意见揭示的金额来看，1994 年度审计师不认同的收入金额为 12 971 万元、销售成本金额为 8 776 万元，最终导致公司多确认利润 4 195 万元。1995 年度审计师不认同的利息资本化 714 万元，应摊未摊利息 1 049 万元，两项合计多确认利润 1 763 万元。1996 年度子公司未经审计的净利润金额为 2 774 万元，并有其他几项多确认利润的情况。1997 年度保留意见中则反映，自 1992 年以来公司累计利息资本化(即累计

[①] 由于盛润股份不仅发行 A 股，还发行 B 股，因而根据证监会的有关规定，公司需要提供按中国会计准则和国际会计准则或境外主要募集行为发生地会计准则调整的两套财务报告，并分别由境内外会计师事务所审计。本章关注的焦点是 A 股市场的有关制度环境以及独立审计制度对公司治理的影响，因而我们只分析境内审计情况。

少计利息费用)金额达到 11 695 万元,并有其他多项少确认费用或损失的情况。1998 年度保留意见中反映,联营公司有 10.89 亿元应收款无法确定能否收回,并且会计政策和估计变更增加公司亏损 12 909 万元。1999 年度和 2000 年度保留意见反映联营公司存在巨额应收款无法收回问题。2001~2007 年度非标意见均反映公司持续经营能力存在不确定性。

以上审计意见内容表明,盛润股份从上市当时甚至上市之前起就已经是个"问题"公司。很难说审计师揭示了公司财务报告中所有重大的不公允事项,但是审计师揭示的上述事项已足以说明公司问题的严重性。并且,随着时间推移,公司财务状况呈现出不断恶化的趋势。然而,审计师揭示出的这些问题引起了市场、监管者以及公司怎样的反应呢?下面对此进行分析。

表 2.2　　　　　　　　　　　盛润股份历年审计意见类型和内容

年度	事务所	意见类型	非标意见涉及事项	金额
1993	深圳中华	无保留加说明	其他注册会计师工作	6 家联营公司由其他事务所审计
1994	深圳中华	保留	收入确认、审计范围受限	审计师不认同的销售收入为 12 971 万元、销售成本为 8 776 万元
1995	深圳中华	保留	将长期投资应计利息资本化、全资子公司未摊销利息	利息资本化 714 万元,应摊未摊利息 1 049 万元。一家联营公司未审计
1996	深圳中诚	保留加说明	其他注册会计师工作、审计范围受限、利息摊销、长期投资利息资本化、评估后调增投资权益、存在不良资产	子公司未审计净利润 2 774 万元;集团核算持股 23%的子公司时由成本法转成权益法;1995 年应摊未摊利息 825 万元;上年利息资本化 714 万元的影响还未消除;多计投资收益 685 万元
1997	深圳中诚	保留	审计范围受限、子公司冲销已计提折旧和摊销、利息资本化、联营公司破产清算、存在巨额其他应收款、关联股权交易	子公司冲销折旧和摊销使公司多计投资收益 915 万元;自 1992 年至今利息资本化总额为 11 695 万元;联营公司破产对公司资产影响总额 5 757 万元;可能无法收回的其他应收款为 1 460 万元
1998	深圳大华	保留	审计范围受限、会计政策及估计变更导致亏损	联营公司有境外应收款 10.89 亿元无法确定能否收回;会计政策及估计变更增加 1998 年亏损 12 909 万元
1999	深圳大华	保留	审计范围受限	联营公司存在巨额应收款无法收回问题
2000	深圳大华天诚	保留加说明	审计范围受限、股权转让	联营公司存在巨额应收款可能无法收回;向关联方转让子公司股权,尚需经过股东大会审议程序
2001	深圳大华天诚	无保留加说明	持续经营不确定性	净利润-99 538 万元,年末股东权益-97 177 万元。主要系核销应收款项、存货、长期投资等不良资产所致

第二章 独立审计为什么没能发挥公司治理功能？

续表

年度	事务所	意见类型	非标意见涉及事项	金额
2002	深圳大华天诚	保留	持续经营不确定性	净利润－56 649万元,年末股东权益－152 516.5万元
2003	深圳大华天诚	无保留加强调事项段	持续经营不确定性	未分配利润－233 764万元
2004	深圳大华天诚	无保留加强调事项段	持续经营不确定性	净利润－4 794万元,未分配利润－238 558万元
2005	深圳大华天诚	无法表示意见	持续经营不确定性	净利润－5 718万元,总资产3 919.6万元,股东权益－164 917万元
2006	深圳大华天诚	无法表示意见	持续经营不确定性	主营业务收入为零,1 866万元净利润来自坏账准备的转回;未分配利润－242 410万元
2007	深圳大华天诚	无法表示意见	持续经营不确定性	净利润－2 207.5万元,未分配利润－244 618万元

三、为什么连续15年非标意见没能发挥公司治理功能？

在成熟市场上,公司被出具非标意见的成本非常高,以至于仅有很小比例的公司被出具非标意见,更不用说连续多个年度被出具非标意见了。非标意见带给公司的成本包括股价下跌引起的公司价值下降、更高的融资成本和更严格的融资条件、更多的监管关注和处罚、投资者对公司及其有关人员的民事赔偿诉讼等。但是,根据以上分析,在盛润股份这一案例中,虽然公司连续15个年度被审计师出具非标意见,非标意见中涉及的问题却不见改进。公司1993年上市时从市场募集的3亿元资金,到1998年就几乎亏损殆尽,且其后公司财务状况愈加恶化。这意味着非标意见并未发挥改善公司治理的功能。接下来我们分别从非标意见的市场后果、监管后果以及法律后果三个角度分析其背后的原因。

(一)非标意见的市场后果

图2.2是各年年报公布当日公司股价相对深圳A股市场等权平均市场收益率的股价反应。若年报公布日为非交易日,则为年报公布日后下一个交易日的股价反应。可以看出,在1993至2005年度共计13个年度的年报公布市场反应中,仅有1995年、1996年、2000年、2004年、2005年这5个年度的市场反应为负,其他各个年度的市场反应均为正。而结合表2.1可见,在市场反应为正的8个年度中,仅有1997年、1999年、2002年、2003年这4个年度的每股收益相对上年度增长,且1997年和1999年度非标意见均反映公司当年有大额虚计利润情况,而2002年和2003年度非标意见均反映公司持续经营存在不确定性。这说明,在市场反应为正的8个年度中,非标意见本身可能未引起市场显著的负面

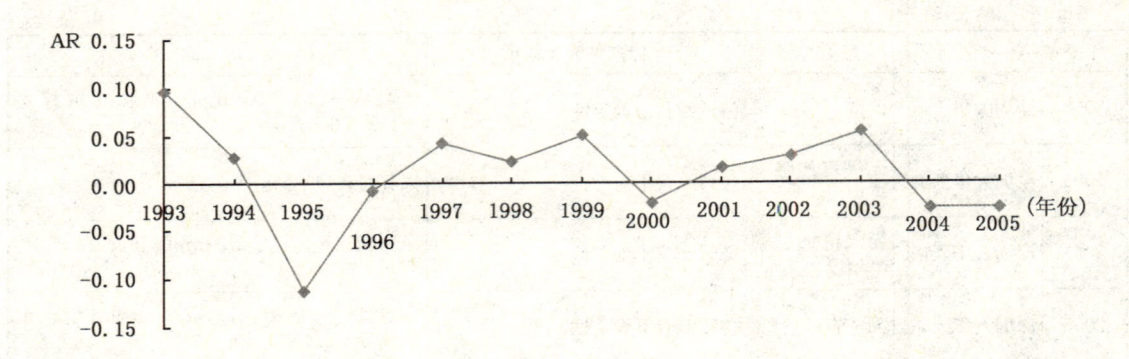

图 2.2　历年年报公布的市场反应

反应①。

在市场反应为负的 5 个年度里,1995 年度的负面反应较大,但 1995 年度相对上年的每股收益下降也比较大,因此很难说明负面反应是由非标意见本身引起。1996 年度的每股收益相对上年略有增加,但年报公布的市场反应为负数,考虑到 1996 年度非标意见中揭示出公司当年有虚计利润情况,负向的市场反应可能是市场一定程度上考虑了非标意见的结果。2000 年、2004 年及 2005 年报公布的市场反应为负,但相应年度的每股收益相对上年下降也较大,难以说明负面反应是由非标意见引起的。因此,综合来看,市场对非标意见至多具有微弱的负面反应。这一点与以往大样本研究的发现也类似。Chen et al. (2000)对中国证券市场早期(1995~1997 年度)的非标意见市场反应进行了大样本研究,结果发现,非标意见在统计上具有显著的负面市场反应,但是在非标意见公布的前后对称的 3 个交易日内,累计的负面反应仅在 3%左右。陈梅花(2002)研究了 1995~1999 年间非标意见的市场反应,发现市场对非标意见没有显著负面反应,岳衡(2006)也发现了类似结果。

由此看来,非标意见本身并未引起公司股价的大幅下跌,这说明非标意见带给公司的价值损失成本比较小。这可能是非标意见揭示的问题未能引起公司重视的原因之一。而之所以非标意见本身的负面市场反应较小,可能是因为中国证券市场的"政策市"、"庄家"操纵、信息披露质量总体较低等特征使得投资者在投资决策时很少依靠会计信息②。此外,即使非标意见有一定的负面市场反应,这些负面反应也难以转换为公司改善公司治理的动力。其原因是:(1)自上市年度的 1993 年起直到 2007 年度,盛润股份大股东和其他

---

① 审计意见表明 1997 年、1999 年、2002 年和 2003 年这 4 个年度每股实际收益可能相对上年度是下降而非上升。如果投资者利用了审计意见所传达的信息,年报公告日的市场反应很可能为负而非为正。

② 中国证券市场较弱的投资者保护导致投资者倾向于进行短期投资。在短期投资策略下,投资者更加关心政策信息和内幕信息,而非会计信息。

第二章　独立审计为什么没能发挥公司治理功能?

发起人股东所持股份一直不能在市场上流通(即"股权分置"),这使得大股东不太在意股票价格的波动,也不直接承受股价下跌的成本;(2)更重要的是,如果公司本身质量不高,上市融资成功只是被当作掠夺中小股东的一次性交易的话,那么,大股东对股票价格的波动可能完全无动于衷;(3)盛润股份自上市开始直到2007年度,大股东所持股份比例一直在60%以上,这使得以改进公司治理为目标的收购接管活动难以发生。概言之,市场价格机制以及公司股权结构上的问题使得非标意见带给公司及其大股东的市场后果较小,因而难以激励公司及其大股东改善公司治理。

(二)非标意见的监管后果

公司被出具非标意见后,监管部门可以采取的监管措施主要包括三个方面:(1)再融资机会;(2)特别处理、暂停交易或摘牌;(3)行政处罚。从盛润股份来看,虽然公司1993~1997年度的账面连续盈利,但自上市后从来没有获得过配股、增发股票或发行债券资格。给定中国上市公司具有强烈再融资动机的事实,这说明监管部门在再融资决策上可能考虑了非标意见的影响。此外,根据公司1998年6月12日《关于股票交易实行特别处理的公告》,由于公司近年财务审计报告连续存在保留意见,公司股票交易自1998年6月15日起实行特别处理(即股票简称前标记"ST")。这意味着,监管部门在特别处理上也考虑了非标意见的影响。Chen et al. (2001)发现,1995~1997年间上市公司为了达到配股盈利要求或避免亏损的盈余管理与非标意见正相关,是由于非标意见带给公司的成本小于公司盈余管理的收益所引起的。夏立军和杨海斌(2002)对2000年度上市公司的类似研究则发现,上市公司为了达到配股盈利要求或避免亏损的盈余管理与非标意见没有显著关系,是由于监管部门从1998年开始在监管中考虑非标意见的影响,从而导致非标意见带给公司的成本增加。根据这些文献,监管部门在再融资及特别处理上考虑非标意见的影响,应该是盛润股份所不愿意看到的。这可能也是它在1998年更换会计师事务所的一个原因。

然而,在再融资机会以及特别处理监管导致非标意见给盛润股份带来成本的同时,监管部门在行政处罚上并没有使得非标意见带给公司显著成本。通过查阅盛润股份历年公告及证监会违法违规处罚情况可以发现,自上市之日起,盛润股份及其董事、监事和高管从未受到过证监会处罚。但无论从公司管理层受托责任的履行还是从非标意见所揭示的公司财务报告中违反会计准则的一些会计处理情况来看,公司及其董事、监事和高管从未受过监管部门处罚均是令人难以理解的。虽然再融资机会取消以及特别处理监管可以防止公司损害潜在投资者利益,但这两种措施难以保护公司既有中小股东的利益。可以想见,没有针对非标意见所揭示事项的监管处罚,非标意见难以带给公司监管后果上的成本从而使其重视既有中小股东的利益。而之所以监管处罚不够有效,一方面可能与监管部门本身的监管能力有关,另一方面也可能与其独立性有关。由于各级地方政府具有保护下属国有控股上市公司甚至本地非国有上市公司的动机,作为国务院下属部级单位的证监会可能难以对这些具有各级政府背景或支持的上市公司实施有效处罚(刘鸿儒等,2003;夏立军,2005)。从盛润股份来看,如表 2.3 所示,其最终控制人在上市后直到 2003 年末一直为深圳市政府,2004 年由于大股东改制最终控制人变为原大股东的工会,2007 年最终控制人变更为自然人郭涛。这说明,在上市后的大部分时间里,盛润股份都是一家有很强地方政府背景的上市公司,这或许是其从未受过行政处罚的原因。因此,非标意见并未带给公司及其董事、监事和高管人员监管处罚上的成本。这可能也是公司连续获得 15 年非标意见而公司治理未见明显改善的原因之一。

表 2.3　　　　　　　　　　盛润股份历年年末股权结构

年末	第一股东名称	第一大股东持股比例(%)	第一大股东持股性质	最终控制人
1993	深圳市投资管理公司	66.36	非流通股	深圳市政府
1994	深圳市投资管理公司	66.36	非流通股	深圳市政府
1995	深圳市投资管理公司	66.36	非流通股	深圳市政府
1996	深圳市投资管理公司	66.36	非流通股	深圳市政府
1997	深圳市投资管理公司	66.36	非流通股	深圳市政府
1998	深圳市投资管理公司	66.36	非流通股	深圳市政府
1999	深圳市投资管理公司	66.36	非流通股	深圳市政府
2000	深圳市投资管理公司	66.36	非流通股	深圳市政府
2001	深圳市投资管理公司	66.36	非流通股	深圳市政府
2002	深圳市投资管理公司	66.36	非流通股	深圳市政府
2003	深圳市投资管理公司	66.36	非流通股	深圳市政府
2004	深圳市莱英达集团	66.36	非流通股	深圳市莱英达集团工会
2005	深圳市莱英达集团	66.36	非流通股	深圳市莱英达集团工会
2006	深圳市莱英达集团	66.36	非流通股	深圳市莱英达集团工会
2007	深圳市莱英达集团	66.36	非流通股	郭涛

注:"深圳市莱英达集团"全称为"深圳市莱英达集团有限责任公司"。

(三)非标意见的法律后果

从非标意见的法律后果来看,虽然公司连续 15 年被审计师出具非标意见,且意见揭示出公司经营管理以及会计处理上的诸多问题,但是公司及其董事、监事、高管上市后从

第二章 独立审计为什么没能发挥公司治理功能？

未遭受投资者起诉。仅就2001年报中所反映的资产减值内容而言，2001年度公司其他应收款余额为31 730.19万元，其中应收关联公司款占70.43%，其他应收款对应的坏账准备为20 520.79万元，这意味着大量坏账损失是由关联公司拖欠款项引起的，公司关联方可能存在从公司转移资源的行为。除此以外，非标意见揭示出公司多个年度会计处理存在违反会计准则现象，实质上是一种虚假陈述行为。从受托责任来看，无论是上市后的会计业绩还是股票业绩表现上，不仅公司上市时从市场上募集的资金很快被亏损殆尽，企业资不抵债金额也越积越多，这表明公司管理层未能尽到应有的受托责任。

那么，为什么投资者没有要求公司及其管理层承担相应的民事赔偿责任呢？这可能与我国证券市场上有效的民事诉讼和赔偿机制缺失有关。虽然我国证券市场自设立以来，投资者保护法律不断完善，但是包装上市、虚假陈述、利润操纵、大股东侵占、内幕交易等侵害中小股东利益的违法违规案件也不断出现，呈现出一种法律法规不少但未能有效实施的局面(陈信元等，2007)。2001年9月21日，"银广夏"事件后，最高人民法院发布《关于涉证券民事赔偿案件暂不予受理的通知》，规定"内幕交易、欺诈、操纵市场等行为引起的民事赔偿案件，暂不予受理"，其理由是，"受目前立法及司法条件的局限，尚不具备受理及审理这类案件的条件"。2002年1月15日，最高人民法院发布《关于受理证券市场因虚假陈述引发的民事侵权纠纷案件有关问题的通知》(简称《1/15通知》)，其中规定，"人民法院对证券市场因虚假陈述引发的民事侵权赔偿纠纷案件，凡符合《中华人民共和国民事诉讼法》规定受理条件的，自本通知下发之日起予以受理"。这是我国证券法律实施的一大进步，也是中国股票市场有史以来首次明确要求法院受理虚假陈述民事赔偿案件的司法解释。这一通知为虚假陈述民事赔偿诉讼打开了大门，通知发布后，各地法院陆续开始受理此类案件。2003年1月9日，最高人民法院发布《关于审理证券市场因虚假陈述引发的民事赔偿案件的若干规定》，在《1/15通知》的基础上，对审理虚假陈述民事赔偿案件做出了更为详细的规定。然而，根据活跃在虚假陈述民事赔偿诉讼一线的维权律师宣伟华的统计，自虚假陈述民事赔偿"开闸"以来的20例上市公司因虚假陈述而遭到投资者的起诉中，多个案件经历了"起诉不受理"、"受理不开庭"、"开庭不判决"或"判决不执行"的遭遇。陈信元等(2007)利用2002年1月15日最高人民法院颁布《关于受理证券市场因虚假陈述引发的民事侵权纠纷案件有关问题的通知》这一事件，以那些存在虚假陈述或有虚假陈述嫌疑的上市公司为样本，采用事件研究法，实证考察了司法独立性对投资者保护法律实施的影响。他们发现，投资者倾向于认为，《1/15通知》及与其相关的民事诉讼法律能够得到一定程度的实施，但地方政府对当地法院的影响降低了这些投资者保护法律得到实施的可能性。种种事实说明，我国证券市场还缺乏有效的民事诉讼和赔偿机制，非标意见难以给公司及其管理层带来显著的法律后果。

(四)非标意见对公司治理的影响

从以上分析可见,虽然盛润股份连续15年被审计师出具了非标意见,但这些非标意见并未带给公司及其管理层显著的市场后果、监管后果以及法律后果。从盛润股份公司治理的实际情况来看,虽然公司在1993至2007年度内曾五次更换总经理、三次更换董事长,在2004年最终控制人变更为母公司工会并于2007年变更为自然人,但无论是表2.1的企业会计绩效还是图2.1的股票收益都显示,这些公司治理结构上的改变并未对公司治理效果有实质性的改善。其背后的原因不难理解,连续15年的非标意见不断地揭示出公司经营管理上的问题,但由于非标意见未能带给公司及其管理层显著的市场后果、监管后果及法律后果,因而也就难以促使企业改进公司治理、保护中小股东利益。

这一分析结论看起来与近年来关于独立审计公司治理功能的大样本研究有所矛盾,但实质上是对这些研究的补充和扩展。例如,Chen et al.(2001)发现,市场对公司获得非标意见具有负面反应,进而推测独立审计在中国证券市场具有公司治理功能。我们认为,他们的研究仅仅代表了公司治理上保护潜在投资者的一面,而未能考虑保护既有股东的一面,非标意见引起的股价下跌未必能够带给公司显著的市场后果以改进公司治理。Fan和Wong(2005)对东亚八国(或地区)[①]公司的研究发现,股权结构上代理问题严重的公司更倾向于选择国际五大会计师事务所为其审计,这一结果在那些经常需要融资的公司中尤为明显;并且,代理问题严重的公司在选择国际五大会计师事务所为其审计后,其股价折价更低,而国际五大会计师事务所对于代理问题严重的公司收取了更高的审计收费,出具了更多的非标意见。他们据此认为,国际五大会计师事务所的审计在东亚新兴市场上具有公司治理功能。Choi和Wong(2007)以39个国家的公司为样本,考察了投资者法律保护环境与独立审计的公司治理功能的关系,发现独立审计是对弱投资者法律保护环境的一个替代而不是补充。换言之,在投资者法律保护环境较弱的国家,独立审计更能够发挥公司治理功能。实际上,Fan和Wong(2005)、Choi和Wong(2007)这两项研究都是通过考察公司的会计师事务所选择以及审计师的审计收费和审计意见行为对独立审计的公司治理功能进行间接检验,更为直接的检验是考察审计师出具非标意见后企业公司治理上的反应,而间接检验的结论未必一定与直接检验的结论相同。同时,中国证券市场的市场机制、监管效率和法治情况可能与他们样本中东亚八国(或地区)的情况也有所不同。

---

① 东亚八国(或地区)是指韩国、新加坡、马来西亚、印度尼西亚、泰国、菲律宾、中国香港和中国台湾。——编者注

四、总结

本章通过对盛润股份连续 15 年获得非标意见进行案例分析,考察了独立审计未能发挥公司治理功能的原因。研究发现,在这一案例中,独立审计之所以没能发挥公司治理功能,是因为非标意见未能带给公司显著的市场成本、监管成本和法律成本以促使其改进公司治理。本章的研究表明,独立审计发挥公司治理功能,不仅需要"上市公司→事务所选择"以及"事务所选择→审计意见"环节上的有效性,更需要"审计意见→公司治理改进"环节上的有效性,而这依赖于有效的市场机制、监管机制和法律机制。如果仅有前两个环节上的有效性而没有后一个环节上的有效性,仅能保证公司选择高质量的会计师事务所以及审计师揭露出公司财务报告中的问题,而不能保证非标意见所揭示的问题能够引起公司的重视进而促使其改进公司治理,这样最终由公司股东所负担的审计成本对整个证券市场来说将可能小于其收益。在这一点上,本章是对 Chen et al. (2001)、Fan 和 Wong (2005)、Choi 和 Wong(2007)等以往大样本研究的一个补充和扩展。未来研究可以借鉴本章的分析框架,对中国证券市场上独立审计制度发挥公司治理功能的约束条件进行更为严格的大样本检验。

参考文献

1. 陈梅花:"股票市场审计意见信息含量研究:来自 1995～1999 年上市公司年报的实证证据",《中国会计与财务研究》2002 年第 1 期。

2. 陈信元、李莫愁、芮萌、夏立军:《司法独立性与投资者保护法律的实施》,上海财经大学会计与财务研究院工作论文,2007 年。

3. 刘鸿儒等:《探索中国资本市场发展之路——理论创新推动制度创新》,中国金融出版社 2003 年版。

4. 王跃堂、陈世敏:"脱钩改制对审计独立性影响的实证研究",《审计研究》2001 年第 3 期。

5. 夏立军:《政府干预与市场失灵——上市公司之会计师事务所选择研究》,上海财经大学博士学位论文,2005 年。

6. 夏立军、杨海斌:"注册会计师对上市公司盈余管理的反应",《审计研究》2002 年第 4 期。

7. 岳衡:"大股东资金占用与审计师的监督",《中国会计评论》2006 年第 1 期。

8. Beatty, R., 1989, "Auditor Reputation and the Pricing of Initial Public Offerings", *The Accounting Review*, 64(4), pp. 693—709.

9. Carcello, J., and Z. Palmrose, 1994, "Auditor Litigation and Modified Reporting on Bankrupt Clients", *Journal of Accounting Research*, 32, pp. 1—30.

10. Chen, C. J. P., S. Chen, and X. Su, September 2001, "Profitability Regulation, Earnings Management, and Modified Audit Opinions: Evidence from China", *Auditing: A Journal of Practice & Theory*, 20(2), pp. 9—30.

11. Chen, C. J. P., X. J. Su, R. Zhao, and C. Kong, 2000, "An Emerging Market's Reaction to Initial Modified Audit Opinions: Evidence from the Shanghai Stock Exchange", *Contemporary Accounting Research*, 17(3), pp. 429—455.

12. Choi, J.-H., and T. J. Wong, Spring 2007, "Auditors' Governance Functions and Legal Environments: An International Investigation", *Contemporary Accounting Research*, 24(1), pp. 13—46.

13. Clarkson, P. M., and D. A. Simunic, 1994, "The association between audit quality, retained ownership, and firm-specific risk in U. S. vs. Canadian IPO markets", *Journal of Accounting and Economics*, 17(1—2), pp. 207—228.

14. DeFond, M. L., T. J. Wong, and S. Li, 2000, "The impact of improved auditor independence on audit market concentration in China", *Journal of Accounting and Economics*, 28, pp. 269—305.

15. Dodd, P., N. Dopuch, R. Holthausen, and R. Leftwich, 1984, "Qualified audit opinions and stock prices: Information content, announcement dates, and concurrent disclosures", *Journal of Accounting and Economics*, 6(1), pp. 3—38.

16. Dopuch, N., R. W. Holthausen, and R. W. Leftwich, 1986, "Abnormal stock returns associated with media disclosures of 'subject to' qualified audit opinions", *Journal of Accounting and Economics*, 8(2), pp. 93—117.

17. Eichenseher, J. W., and D. Shields, 1985, "Corporate director liability and monitoring preferences", *Journal of Accounting and Public Policy*, 4(1), pp. 13—31.

18. Fan, J. P. H., and T. J. Wong, March 2005, "Do External Auditors Perform a Corporate Governance Role in Emerging Markets? Evidence from East Asia", *Journal of Accounting Research*, 43(1), pp. 35—72.

19. Krishnan, J., and J. Krishnan, 1997, "Litigation Risk and Auditor Resignations", *The Accounting Review*(April): 539—560.

第二章 独立审计为什么没能发挥公司治理功能？

20. Latham, C., and M. Linville, 1998, "A review of the literature in audit litigation", *Journal of Accounting Literature*, 17, pp. 175—213.

21. Lennox, C, 2000, "Do companies successfully engage in opinion-shopping? Evidence from the UK", *Journal of Accounting and Economics*, 29, pp. 321—337.

22. Loudder, M., I. Khurana, R. Sawyers, C. Cordery, C. Johnson, J. Lowe, and R. Wunderle, 1992, "The information content of audit qualifications", *Auditing: A Journal of Practice & Theory*, 11(1), pp. 69—82.

23. Palmrose, Z, 1988, "An analysis of auditor litigation and audit service quality", *The Accounting Review*, 63(1), pp. 55—73.

24. Pittman, J. A., and S. Fortin, 2004, "Auditor choice and the cost of debt capital for newly public firms", *Journal of Accounting and Economics*, 37(1), pp. 113—136.

25. Shu, S. Z., 2000, "Auditor resignations: clientele effects and legal liability", *Journal of Accounting and Economics*, 29(2), pp. 173—205.

26. Wallace, W. A., 1980, *The Economic Role of the Audit in Free and Regulated Markets*, The Touche Ross and Co. Aid to Education Program, Reprinted in *Auditing Monographs*, New York: Macmillan Publishing Co., 1985.

27. Watts, R. L., and J. L. Zimmerman, 1983, "Agency Problems, Auditing, and the Theory of the Firm: Some Evidence", *Journal of Law and Economics*, 26(3), pp. 613—633.

28. Yang, L., Q. Tang, A. Kilgore, and J. Yi Hong, 2001, "Auditor-government Associations and Auditor Independence in China", *The British Accounting Review*, 33(2), pp. 175—189.

思 考 题

1. 独立审计发挥公司治理功能可以表现在哪些方面？互相之间的关系怎样？如何理解独立审计的公司治理功能？

2. 在本案例中，审计师为什么能够连续十多年对公司财务报告出具非标准审计意见？你认为审计师在此过程中是否保持了足够的独立性和专业技能？

3. 为什么盛润公司没有针对审计师揭示的问题进行改进？

4. 你认为中国股票市场需要在哪些方面进行改革，以使独立审计在公司治理中发挥

转型经济中的审计问题

功能？

分析题

请根据以下来自中国证监会首席会计师办公室编写的《2005年证券期货相关审计市场分析》中的资料,回答问题。

资料一

观察1992年中国证监会成立以来的非标意见统计,大致可以分为几个历史阶段:

(1)1992~1994年,各方面的规范都刚起步,非标意见极少(不到5%)。

(2)1995~1997年,随着1995~1996年第一批审计准则出台,1997年出现了第一份否定意见审计报告(渝钛白A)和第一份无法表示意见审计报告(宝石A),其他类型的非标意见比例也开始攀升。

(3)1998~2000年,《股份制公司会计制度》的出台将许多判断权留给了企业,从而企业与会计师对同一事项的分歧开始增加,同时随着后续的审计准则陆续出台和监管力度加大(1998年与1999年为中国证监会处罚会计师事务所的高峰期)以及2000年会计师事务所的脱钩改制,非标意见的比例达到了鼎盛时期(1999年将近1/5的上市公司被出具了非标意见的审计报告)。

(4)2000年之后,非标意见比例开始逐年下降,其原因是《企业会计制度》的施行以及一系列监管措施的出台,使得上市公司规范运作的程度大大提高;2001年12月22日,中国证监会颁布了《公开发行证券的公司信息披露编报规则第14号——非标准无保留审计意见及其涉及事项的处理》,严格规范了上市公司和注册会计师的行为,特别是将注册会计师的审计意见同上市公司股票停牌并接受调查联系起来,客观上使上市公司管理层更加重视和配合注册会计师的工作;2005年,证监会推行了"会计与评估机构执行证券期货相关业务责任制",通过强化对会计师事务所的监管,一方面提高了会计师执业质量和风险意识,另一方面也改善了上市公司财务披露质量。

资料二

无保留+强调事项意见自1996年以来,始终为非标意见的主体部分。无保留+强调事项曲线与非标意见公司占总上市公司比例曲线走势相同,而且自1993年至2005年(1995年除

第二章 独立审计为什么没能发挥公司治理功能？

外），始终占非标意见的一半左右。这种现象产生的原因，主要是非标意见涉及事项并未严重到导致注册会计师出具保留甚至否定意见的程度，但也不排除少数注册会计师迫于公司压力，以无保留带强调事项段代替保留意见甚至否定意见。

在2005年，保留＋强调事项意见成为比例最低的非标种类（除了否定意见外）。非标意见比2004年多出19家，比例上升1.53％，其中，无保留＋强调事项意见比2004年多出11家，比例上升0.87％；保留意见比2004年多出12家，比例上升0.91％；保留＋强调事项意见比2004年减少8家，比例下降0.57％；无法表示意见比2004年多出4家，比例上升0.32％；否定意见自2001年以来，连续5年未再出现。

资料三

2005年，91家公司连续2年被出具非标意见，其中50.55％（46家）被ST或*ST。在这91家公司中，64.84％（59家）在2005年亏损，其中45家公司连续两年亏损。另外，其中2004年亏损的41公司中，只有16家于2005年扭亏为盈；2005年盈利的32家公司中，有14家公司扣除非经常性损益项目后净利润为负，只有18家公司真正实现了盈利。

在连续2年被出具非标意见的91家公司中，2005年审计意见为无保留＋强调事项意见的有38家，保留意见的有24家，保留＋强调事项意见的有7家，无法表示意见的有22家。

问题：

1. 中国股票市场自设立以来，独立审计质量的变化趋势如何？背后的原因有哪些？
2. 哪种类型的公司更容易发生连续多年被出具非标意见的情况？为什么一些上市公司连续多年被出具非标意见？
3. 你认为在中国股票市场上，非标意见对公司的成本体现在哪里？

第三章
报表重述与审计质量控制

—— 整体描述与案例分析

摘要：本章在对我国自2004年至2006年388家报表重述公司的总体特征描述的基础上，对2006年具有27项报表重述的深圳赛格三星进行了报表重述与审计质量关系的案例分析，发现注册会计师在审计财务报表时未起到应尽的职责，会计师事务所的审计质量控制机制缺失。

一、研究问题

近年来，财务报表重述的数量呈迅速上升趋势。Huron咨询公司(2005)关于报表重述的研究结果显示，2004年美国上市公司需要重新披露的财务报告数目飙升至414家，比2003年的323家增长28%，与2000年的233家相比更是增加了78%之多；2003年有117家公司重述了季度财务报告，而2004年已增至161家。我国《企业会计准则——会计政策、会计估计变更和会计差错更正》(1999年1月1日实施，2001年修订)自实施以来，重大会计差错更正事项也屡见于企业财务报告。本章通过对中国深市和沪市A股上市公司的数据收集，发现2002年进行财务报表重述的上市公司家数为67家，2003年和2004年则分别增至119家和197家，2005年和2006年虽有所回落但也分别有108家和83家。

财务报表重述是指公司对已公布的财务报告进行的更正和补充，具体形式表现为补充公告和更正公告。一般而言，财务报表重述意味着已公布的财务报告中存在错报漏报，并且该错报漏报是重大的。Eilifsen和Messier(2000)在其研究中认为报表重述的发生应满足以下前提条件：第一，审计后的报表重述源于某类固有风险（例如，管理层激进的会计

第三章 报表重述与审计质量控制

行为、人员问题等);第二,该错报漏报没有被公司内部审计查处或阻止;第三,外部审计师未能发现这一错报,而且财务报告已经公布;第四,该错报后来被发现,如果被认为是重大的错报,则要更正、重述或修订原有的财务报告。引起财务报表重述的缘由各异、渠道众多,以前年度财务报告中存在的差错可能被审计委员会或内部审计人员发现,也可能归功于外部审计师的查错纠弊或其他。

根据规定,我国上市公司的报表重述一般会在以下几种情形下发生:

第一种情形是根据中国证监会颁布的《上市公司治理准则》(2002)的规定,审计委员会负有监督指导内部审计工作、审核财务信息及其披露的职责。当审计委员会或内部审计人员发现了已披露的财务报告中所存在的错报漏报时,需提请公司董事会审议,并重新表述其财务报告。

第二种情形是外部审计师提请的财务报表重述,通常有以下两种:

(1)在财务报表报出后发现其所审计的年度财务报告中存在的错报漏报,并提请被审计单位进行财务报表重述。《中国注册会计师审计准则第1332号——期后事项》第4章规定,在财务报表报出后注册会计师没有义务针对财务报表做出查询,但如果知悉在审计报告日已存在的、可能导致修改审计报告的事实,注册会计师就应当考虑是否需要修改财务报表,并与管理层讨论。如果管理层修改了财务报告,注册会计师应当根据具体情况实施必要的审计程序,复核管理层采取的措施能否确保所有收到原财务报表和审计报告的人士了解这一情况,并针对修改后的财务报表出具新的审计报告。

(2)在对财务报表中的比较数据(报表中的期初数)进行审核时,审计师发现以前年度财务报表中存在的重大错报,而负责以前年度报告审计的审计师未就该重大错报出具非标准无保留意见的审计报告,在此之前被审计单位也未对该错报进行补充或更正,此时被审计单位就要对该重大会计差错进行追溯调整并公布重大会计差错更正公告[①]。需要说明的是,此种情况下的重述事项与负责错报发生年度财务报告审计的事务所有关。

第三种情形是根据我国2006年《企业会计准则第28号——会计政策、会计估计变更和差错更正》的规定,企业应当采用追溯重述法更正重要的前期差错。追溯重述法是指发现前期差错时,视同该前期差错从未发生过,从而对财务报表有关项目进行更正的方法。前期差错通常包括计算错误、应用会计政策错误、疏忽或曲解事实以及舞弊产生的影响以及存货、固定资产盘盈等。

第四种情形是根据有关规定,上市公司定期报告披露后,公司股票所挂牌交易的证券

[①] 详见《企业会计准则第28号——会计政策、会计估计变更和差错更正》及《中国注册会计师审计准则第1511号——比较数据》。

交易所会对公司定期报告进行事后审核,对一些信息披露存有疑问的公司发出事后审核工作函,必要时还要求公司做出补充或更正公告,以保证信息披露的真实、完整。

如果报表重述属于第一种情形,即审计委员会发现已发布财务报告存在问题并要求报表重述,说明公司审计委员会尽到了监督财务报告质量方面的基本职责;如果报表重述属于第二种情形,即外部审计师发现已发布财务报告存在问题并要求报表重述,说明外部审计师尽到了应有的关注职责;如果报表重述属于第三种情形,即公司管理层发现前期财务报告存在问题所进行的报表重述,说明公司管理层尽到了应有的职责,也说明企业在财务报表方面的内部控制比较好;如果报表重述属于第四种情形,即被外部监管机构发现问题并提请重述,说明公司与财务报告有关的管理层、审计委员会以及外部审计师都存在问题,特别是作为公司财务报告最后一道防线的外部审计师难辞其咎,其审计质量也难逃质疑,然而据我们调查发现,我国报表重述大多属于第四种情形。

无论属上述何种情形引起的重述,上市公司都应按照2003年12月发布的《公开发行证券的公司信息披露编报规则第19号——财务信息更正及相关披露》的规定,以重大事项临时报告的方式及时披露更正后的信息。

本章重点就2004年、2005年和2006年上市公司的报表重述特征进行分析,试图寻求报表重述的原因及责任,特别是外部审计师的责任,从而评价我国上市公司的审计质量控制问题。本章接下来的安排如下:首先就财务报表重述的总体特征进行描述,包括3年报表重述的上市公司家数、报表重述的内容、报表重述对利润的影响等;其次为了重点分析外部审计师对财务报表重述的责任,第三部分将对财务报表重述公司的审计特征进行描述,包括财务报表重述公司的审计意见类型、审计任期、审计师是否更换以及是否成立审计委员会等;接着,为了进一步了解财务报表重述的性质和审计师的责任,第四部分对2006年报表重述事项较多的深圳赛格三星公司进行案例分析;最后就本章的研究进行总结,并提出政策建议。

二、财务报表重述的总体特征描述

(一)财务报表重述的形式与内容

财务报表重述的形式主要分为两种:补充公告和更正公告(个别公司的重述为补充兼更正,视其为更正公告)。

1. 补充公告

从收集的数据看,补充公告很大一部分是由于在财务报表批准报出日后公司收到证

第三章 报表重述与审计质量控制

券监管机构[①]对其年度报告的《事后审核意见函》,应其要求而对财务报表中漏报的事项进行补充,或对一些财务指标的较大幅度变动以及数额较大的重大事项进行说明,以便为投资者提供更充分的信息。补充公告所涉及的内容大体上可归纳如下:

(1)补充非经常性损益项目明细、资产减值准备明细等;

(2)补充披露重大关联交易事项(包括关联方购销活动及债权债务往来等);

(3)补充说明某项资产置换、重大关联交易、诉讼、重大担保等的具体情况;

(4)补充说明募集资金使用情况;

(5)补充对期间费用、业务收入、应收款项重大变动的原因说明。

2. 更正公告

更正公告则是对财务报告中的错报事项进行更正。更正公告所涉及的事项多为:

(1)扣除非经常性损益的净利润;

(2)关联交易、关联债权债务往来等;

(3)重大担保、诉讼等情况;

(4)报表附注中对存货、应收款等重要项目的说明;

(5)资产减值准备、折旧等的计提错误;

(6)审计报告中的范围段、说明段、签字注册会计师等内容,审计意见类型;

(7)重大会计差错更正及对以前年度的追溯调整等。

(二)财务报表重述的总体特征

表3.1 统计了 2004 年、2005 年和 2006 年财务报表重述家数以及财务报表重述公告类型等特征。

表3.1 财务报表重述的总体特征

项 目	2004年 沪市	2004年 深市	2004年 合计	2005年 沪市	2005年 深市	2005年 合计	2006年 沪市	2006年 深市	2006年 合计
上市家数	837	536	1 373	834	544	1 378	846	536	1 425
报表重述家数	134	63	197	94	14	108	57	26	83
报表重述百分比	16%	11.75%	14.35%	11.27%	2.57%	7.84%	6.74%	4.85%	5.82%
补充公告	49	23	71	3	1	4	4	4	8
更正公告	67	31	98	79	8	87	50	18	68
补充更正公告	18	9	27	12	5	17	3	4	7

---

① 中国证券监督管理委员会、上海证券交易所、深圳证券交易所、上海证券监督管理局、深圳证券监督管理局。

从表 3.1 可以看出，2004 年报表重述共有 197 家，占沪、深两市 1 373 家上市公司的比例为 14.35%。其中，沪市有 134 家，占沪市 837 家上市公司的比例为 16%；深市有 63 家，占深市 536 家上市公司的比例为 11.75%。2005 年共有 108 家公司进行了财务报表重述，占沪、深两市 1 378 家上市公司的比例为 7.84%，比 2004 年的 14.35% 明显降低。其中，沪市有 94 家，占沪市 834 家上市公司的比例为 11.27%；深市有 14 家，占深市 544 家上市公司的比例为 2.57%。2006 年报表重述共有 83 家，占沪、深两市 1 425 家上市公司的比例为 5.82%。其中，沪市有 57 家，占沪市 846 家上市公司的比例为 6.74%；深市有 26 家，占深市 536 家上市公司的比例为 4.85%。2004～2006 年间财务报表重述家数和更正公告对比分别见图 3.1 和图 3.2，这 3 年沪、深两市财务报表重述特征对比见图 3.3。

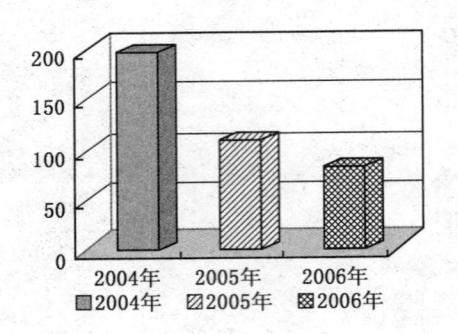

图 3.1　3 年报表重述家数对比

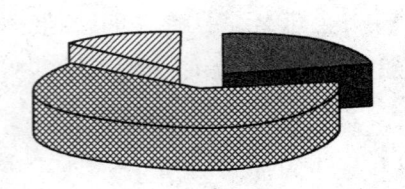

图 3.2　3 年报表重述公告类型对比

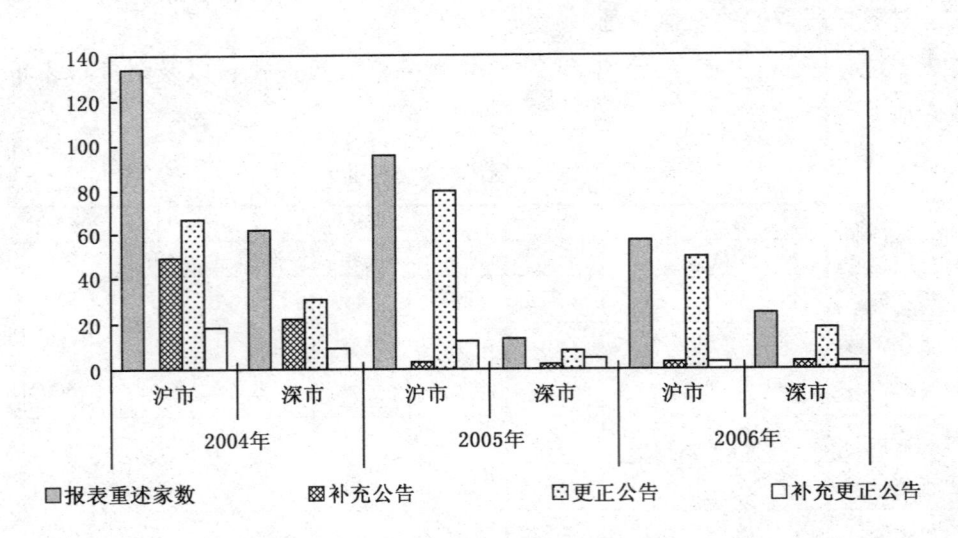

图 3.3　3 年沪、深两市报表重述特征对比

此外，2004 年沪市报表重述最高事项数为 38 项，深市为 8 项；2005 年沪市报表重述最高事项数为 13 项，深市也为 13 项；2006 年沪市报表重述最高事项数为 27 项，深市为 6

项。有关详细情况见表3.2和图3.4。

表3.2 3年财务报表重述事项对比表

年份	报表重述项数	家数	1事项	2事项	3事项	4事项	5事项	5事项以上	最高事项
2004	沪市	134	69	33	21	7	3	1	38
	深市	63	22	21	8	6	2	4	8
	合计	197	91	54	30	12	5	5	
2005	沪市	94	32	19	16	15	6	6	13
	深市	14	5	3	1	2	1	2	13
	合计	108	38	22	17	17	7	8	
2006	沪市	57	31	12	6	2	4	2	27
	深市	26	15	6	2	1	0	2	6
	合计	83	46	18	8	3	4	2	

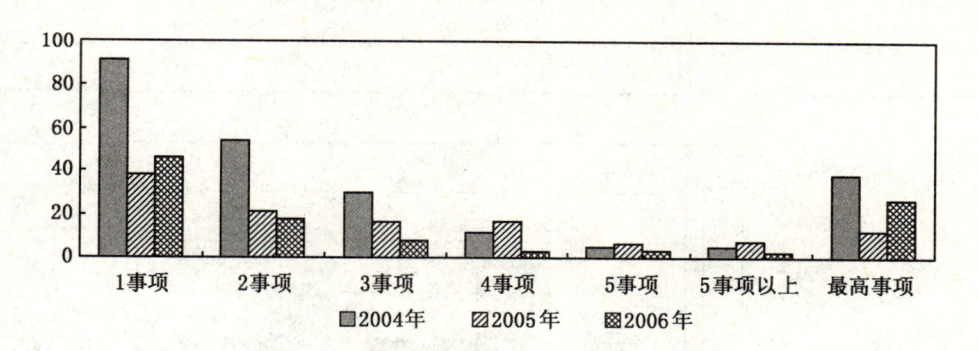

图3.4 3年报表重述事项数对比

三、财务报表重述的审计特征及分析

本章旨在通过报表重述透析审计质量及其控制,因此,了解报表重述公司审计特征尤为重要。下文以报表重述公司的审计报告类型、审计任期、是否更换审计师和是否成立审计委员会作为审计特征进行描述。之所以选择这些特征,是因为在公开能获取的数据中,这些特征与审计质量密切相关。审计质量控制应该是自上而下、自内而外的全方位的系统工程,虽然研究这些特征只是管中窥豹,但总能从这些审计特征中捕捉一些审计质量方面的问题。

转型经济中的审计问题

(一)审计报告类型

审计报告是审计师的最终产品,如果客户财务报表中存在错误和重大误报,而审计师出具了不恰当的审计报告,则会给审计师带来审计风险。审计报告是审计质量控制中的重中之重。《中国注册会计师审计准则1501号——审计报告》指出,注册会计师应当评价根据审计证据得出的结论,以作为财务报表形成审计意见的基础。审计报告的类型包括标准审计报告,即不附加说明段、强调事项段或任何修饰性用语的无保留意见的审计报告,以及非标准审计报告,即包括带强调事项段的无保留意见的审计报告、保留意见的审计报告、否定意见的审计报告和无法表示意见的审计报告。2004年、2005年和2006年财务报表重述公司审计报告类型对比表,见表3.3和图3.5。

表3.3　　　　　　　　　3年财务报表重述公司审计报告类型

交易所 \ 审计报告类型	2004年 标准	2004年 非标	2004年 合计	2005年 标准	2005年 非标	2005年 合计	2006年 标准	2006年 非标	2006年 合计
沪市	125	9	134	84	10	94	47	10	57
深市	52	11	63	10	4	14	19	7	26
合计	177	20	197	94	14	108	66	17	83

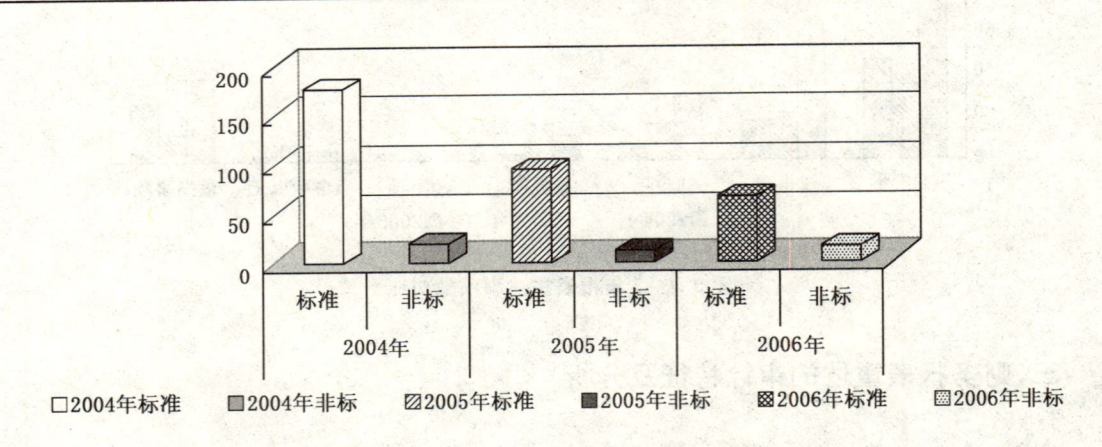

图3.5　3年报表重述公司审计报告类型对比

从表3.3统计的报表重述公司的审计报告类型来看,2004年报表重述公司中共有177家上市公司的审计报告为标准无保留意见,占197家重述公司的89.85%,其中,沪市为125家,占134家重述公司的93.28%,深市为52家,占63家重述公司的82.54%;共有20家公司的审计报告为非标意见,占197家重述公司的10.15%,其中,沪市为9家,占134家重述公司的6.72%,深市为11家,占63家重述公司的17.46%。在非标意见中,保留意见的有2家,带强调事项的保留意见有1家,带强调事项的无保留意见的有15家,带

第三章 报表重述与审计质量控制

强调事项的无法表示意见的有 1 家,无法表示意见的有 1 家。从 2005 年报表重述公司的审计报告类型来看,2005 年报表重述公司中共有 94 家上市公司的审计报告为标准无保留意见,占 108 家重述公司的 87.04%,其中,沪市为 85 家,占 94 家重述公司的 90.43%,深市为 10 家,占 14 家重述公司的 71.43%;共有 14 家公司的审计报告为非标意见,占 108 家重述公司的 12.96%,其中,沪市为 10 家,占 94 家重述公司的 10.64%,深市有 4 家,占 14 家重述公司的 28.57%。在非标意见中,保留意见的有 6 家,带强调事项的无保留意见的有 5 家,无法表示意见的有 3 家。可见,2005 年报表重述公司被注册会计师出具的非标意见比 2004 年有所增加。从 2006 年报表重述公司的审计报告类型来看,2006 年报表重述公司中共有 66 家上市公司的审计报告为标准无保留意见,占 83 家重述公司的 79.52%,其中,沪市为 47 家,占 57 家重述公司的 82.46%,深市为 19 家,占 26 家重述公司的 73.08%;共有 17 家公司的审计报告为非标意见,占 83 家重述公司的 20.48%,其中,沪市为 10 家,占 57 家重述公司的 17.54%,深市有 7 家,占 17 家重述公司的 41.18%。在非标意见中保留意见的有 8 家,带强调事项的保留意见的有 1 家,带强调事项的无保留意见的有 4 家,无法表示意见的有 4 家。2004~2006 年标准与非标准审计报告占重述公司的比率对比见表 3.4 和图 3.6。

表 3.4　　　　　　　3 年标准与非标准审计意见占重述公司的比率对比

交易所 \ 审计报告类型	2004 年 标准比率	2004 年 非标比率	2005 年 标准比率	2005 年 非标比率	2006 年 标准比率	2006 年 非标比率
沪市	93.28%	6.72%	90.43%	10.64%	82.46%	17.54%
深市	82.54%	17.46%	71.43%	28.57%	73.08%	41.18%
合计	89.85%	10.15%	87.04%	12.96%	79.52%	20.48%

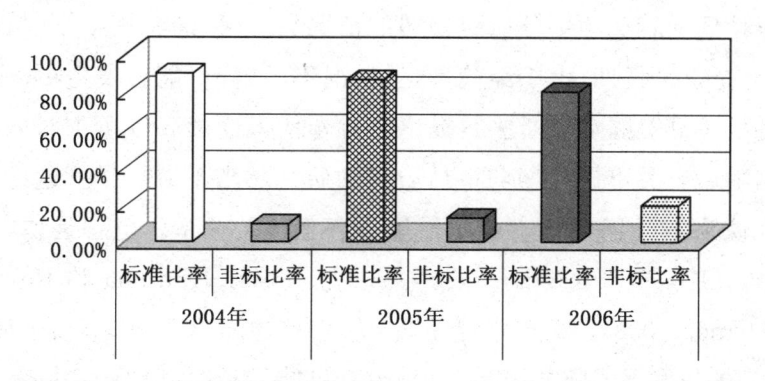

图 3.6　3 年标准比率与非标比率对比

从表 3.4 和图 3.6 可以看出，3 年报表重述公司大多数被注册会计师出具了标准无保留意见。但报表重述公司被注册会计师出具的非标意见的比例不断增加，而且 3 年非标意见中保留意见与无法表示意见的比例在上升。这说明注册会计师在出具审计意见时可能更加谨慎，自我保护意识增强。3 年非标审计报告的详细情况见表 3.5 和图 3.7。

表 3.5　　　　　　　　　　　3 年非标审计报告对比

年份 \ 非标报告类型	带强调事项的无保留意见 家数	比率	保留意见 家数	比率	无法表示意见 家数	比率	上市公司家数合计
2004	15	75%	3	15%	2	10%	20
2005	5	35.71%	6	42.85%	3	21.43%	14
2006	4	23.53%	9	52.94%	4	23.53%	17
合计	24	47.59%	17	33.33%	9	17.65%	51

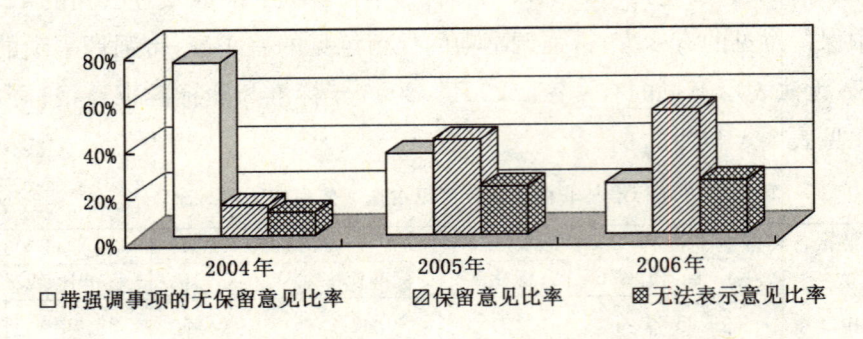

图 3.7　3 年非标意见比率对比

(二) 审计任期

一般认为，审计任期越长的事务所对公司的情况更了解、经验更丰富，报表重述的几率应该越少。如果是首个任期，由于经验不足，情况不了解，可能会发生更多的报表重述现象。然而 2002 年 7 月美国萨班斯法案提出审计合伙人连续 5 年负责对一家公司审计的必须进行轮换，随后有关审计任期与审计质量的研究层出不穷。尽管这些研究尚无定论，但有不少研究认为审计任期与审计质量呈显著正相关关系。也就是说，审计任期越长，审计质量越高（Geiger 和 Raghunandan，2002；Johnson、Khurana 和 Reynolds，2002；Myers、Myers 和 Omer，2003）。关于审计任期与报表重述的研究，Myers、Myers 和 Palmrose 等（2003）认为越是发展成熟的上市公司，越有可能较长时间地雇佣同一家会计师事务所，这些公司发生财务报表重述的可能性也越小。对总体样本进行回归后，他们发现，审计任期和财务报表重述的可能性之间并没有显著的相关关系，但是当控制了公司的上

第三章 报表重述与审计质量控制

市年限后,发现审计任期和财务报表重述显著负相关,特别是随着审计任期的增加,调增非主营业务利润的报表重述就更可能发生。另一方面,季度财务报告中,调增主营业务利润的财务报表重述会随着审计任期的增加而增多。总的来说,年度财务报表重述与审计任期之间并没有显著的相关性。

关于审计任期与审计质量在中国市场的研究,陈信元、夏立军(2006)的研究认为,审计任期与审计质量呈倒 U 形关系,即当审计任期小于一定年份(约 6 年)时,审计任期的增加对审计质量具有正面影响,而当审计任期超过一定年份(约 6 年)时,审计任期的增加对审计质量具有负面影响。

关于我国上市公司报表重述与审计任期的关系,我们曾以 2003 年和 2004 年的报表重述公司为样本并与非报表重述公司进行配对,研究发现,发生报表重述的公司有着比非重述公司更长的审计任期。当审计任期低于 5 年(含 5 年)时,发生报表重述的公司数都小于配对公司数,而当审计任期超过 5 年时,发生报表重述的公司数都明显大于配对公司数(任期为 7 年时例外)。也就是说,随着审计任期的增加,发生财务报表重述的可能性也将增大。从 2004 年、2005 年和 2006 年 3 年报表重述公司的审计任期特征来看,也偏重于这项结论,见表 3.6 和图 3.8。

表 3.6　　　　　　　　　3 年报表重述公司审计任期对比

审计任期	2004 年				2005 年				2006 年			
交易所	5 年以下(含 5 年)		5 年以上		5 年以下(含 5 年)		5 年以上		5 年以下(含 5 年)		5 年以上	
	家数	比率	家数	比率	家数	比率	家数	比率	家数	比率	家数	比率
沪市	63	47.01%	71	52.99%	38	40.43%	56	59.57%	27	47.37%	30	52.63%
深市	43	68.25%	20	31.75%	5	35.71%	9	64.25%	18	69.23%	8	30.77%
合计	106	53.81%	91	46.91%	43	39.81%	65	60.19%	45	54.22%	38	45.78%

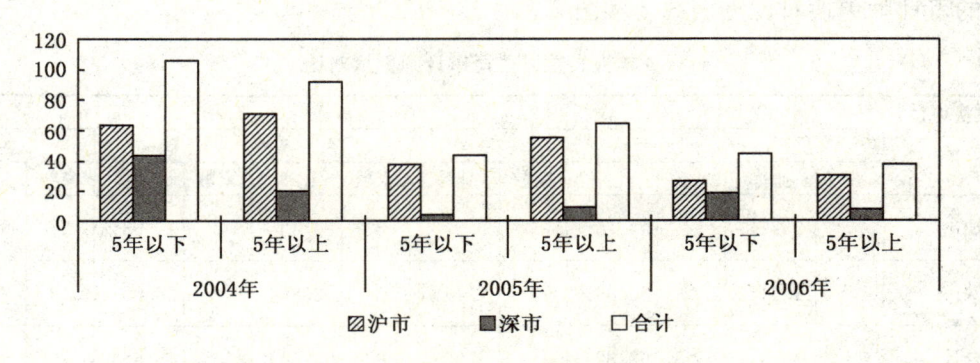

图 3.8　3 年报表重述公司审计任期对比

从表 3.6 和图 3.8 可以看出，2004～2006 年这 3 年中，5 年以下审计任期报表重述家数与 5 年以上审计任期报表重述家数没有明显规律，但 2004 年与 2005 年 5 年以下的审计任期的报表重述家数都高于 5 年以上审计任期的报表重述家数，所以从总体来看，偏重于审计任期越长则报表重述越少的结论。然而从沪、深两市来看，沪市 3 年中 5 年以上审计任期的报表重述家数都高于任期在 5 年以下的审计任期家数，而深市除 2005 年 5 年以上审计任期的报表和重述家数高于 5 年以下审计任期的报表重述家数外，2004 年和 2006 年，5 年以上审计任期的报表重述家数都低于 5 年以下审计任期的报表重述家数。所以，从沪市来看，偏重于审计任期越长则报表重述越高的结论。

(三)审计师轮换

关于审计师更换与审计任期的研究是相互联系的。从某方面来讲，由于更换审计师，新上任审计师可能因不熟悉企业情况而造成审计质量降低，进而引起报表重述的可能性会较大。但也有人认为审计任期过长，会影响审计师的独立性，从而降低审计质量。关于审计任期与报表重述的问题，前文已经述及，这里重点研究审计师轮换的情况。美国注册会计师协会(AICPA)总裁及首席执行官麦兰肯认为，注册会计师对企业的情况越了解，越能保证审计的质量；美国证券交易委员会(SEC)主席哈维·皮特也认为，会计师事务所定期轮换最终有损于注册会计师提供审计服务的质量。然而，萨班斯法案认为，很多情况下，需要进行报表重述的情形往往是由新的外部审计团队、新上任的审计师或新上任的财务总监(CFO)在进行年终审计时发现的。所以该法案 203 节要求负责某一客户审计的合伙人每 5 年轮换一次，这样就能保证公司的财务报告至少每 5 年会得到一次全新的审视。

由于对审计师轮换的优劣莫衷一是，我们通过对 3 年报表重述公司的审计师轮换的特征描述，试图发现审计师轮换与报表重述的关系。2004 年、2005 年和 2006 年报表重述公司的审计师更换对比见表 3.7 和图 3.9。

表 3.7　　　　　　　　　3 年报表重述公司审计师更换对比

更换审计师	2004 年				2005 年				2006 年			
	是		否		是		否		是		否	
交易所	家数	比率	家数	比率	家数	比率	家数	比率	家数	比率	家数	比率
沪市	7	5.22%	127	94.78%	9	9.57%	85	90.43%	6	10.53%	51	89.47%
深市	7	11.11%	56	88.89%	1	7.14%	13	92.86%	7	26.92%	19	73.08%
合计	14	7.11%	183	92.89%	10	9.26%	98	90.74%	13	15.66%	70	84.34%

第三章　报表重述与审计质量控制

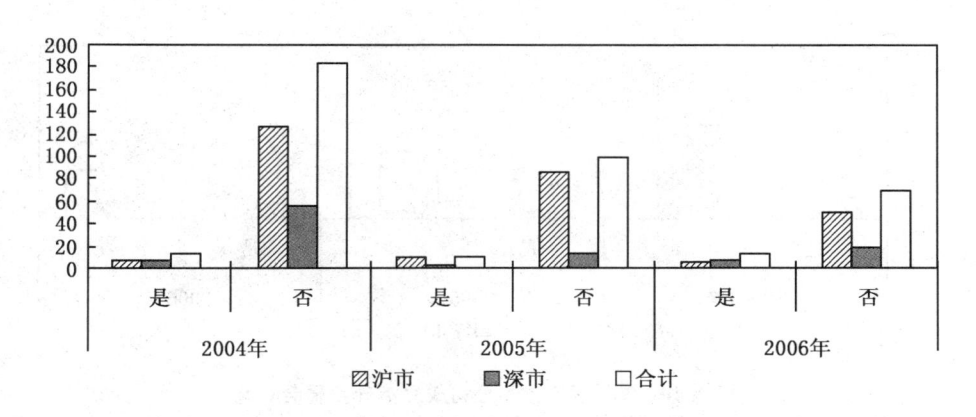

图 3.9　3 年报表重述公司审计师更换对比

从表 3.7 和图 3.9 可以看出，2004～2006 年这 3 年内报表重述公司更换审计师的数量比较少。这说明我国公司财务报表重述大多可能不是由审计师更换引起的，可能还是由审计师的职业道德或其他原因所致。

（四）审计委员会

由于监督财务报表的质量是公司董事会和监事会的基本职责，为了提高公司的财务报告的质量，2002 年我国《公司治理准则》要求上市公司在董事会下可以成立审计委员会，专门负责对财务报告质量的监管。虽然我国上市公司成立审计委员会，在很大程度上可能还是受管制机构出台相关政策的影响，不排除董事会成立审计委员会具有装饰门面、安抚媒体的嫌疑（杨忠莲、徐政旦，2004），但审计委员会经过几年的运行，其成效也初步显现，杨忠莲、杨振惠（2006）的研究发现，公司成立审计委员会与报表重述显著相关，即成立审计委员会的公司发生报表重述的可能性较小。下面通过统计描述验证该结论的适当性，3 年报表重述公司成立审计委员会对比见表 3.8 和图 3.10。

表 3.8　3 年报表重述公司成立审计委员会对比

成立审计委员会 / 交易所	2004 年 是 家数	比率	否 家数	比率	2005 年 是 家数	比率	否 家数	比率	2006 年 是 家数	比率	否 家数	比率
沪市	25	18.66%	109	81.34%	38	40.43%	56	59.57%	18	31.58%	39	68.42%
深市	10	15.87%	53	84.12%	7	50%	7	50%	9	34.62%	17	65.38%
合计	35	17.77%	162	82.23%	45	41.67%	63	58.33%	27	32.53%	56	67.47%

从表 3.8 和图 3.10 可以看出，3 年报表重述公司除 2004 年成立审计委员会与没有成立审计委员会的比率相差较明显外，2005 年与 2006 年相差不大。这与各年上市公司成立

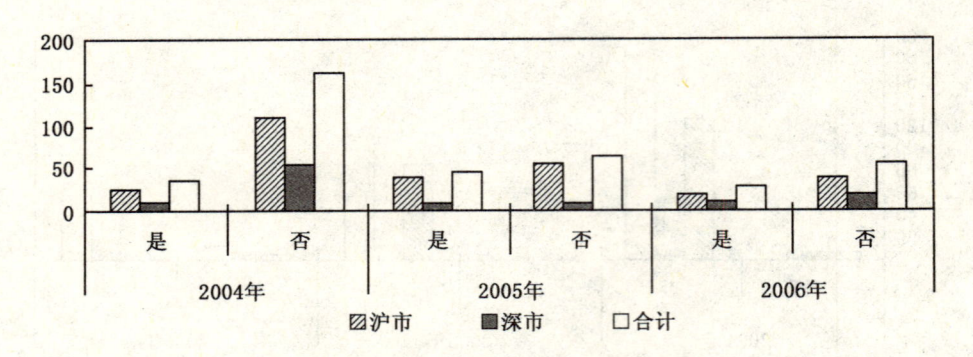

图 3.10　3 年报表重述公司成立审计委员会对比

审计委员会的现状有关,自 2002 年《公司治理准则》要求上市公司成立审计委员会以来,虽然该准则并没有强制要求各公司执行,但大多数上市公司对照该准则逐步在成立审计委员会。从报表重述公司也可以看出,2004 年报表重述公司成立审计委员会的只有 17.77%,2005 年上升到 41.67%,2006 年虽有所回落,但也有 32.53%。然而,总体上来看,3 年报表重述公司中成立审计委员会的公司少于没有成立审计委员会的公司。这从一定程度上说明审计委员会与报表重述负相关,这与我们 2006 年的研究结论一致。

以上从四个方面分析了 3 年报表重述公司的审计特征,从以上分析可以看出,报表重述虽然有公司管理层的责任,但也与审计师难脱干系,3 年报表重述公司相关特征对比分析见表 3.9。

表 3.9　　　　　　　　　3 年报表重述公司审计特征对比汇总表

特征 年份	审计报告类型		审计任期		是否更换审计师		审计委员会	
	标准意见	非标意见	5 年以下 (含 5 年)	5 年以上	是	否	是	否
2004 年	89.85%	10.15%	53.81%	46.19%	7.11%	92.89%	17.77%	82.23%
2005 年	87.04%	12.96%	39.81%	60.19%	9.26%	90.74%	41.67%	58.33%
2006 年	79.52%	20.48%	54.22%	45.78%	15.66%	84.34%	33.73%	66.27%

四、深圳赛格三星公司报表重述案例分析

本章选择 2006 年报表重述公司中的深圳赛格三星公司进行案例分析,之所以选择赛格三星公司,是因为该公司在 2006 年的更正公告中有 27 项更正、补充事项。有如此多的更正、补充事项的原因是什么?该公司的审计师应该承担何种责任?这些问题需要深入

分析，以进一步说明上市公司的审计质量控制问题。

(一)赛格三星公司审计及更正公告概况

深圳赛格三星股份有限公司(以下简称"赛格三星公司",股票代码为000068)是1997年在原深圳中康玻璃有限公司基础上分立重组上市的公司。该公司主营业务为"生产经营彩管玻壳及其材料,玻璃器材;国内商业、自营进出口"。该公司1997年年报由深圳中华会计师事务所审计,并出具了保留意见的审计报告。1999年深圳中华会计师事务所更名为深圳中天会计师事务所,该事务所为公司1998年年报出具了无保留意见的审计报告。2001年11月,公司改聘北京中天华正为其进行审计,该事务所为公司2001年年报出具了带解释说明的无保留意见。2006年10月北京中天华正会计师事务所更名为北京立信会计师事务所,该事务所为公司2006年年报出具了无保留意见的审计报告。

北京立信会计师事务所自2001年起为赛格三星公司进行审计,任期已达6年,在6年内,赛格三星公司曾在2001年、2002年和2003年连续3年发布了补充及更正公告,2006年又发布了更正公告。除2001年为年度报告摘要补充公告外,其余3年更正、补充公告情况见表3.10。

表3.10　　　　　　　　赛格三星公司3年更正、补充事项情况表

	2002年	2003年	2006年
更正事项数	1	0	13
补充事项数	0	1	14
审计意见类型	标准无保留	标准无保留	标准无保留

2006年更正、补充公告主要涉及的是资产负债表、现金流量表和附注,其中,补充资产负债表项目1项,更正现金流量表项目8项,补充报表附注项目13项,取消会计政策变更说明1项,还有4项为由于新增披露附注而使原引用的附注号顺延,见表3.11(序号为15、16、24、25)。赛格三星公司2006年报表重述详细情况见附表3.1。

表3.11　　　　　　　　赛格三星公司报表重述情况汇总

影响报表重述内容	资产负债表	现金流量表	附注	合计
遗漏拟分配现金股利	1			1
更正现金流量表附注中的净利润调整事项		8		8
遗漏坏账、应收账款、预收账款、关联方关系等重要附注			8	8
遗漏不重要附注			10	10
合　计	1	8	18	27

(二)赛格三星公司报表重述事项分析

从表3.11得知,赛格三星公司有27项报表重述事项,其中除10项是由于前面的更正或补充所带来的原引用的附注号顺延(见附表3.1)等不重要信息外,其余17项则是对投资者决策具有信息含量的重要事项。虽然赛格三星公司在其更正公告中声称所有的更正不影响企业的财务状况和经营成果,但有些更正可能会影响企业未来的财务状况或经营成果,从而影响信息使用者的决策。如第一项更正是漏掉了资产负债表中所有者权益中的未分配利润项目下的"其中:拟分配的现金股利,金额为15 719 410.34元",占未分配利润总额的3%。该事项对投资者来说是非常重要的,披露与不披露对投资者的决策影响应该较大,该项信息可能会影响信息使用者对企业未来财务状况的评价。根据代理理论,外部审计应该是接受股东的委托而执行审计的,代表的是股东的利益。应该对影响股东决策的任何重大信息都不能放过,赛格三星公司竟然漏掉如此重要的利润分配方案,实在是难辞其咎。

此外,在附表3.1的更正事项中第2项至第9项均涉及现金流量表(续)补充资料中的净利润调整事项,且均属经营活动现金流量。现金流量表附表对投资决策非常有用,它不仅告诉我们企业从经营活动中产生多少现金流量,而且还告诉我们企业为什么有利润而没有现金流量,或者没有利润却有现金流量,所以从净利润出发调整为企业的经营活动现金流量过程中涉及的不影响现金流量的项目非常重要,而赛格三星公司恰恰是在这些项目上出了问题,其中涉及计提的资产减值准备、固定资产折旧、无形资产摊销、长期待摊费用摊销、预提费用和存货等重要项目,涉及金额为-1 189 711.69元,该金额为这些项目错误的累计结果,在原来的报表中全部计入净利润调整事项的"其他"事项中,而其他事项的信息含量远不如具体事项重要,因此这些事项的更正虽然不影响经营活动所产生的现金净流量,但是会对信息使用者的决策带来不利影响。赛格三星公司报表重述公告中披露的更正原因是因为这些项目与财务报表附注中相关信息的勾稽关系不一致,这说明审计师犯的是低级错误,这种错误只要审计师稍作关注就能避免,犯如此错误,使人不得不对赛格三星公司财务人员的专业水平以及外部审计师的鉴证能力等方面产生怀疑。

除以上分析的更正事项外,赛格三星公司在其2006年年报附注中还遗漏了诸如货币资金年末余额中不能随时用于支付的金额、银行放弃对本公司追索权的已贴现尚未到期的商业承兑汇票的金额、计提100%坏账准备金、应付账款、预收账款、关联方关系等信息,这些信息对信息使用者来说都是非常重要的,不应被忽略。北京立信会计师事务所已为赛格三星公司审计6年,应该对赛格三星公司的情况比较熟悉,在财务报告的附注中遗漏

第三章 报表重述与审计质量控制

如此多的信息,令人匪夷所思。

通过以上分析可以看出,赛格三星公司的报表重述发生如此之多,完全是因为赛格三星公司的管理层和注册会计师没有尽到应有的职责造成的,这说明管理层与注册会计师在编报和审核财务报表时不够认真,具有侥幸心理和随意性。在如此多的报表重述下,赛格三星公司的注册会计师只起到装饰门面和审计信号的作用,并没有起到有效地保护投资者利益的作用,可能只是例行公事地奉行上市公司年报必须审计的监管要求而已。

(三)对赛格三星公司报表重述的进一步思考

从上述分析可知,赛格三星公司报表重述虽然还没有严重到歪曲公司的财务状况和经营成果,但却对信息使用者的决策造成不利影响。事实上,财务报表上的信息只是过去的信息,而决策者所做的则是未来决策。赛格三星公司恰恰遗漏或出错在这些影响未来决策的事项上。此外,即使报表重述事项对决策者决策不造成任何影响,但如此多的重述事项也会严重损害审计师在公众中的形象,更为严重的是,投资者不相信公司的基本面,把它仅看成数字游戏,这将进一步加剧资本市场上的盲目投机,扰乱资本市场资源的优化配置和经济秩序。所以,作为"经济警察"的会计师事务所的审计质量控制不容懈怠。

审计质量控制一般包括业务层面的质量控制和事务所层面的质量控制。从赛格三星公司报表重述来看,北京立信会计师事务所在业务层面与事务所层面的质量控制只要有一方面做到应有关注,赛格三星公司如此多的报表重述即可避免。

首先,从业务层面来看,项目合伙人负责在审计报告发布前对审计项目的检查,包括检查审计人员的工作底稿,将发现的问题与公司管理层和监管者进行沟通并对审计报告的适当性进行评价。显然,北京立信会计师事务所项目合伙人在业务审查时不够仔细。例如,赛格三星公司附注中以间接法编制的现金流量表中的调整事项错误全部放在"其他"事项中的做法,应该引起关注。既然监管机构在审查时能发现问题,项目负责人更应该能够发现。据了解,上市公司的现金流量表和报表附注很多是由会计师事务所代编,如果这样,负责赛格三星公司审计的审计师的胜任能力更值得怀疑。但《中国注册会计师相关服务准则4111号——代编财务信息》规定,注册会计师执行代编业务使用的程序并不旨在也不能对财务信息提出任何鉴证结论。而且在任何情况下,如果注册会计师的姓名与代编的财务信息相联系,注册会计师应当出具代编业务报告。但是,赛格三星公司的年报中看不出北京立信会计师事务所的代编信息。

其次,是事务所层面的质量控制。根据《会计师事务所质量控制准则第5101号》的规定,事务所层面的质量控制一般包括对业务质量承担的领导责任、职业道德规范、客户关系和具体业务的接受和保持、人力资源、业务执行、业务工作底稿和监控。其中,领导责任要求会计师事务所的领导层树立质量至上的意识,并合理确定管理责任,以避免重商业利益轻业务质量。而赛格三星公司如此多的报表重述表明,北京立信会计师事务所的领导责任存在缺失。此外,在人力资源管理方面要求审计师具有专业胜任能力。从赛格三星公司报表重述的内容来看,遗漏和更正事项在审查时稍微仔细点,就能避免。这说明审计师的专业胜任能力还需改进。因此,事务所应该定期对审计人员进行培训,并且要制定程序来评价员工的素质和专业胜任能力。再者在业务执行方面,会计师事务所应在指导、监督和复核,以及咨询、解决意见分歧和项目质量控制复核方面制定相应的政策和程序。北京立信会计师事务所如果照此要求去做并落在实处,也不会使赛格三星公司发生如此多的报表重述。

最后是在业务控制方面,要求会计师事务所应制定监控政策和程序,以合理保证质量控制制度中的相关政策和程序是相关、适当的,并正在有效运行。这点包括持续考虑和评价会计师事务所的质量控制制度,如定期选取已完成的业务进行检查。显然,北京立信会计师事务所在业务控制方面尚有欠缺。从前述分析可以看出,北京立信会计师事务所对赛格三星公司审计的6年中,其中有3年发生了报表重述,分别发生在2002年、2003年和2006年(见表3.10),2002年发生了一项更正事项,2003年发生了一项补充事项,如果北京立信会计师事务所对2002年和2003年任何一年的报表重述予以重视并采取质量控制程序,则不会导致2006年的23项(排除4项符号顺延连带错误)补充与更正事项。

总之,从赛格三星公司的报表重述可以看出,北京立信会计师事务所在质量控制制度制定或有效执行方面存在问题。虽然本章只分析了赛格三星公司报表重述存在的问题,但相信其他具有报表重述公司的会计师事务所也会存在类似的问题,希望事务所能以赛格三星公司为鉴,将投资者的利益放在首位,重视审计质量,这样才能在激烈的市场竞争中生存发展。

五、研究总结及政策建议

从以上3年报表重述分析可以看出,虽然报表重述现象有所减少,但仍存在较严重的问题。应引起有关各方的重视。

从上市公司而言,发生报表重述往往会给上市公司带来一系列的负面影响,譬如公众形象受损、进入资本市场受阻、信用评级降低、股东价值下降、股东提起诉讼等,有些还会招致证监会调查以及巨额的费用支出,甚至使公司遭受破产清算的局面。

对会计师事务所来说,很大一部分财务报表重述也伴随着财务舞弊行为的曝光。随着财务报表重述的愈演愈烈,证券市场上针对会计师事务所或审计师的股东诉讼案件日益增多。尽管财务报表重述的增加并不必然引起股东诉讼的增加,而且并非只要有财务报表重述就一定证明存在着财务欺诈,但从数据上分析,两者之间存在着高度的统计相关性(斯坦福法学院 Securities Class Action Clearing house 统计数据,2005)。引起社会广泛关注的财务舞弊行为更是使得会计师事务所深陷诉讼的泥潭,不但耗费巨额资金,还损害了会计师事务所的声誉,对其业务拓展也将造成诸多不良影响。

对投资者来说,一方面,越来越多的重述使上市公司所披露的财务报告变得不值得信赖,这严重打击了投资者对资本市场的信心。另一方面,虽然在当期财务报告中已有差错未被发现且披露的情况下,通过财务报表重述的方式的确可以在一定程度上弥补前期失误,以便为投资者提供尽可能充分和真实可靠的信息,但无疑也增加了投资者对市场信息加工的成本。

基于以上原因,除了要求注册会计师行业加强质量控制外,对报表重述的监管也愈加重要。虽然《企业会计准则》规定了报表差错的更正,以及证券交易所事后审核后要求上市公司进行报表重述公告,但从目前的报表重述公告披露来看,大部分公司都以工作疏忽为由来搪塞财务报告中的错误。只是这样的一个公告,远不能解决给投资者带来的损失以及社会的危害,这样的监管远远不能降低投资者的风险和损失。因此,建议监管部门对报表重述的性质和严重程度进行分析,并区别不同情况进行严厉处罚,并追究相关审计师的责任,使审计师真正能起到"经济警察"的作用。报表重述不管是否来自于舞弊或导致舞弊,在某些情况下,它与舞弊的经济后果是一样的。杨忠莲、谢香兵(2008)对沪、深两市遭受中国证监会和财政部处罚的财务报告舞弊公司在公告日前后的市场反应及其影响因素进行了实证研究,在处罚宣告日前后各3天中,平均累计超额回报率(CAR值)达到−1.6%,这说明财务报告舞弊是有经济后果的。监管部门应该对报表重述公告后的公司根据其严重程度进行调查,并对调查及处罚结果进行公示。只有加大监管力度,才能使公司管理层和注册会计师高度重视财务报告的质量,投资者的利益才能得到应有的保障。

附表 3.1　赛格三星公司报表重述详细情况（摘自 2006 年赛格三星公司更正公告）

序号	差异位置	原财务报表、附注	更正后的财务报表、附注	更正原因
1	第 4 页资产负债表(续)	其中：拟分配现金股利：0	其中：拟分配现金股利：15 719 410.34 元	补充披露拟分配现金股利事项
2	第 8 页现金流量表(续)	加：计提的资产减值准备：23 955 077.24 元	加：计提的资产减值准备：23 955 077.29 元	与资产减值准备明细表中的勾稽关系不一致
3	第 8 页现金流量表(续)	固定资产折旧：350 591 335.79 元	固定资产折旧：355 952 156.32 元	与财务报表附注中的勾稽关系不一致
4	第 8 页现金流量表(续)	无形资产摊销：10 877 953.03 元	无形资产摊销：10 787 565.54 元	与财务报表附注中的勾稽关系不一致
5	第 8 页现金流量表(续)	长期待摊费用摊销：33 390 313.66 元	长期待摊费用摊销：32 322 324.90 元	与财务报表附注中的勾稽关系不一致
6	第 8 页现金流量表(续)	预提费用增加(减：减少)：−698 730.09 元	预提费用增加(减：减少)：354 611.75 元	与财务报表附注中的勾稽关系不一致
7	第 8 页现金流量表(续)	存货的减少(减：增加)：47 254 335.97 元	存货的减少(减：增加)：39 233 563.36 元	与财务报表附注中的勾稽关系不一致
8	第 8 页现金流量表(续)	经营性应付项目的增加(减：减少)：−215 303 593.06 元	经营性应付项目的增加(减：减少)：−213 728 318.31 元	与资产负债表中的勾稽关系不一致
9	第 8 页现金流量表(续)	其他：−1 189 711.69 元	无	由于上述现金流量表项目的修改
10	第 12 页附注一	无	深圳赛格三星股份有限公司	补充完善财务报表附注
11	第 17 页	18. 会计政策变更说明本公司于 2005 年 6 月起，将存货的计价方法由原计划成本法改为实际成本法核算，该项会计政策的累积影响数不能确定，因此采用未来适用法核算	删除	该变更为 2005 年度的事项，无需再披露
12	第 18 页附注四、1. 货币资金	无	货币资金年末余额中不能随时用于支付的金额为 3 074 170.90 元	补充完善财务报表附注
13	第 19 页附注四、2. 应收票据	截至 2006 年 12 月 31 日止，本公司已贴现尚未到期的商业承兑汇票金额为 6 204 953.9 元	截至 2006 年 12 月 31 日，银行放弃对本公司追索权的已贴现尚未到期的商业承兑汇票的金额为 36 204 953.97 元	补充完善财务报表附注
14	第 20 页附注四、5. 坏账准备	计提 100% 坏账准备金：无金额	计提 100% 坏账准备金 5 883 251.73 元	补充完善财务报表附注
15	第 21 页附注四、7. 应收补贴款	详细情况见附注八、1	详细情况见附注九、1	新增披露附注八，所以原引用的附注号顺延

第三章　报表重述与审计质量控制

续表

序号	差异位置	原财务报表、附注	更正后的财务报表、附注	更正原因
16	第22页附注四、10.固定资产及累计折旧	说明段第二段：见附注八,2	说明段第二段：见附注九,2	新增披露附注八，所以原引用的附注号顺延
17	第24页附注四、14.短期借款	类别 银行借款 银行借款 其中:信用	类别 信用借款 信用借款 合计	补充完善财务报表附注
18	第25页附注四、16.应付账款	无	账龄　　　2006年12月31日　2005年12月31日 　　　　　　　余额　　　　　　余额 　　　　　　　RMB　　　　　　RMB 1年以内　　115 564 876.68　　79 474 890.84 1～2年　　　 2 589 476.60　　45 225 681.92 2～3年 3年以上 合计　　　118 154 353.28　 124 700 572.76 增加说明段第二段：本公司无账龄在3年以上的应付账款	补充完善财务报表附注
19	第25页附注四、17.预收账款	无	账龄　　　2006年12月31日　2005年12月31日 　　　　　　　余额　　　　　　余额 　　　　　　　RMB　　　　　　RMB 1年以内　　　1 426 276.50　　11 978 497.60 1～2年 2～3年 3年以上 合计　　　　1 426 276.50　　11 978 497.60	补充完善财务报表附注
20	第26页附注四、20.其他应付款	无	账龄　　　2006年12月31日　2005年12月31日 　　　　　　　余额　　　　　　余额 　　　　　　　RMB　　　　　　RMB 1年以内　　 64 041 269.76　　56 826 061.93 1～2年　　　　 327 023.37　　　 20 000.00 2～3年　　　　 10 000.00 3年以上 合计　　　　64 378 293.13　　56 846 061.93 增加说明段第二段：本公司无账龄在3年以上的其他应付款	补充完善财务报表附注
21	第27页附注四、23.长期借款	无	注:(2)根据相关贷款合同的规定	补充完善财务报表附注
22	第28页附注四、26.盈余公积	说明段：根据有关规定,本公司本年度不计提取法定公益金		
23	第28页附注四、27.未分配利润	无	增加说明段：另外,本公司2006年度实施利润分配方案为10股分配0.20元人民币(含税),应分配现金股利15 719 410.34元,该分配预案需提交公司2006年度股东大会审议批准	补充披露拟分配现金股利事项

~ 65 ~

续表

序号	差异位置	原财务报表、附注	更正后的财务报表、附注	更正原因
24	第29页附注四、32.补贴收入	说明:财政专项补贴的内容详见附注八、1	说明:财政专项补贴的内容详见附注九、1	新增披露附注八,所以原引用的附注号顺延
25	第30页附注四、33.营业外收入	说明段:见附注八、2	说明段:见附注九、2	新增披露附注八,所以原引用的附注号顺延
26	第32页附注五、(一)2.不存在控制关系的关联方关系的性质	注:因深圳市赛格达声股份有限公司和本公司股权结构发生变化,该两公司与本公司已经成为非关联方	关联方关系:增加三星香港有限公司为股东的子公司 注:因深圳市赛格达声股份有限公司和本公司股权结构发生变化,该公司与本公司已经成为非关联方	补充完善财务报表附注
27	第34页附注八增加	无	附注八、资产负债表日后事项本公司无需披露的资产负债表日后事项	补充完善财务报表附注

参考文献

1. 王啸、杨正洪:"论财务报告的重新表述",《证券市场导报》2003年第2期。

2. 王霞、张为国:"财务重述与独立审计质量",《审计研究》2005年第3期。

3. 周春光、马光:"中国上市公司股权结构与报表重述",《金融研究》2005年第11期。

4. 杨忠莲、杨振惠:"独立董事与审计委员会的执行效果——来自报表重述的证据",《审计研究》2006年第2期。

5. 于鹏:"股权结构与财务重述:来自上市公司的证据",《经济研究》2007年第9期。

6. 黄世忠、白云霞、李畅欣:"所有权、公司治理与财务报表重述",《南开管理评论》2010年第13期。

7. Deis, D. R., and G. A. Giroux. 1992. Determinants of audit quality in the public sector. *The Accounting Review* 67(3), pp. 462—479.

8. General Accounting Office(GAO). 2002. Financial statement restatements: Trends, market impacts, regulatory responses, and remaining challenges. GAO-03-138(October).

9. Ghosh, A., and D. Moon. 2005. Auditor tenure and perceptions of audit quality. *The Accounting Review* 80(2), pp. 585—612.

10. Huron Consulting Group, 2005. 2004 Annual Review of Financial Reporting Matters. http://www.huronconsultinggroup.com, pp. 4—5.

第三章 报表重述与审计质量控制

11. Johnson, V. E., I. K. Khurana, and J. K. Reynolds. 2002. Audit firm tenure and the quality of financial reports. *Contemporary Accounting Research* 19(4), pp. 637—660.

12. Lawrence J. Abbott, Susan Parker, and Gary F. Peters, 2003, "Audit Committee Charateristics and Restatements", *Auditing: A Journal of Practice and Theory*, 23, pp. 66—87.

13. Zoe-Vonna Palmrose, Vernon J. Richardson and Susan Scholz, 2004, "Determinants of market reactions to restatement announcements", *Journal of Accounting and Economics*, Volume 37, Issue 1, pp. 59—89.

14. Turner, L., J. R. Dietrich, K. Anderson, and A. J. Bailey. 2001. Accounting Restatements. Working paper, Office of Economic Analysis, United States Securities and Exchange Commission.

15. William R. Kinney J. R., Zoe-Vonna Palmrose, Susan Scholz, 2004, "Auditor Independence, Non-Audit Services, and Restatements: Was the U. S. Government Right?", *Journal of Accounting Research*, Volume 42, Issue 3, pp. 561—588.

思 考 题

1. 你认为报表重述会给投资者带来何种后果？报表重述能起到保护投资者的作用吗？
2. 深圳赛格三星的27项报表重述是怎么发生的？你认为外部审计师有责任吗？外部审计师应负何种责任？
3. 你认为重述后的财务报表还需审计师出具审计报告吗？
4. 针对财务报表重述，会计师事务所应如何做好质量控制？
5. 为了保护投资者利益，监管部门应该采取何种措施应对财务报表重述现象？

分 析 题

以下资料摘选于某公司2008年4月23日对前期财务报表追溯重述的公告。

资料一

(1)我公司本期将其他应收款与其他应付款重复挂列住房周转金进行对冲，并对前期已计提坏账准备 18 161 478.02 元进行追溯重述。

（2）我公司出租给×××有限公司资产未确认 2004 年至 2006 年收入 1 721 434.61 元，本年进行了追溯重述。

（3）子公司×××股份有限公司在净资产为负数的情况下确认了股权投资准备 476 667.56 元，与此同时，确认长期投资减值准备 476 667.56 元，该公司本年度进行了追溯重述。

（4）子公司×××科技有限公司将 2005 年度所得税费用 163 325.27 元记入了 2006 年度，该公司本年度进行了追溯重述。

（5）子公司×××科技有限公司多确认 2006 年度所得税费用 320 947.61 元，该公司本年度进行了追溯重述。

（6）我公司 2005 年度、2006 年度在合并报表过程中补提了应由子公司×××科技有限公司及×××有限公司计提的坏账准备分别为 468 148.02 元、1 489.34 元，本年度进行了追溯重述。

（7）我公司 2006 年末应付职工薪酬——福利费余额为－2 009 015.88 元，本年度进行了追溯重述。

（8）根据破产管理人对公司债务的申报（2008 年 3 月 20 日）应于 2002 年确认应付×××机械电器修造厂、×××纸箱厂、×××机器厂货款共计 30 313 544.00 元，本年度进行了追溯重述。

上述前期差错事项累计影响 2006 年年初股东权益－11 158 329.73 元（其中：年初未分配利润－10 316 986.62 元，资本公积－476 667.56 元，年初少数股东权益－364 675.55 元），年度净利润－1 123 695.18 元。

董事会认为，本次主要会计政策变更的追溯调整符合企业会计准则及企业会计制度的规定，对前期会计差错进行追溯重述有利于更真实、准确地反映企业财务状况及经营成果。特此公告。

资料二

该公告公布的当天，该公司的股票成交量萎缩，股价下跌 4.25%。

问题：

1. 请对上述差错更正进行评述。
2. 证券投资者因上市公司披露的会计信息有重大错误而产生的损失，究竟应该由谁来负责？

第四章
持续经营、审计判断与审计报告

——审计意见变通行为的案例分析

摘要：本章分析了我国2007年46家ST公司的持续经营非标意见审计报告,发现无论是披露持续经营重大不确定性的公司还是未披露持续经营重大不确定性的公司,都存在严重的审计意见变通行为。针对这种审计意见变通行为,监管部门应从投资者的利益出发,采取相应的对策。

一、引言

企业财务报告应在充分考虑资产负债表日后12个月内持续经营假设成立的情况下进行呈报,当持续经营能力存在重大不确定时,审计师应对此发表适当的审计意见,以提醒投资者注意企业可能存在的非持续经营风险。不同的审计意见会为投资者决策带来不同的影响。然而,涉及持续经营的审计报告,又不同于一般的审计报告,它可能有"自我实现预测效果"。也就是说,财务或经营陷入困境的公司本来还有希望渡过难关,但因注册会计师对企业的持续经营能力发表保留意见而导致财务报表使用者的过度反应。如采取收缩信用、不予贷款或改变交易条件等措施,会加速企业财务状况的恶化,从而使企业很快就面临破产清算的境地(秦荣生,2008)。所以,审计判断显得尤为重要,评判企业主体持续经营能力是发表恰当审计意见的重要保证。它不仅与投资者的利益密切相关,而且关系到企业的生死存亡。判断企业的持续经营能力不仅要求审计师具有专业知识,而且需要审计师了解企业的经营前景和行业发展,这就使得审计师在出具审计报告时不仅要慎之又慎,而且要有胜任的职业判断能力。

本章对涉及持续经营的审计报告变通行为进行分析,试图评价注册会计师职业判断的恰当性,并希望能够帮助注册会计师改进职业判断能力和审计报告的质量。

二、持续经营不确定性审计意见的发展

(一)受限型审计意见的出现:SAS No. 2

早在20世纪20年代,美国审计师为免除相关责任以保护自己,在没有权威的指导下,开始自愿在审计报告中尝试使用"受限于"(subject to,以下简称受限型意见)披露不确定性事项,包括持续经营不确定性、未决诉讼、或有事项等。最初受限型意见的使用并不规范,它不仅针对不确定性事项,也针对财务呈报的公允性问题。然而,事实上,如果审计师对财务呈报的公允性发表保留意见,应采用"除……外"(except for,以下简称除外型意见)。但由于当时并未对这两种意见进行清楚的定义与区分,审计师以大量的受限型意见代替本该出具的除外型意见,从而导致比较严重的审计意见变通。直到1962年3月,美国证券交易委员会(SEC)发布的会计系列文告第90号明确规定,美国证券交易委员会只接受受限型意见,而被出具除外型意见的公司股票不能继续上市交易。作为回应,美国注册会计师协会迅速对两种意见进行了界定与区分,在其发布的审计程序公告第32号中明确说明,除外型意见针对违反公认会计准则的情形发布,受限型意见则是针对不确定性事项而签发。然而,此规定并未消除利用受限型意见替代除外型意见的审计变通行为。鉴于20世纪60～70年代对受限型意见的不恰当使用,1974年美国注册会计师协会所属的审计准则委员会(ASB)发布了《审计准则公告第2号——审计报告》(SAS No.2)。该准则对"不确定性事项"进行了明确定义,并且限制了受限型意见的适用范围。该准则认为,不确定性事项是指该事项的发生将影响报表使用者对财务报表的正确理解,或者无法依据合理的估计进行该事项的披露。此后,美国财务会计准则委员会于1975年发布了《会计准则第5号——或有事项会计》(SFAS No.5),该准则对或有收益、或有损失等概念进行了界定,同时也详细规定了相关会计处理。美国注册会计师协会所颁布的 SAS No.2 和美国财务会计准则委员会所颁布的 SFAS No.5 为审计师对受限型意见的具体使用提供了规则上的指导。

然而,在这一阶段的实务中,仍然存在审计师对不确定性进行随意定义的现象。作为应对之策,1978年美国注册会计师协会审计责任委员会提出取消受限型审计报告,改为由被审计单位在财务报表中以附注的形式对不确定性事项进行披露。理由是:评估公司的不确定性并不是审计师的职责,该职责应由客户在财务报表中披露最为恰当。如果客户在其财务报表中充分披露了不确定性事项,则表明客户的财务报表符合公认会计原则,审

计师应当签发无保留意见；反之，如果未作充分披露，则应当视为违反公认会计原则，此时应当签发除外型审计意见，如果该情形严重，审计师则应当签发否定意见或者无法表达意见的审计报告。然而，尽管该建议随后被美国注册会计师协会采纳，但是并没有被美国证券交易委员会所接受，其反对的理由是：规定在报表中详细披露不确定性事项，应当属于美国财务会计准则委员会而非美国注册会计师协会的职责范围。

(二)受限型审计意见规范期：SAS No. 34

对于审计师是否有预测被审计单位持续经营不确定性的责任，历来存在两种完全相反的观点：一种观点认为，审计师应当有责任预测不确定性事项的后果；另一种观点则认为，披露不确定性是企业管理层的责任，审计师只是对报表披露的公允性发表审计意见。1981年美国审计准则委员会(ASB)发布了《审计准则公告第34号——审计师对主体持续经营能力的考虑》(SAS No. 34)，该准则可以说是对以上两种观点的折中。在这一准则中，美国审计准则委员会详细列举了适用受限型意见的情形，并要求在审计报告中引入"中间段"对持续经营不确定性事项进行说明，使用中间段的目的在于可以使报表使用者对持续经营不确定性事项予以格外关注，从而更有效地传递"红旗"(red flag)预警。在审计准则公告第34号的基础上，美国审计准则委员会于1982年3月发布了一项审计准则公告草案，建议取消受限型意见。但该草案遭到券商、银行家等各方的强烈反对，认为取消受限型意见将会使受限型意见所具有的"红旗"预警效用消失殆尽。在各方的强烈反对下，受限型意见在之后的一段时期内仍然是针对重大不确定性事项而出具的可以被接受的审计意见类型，但是其数量却较70年代大大减少。

(三)受限型审计意见取消期：SAS No. 58和SAS. No. 59

SAS No. 34发布之后，就审计师是否应当承担评估被审计单位持续经营不确定性责任的争议依然在继续。不少人反对受限型意见的理由是，不确定的审计报告没有起到应有的预警作用，他们通过经验研究发现，有一半的破产公司在破产前的最后一个会计年度的审计报告没有提及持续经营存在不确定性。为了弥合公众与审计职业界之间的期望差，1988年，美国注册会计师协会发布了《审计准则公告第58号——财务报表审计报告》(SAS No. 58)和《审计准则公告第59号——审计师对主体持续经营能力的考虑》(SAS No.59)，这两个准则的出台意味着受限型保留意见从此被取消。SAS No. 58取代了1974年发布的SAS No. 2，该准则特别规范了除持续经营不确定事项之外的其他不确定事项(如或有负债、未决诉讼等)的披露，当被审计单位存在类似不确定性事项或情况时，审计师需要在意见段之后增加一个说明段，对该类事项进行强调说明，而不再需要出具受限型意见。SAS No. 59为审计师如何评估客户的持续经营不确定状态并出具审计意见提供了较详细的指导。首先，审计师应在实施审计程序的过程中判断对被审计单位的持续经营能力是否存在重大疑虑，如果不存在重大疑虑，则直接出具无保留意见；若存在重大疑虑，则需要进一步考察管理层是否有针对性的改善计划。在评估改善计划的基础上，考察对客户持续经营能力是否仍然存在重大疑虑，如果仍然存在，则进一步检查客户是否对持续经营不确定性进行了披露，如果披露充分，则出具标准无保留加解释段的审计意见；如果披露不充分，则出具保留意见或否定意见。在评估管理层的改善计划基础后，如果对客户持续经营能力的实质性疑虑已经消除，则需要进一步检查管理层是否披露最初导致审计师对被审计单位持续经营能力产生重大疑虑的事项和情况以及管理层拟采取的改善措施，如果被审计单位对上述事项进行了充分披露，则审计师可以出具标准无保留意见；如果被审计单位未对上述事项进行充分披露，则审计师应当出具保留意见或否定意见。显然，SAS No.59虽然强调了审计师在执行所有审计程序的过程中均需要考虑持续经营问题，加大了审计师的责任，但是另一方面，该准则坚持了持续经营不确定性应该由被审计单位披露的原则，审计师对具体审计意见的选择很大程度上取决于管理层披露是否恰当。

与SAS No.34相比，两个准则的共同点在于都不需要设计专门的审计程序用以评估持续经营问题，但是却存在以下几个变化：首先SAS No.59要求审计师在整个审计的过程中均需考虑持续经营问题，而SAS No.34只要求在执行审计的过程中，察觉到公司存在持续经营问题时再对该问题进行重点考虑。其次，如果对持续经营能力存在重大疑虑，SAS No.59就要求签发非标准审计意见；而SAS No.34要求只有持续经营不确定性导致资产的可回收性以及负债的正确分类存在不确定性时才签发非标准审计意见。最后，SAS No.59要求在审计报告中附加解释段说明对持续经营问题的不确定性的重大疑虑，而SAS No.34要求出具受限型保留意见，同时在审计报告的意见段前使用中间段对该事项进行说明。因此，SAS No.59相对于SAS No.34而言，对审计师判断客户持续经营不确定性的责任更趋严格。

（四）责任明确期：ISA 570

虽然SAS No.59对出具持续经营不确定性审计意见的形式做了改变，即取消了受限型审计意见，改为在意见段之后采用解释说明段披露持续经营不确定性事项，但并没有解决科恩委员会在其1978年报告中提出的审计师应该关注的是不确定性信息是否充分披露，解释与评价财务报告信息并在此基础上确定公司是否存在持续经营危机的任务应当交给管理层和财务分析师，也就是说，SAS No.59仍要求审计师根据客户的各种信息判断是否对被审计单位持续经营假设的合理性存在疑虑，并在审计报告中通过解释说明段披露不确定事项，其责任不仅仅限于检查被审计单位披露是否充分。

第四章　持续经营、审计判断与审计报告

国际审计实务委员会(International Auditing Practices Committee)颁布的自2000年12月31日起生效的《国际审计准则第570号——持续经营》(IAS 570)规定：审计师需要考虑管理层在编制财务报告时使用持续经营假设的适当性，以及被审计单位是否存在需要披露的影响持续经营的重要不确定事项，即使编制财务报告所依据的财务报告框架没有明确要求管理层对持续经营能力做出具体的评估。在实施审计程序的过程中，审计师始终要关注影响被审计单位持续经营能力的事项、条件和相关企业风险的证据。如果迹象确实存在，那么审计师除了实施审计程序之外还要考虑这些迹象是否会影响他们对重大错报漏报风险的评估水平。当确认了影响被审计单位持续经营能力的因素以后，审计师应当：(1)复核管理层对于存在的持续经营假设不再合理的迹象计划采取的措施；(2)通过采取必要审计程序获取能证明或排除重大不确定性是否存在的充分和适当的审计证据，包括判断管理层的计划或其他改善措施能否缓解对持续经营能力的影响；(3)向被审计单位管理层索取关于改善持续经营能力措施的书面声明。IAS 570进一步明确了管理层与审计师对企业持续经营能力的评估责任和检查责任。

我国《独立审计具体准则第17号——持续经营》出台于1999年，2003年7月和2006年2月被两次修订。2006年2月新准则《中国注册会计师审计准则1324号——持续经营》(以下简称《新准则1324号》)与原准则17号相比，除突出强调了重大疑虑事项是注册会计师考虑被审计单位持续经营假设合理性的依据外，主要变化如下：(1)将风险导向审计的思想引入审计准则和审计实务；(2)增加了管理层未对持续经营能力作出评估时的处理；(3)增加了注册会计师无需实施详细审计程序就可得出结论的情形；(4)明确了注册会计师针对超出评估期间的事项或情况应执行的审计程序；(5)增加了注册会计师向管理层获取有关应对计划的书面声明的规定；(6)增加了当现金流量分析对考虑事项或情况的未来结果重要时注册会计师应实施的审计程序；(7)增加了管理层拒绝注册会计师的要求时应出具审计报告意见类型；(8)增加了管理层严重拖延签署或批准财务报表时注册会计师应实施的审计程序。从我国《新准则1324号》的精神实质来看，基本实现了与IAS 570的趋同。

三、相关研究综述

在美国和英国，企业持续经营能力的评价在职业界引起了长期争论。关注的焦点在于对客户持续经营能力的评价在一定程度上增加了审计人员满足公众对审计行业期望值的责任，大大增加了审计人员的政治压力和法律成本。Altman与McGough(1974)、Altman(1982)、Menon 与 Schwartz(1987)、Hopwood 等(1989)、McKeown 等(1991)、Chen 与 Church(1992)等人的研究表明：在 SAS No. 59 颁布执行以前，50％以上的公司在进入破产程序之前，没有收到任何形式的涉及持续经营问题的审计报告。

　　SAS No. 59 生效后，理论界针对该准则的实施效果进行了不少经验研究，但并未得到一致的研究结论。Pringle(1990)等学者通过实验研究发现，取消受限型意见之后的 GCO(going concern opinion)信息内涵并没有本质的改变；Rama 和 Raghunandan(1995)的研究则发现，在控制了公司财务特征和规模等影响因素后，SAS No. 59 生效后审计师出具了更多的 GCO，从而认为该准则较为成功地弥合了审计期望差。Schaub 等学者(2003)研究发现，根据 SAS No. 59 发布的持续经营审计意见与之前的受限型意见相比，虽然形式上有了很大的变化，但信息内涵没有本质差别。

　　除上述研究外，关于持续经营审计的研究还包括：Koh 与 Killough(1990)用 21 个财务比率，使用判别模型确定是否出具持续经营不确定性的审计报告；Carmichael 与 Pany(1993)的研究认为如果审计不能对即将经营失败的企业提供早期预警，审计报告的作用就值得怀疑；Barnes 与 Huan(1993)的研究不限于财务指标，将影响持续经营的因素扩展到上百项；Anandarajan 与 LaSalle(1996)的研究则发现，存在持续经营问题的公司中，与收到无保留意见带强调说明段审计报告的公司相比，收到无法表示意见审计报告的公司的财务状况更糟；LaSalle 等(1996)对影响 CPA 持续经营不确定性审计意见选择的重要因素进行了问卷调查，研究结果显示无法表示意见的审计报告显著地与更多的坏消息项、更少的好消息项和弱的内部控制相联系；Anandarajan 与 LaSalle(2001)利用公开的信息再次研究了该问题，研究结果表明，大客户、审计任期较短的客户、处于更大的财务危机的客户更有可能被出具无法表示意见的审计报告；Carcello 等(2000)研究了审计师持续经营判断是否会受到与审计师损失函数相关的经济利益因素的影响，如预期的审计费用、审计师与客户的合作期、近期的审计诉讼、客户流失等，认为近期审计客户的流失似乎会缓解审计师出具持续经营非标准审计意见的倾向，并且审计费用越高，审计师披露持续经营不确定性的意愿就越低。然而，也有学者并不认为审计师的持续经营审计判断质量与审计师所面临的经济利益因素有关。Vanstraelen(2002)在其研究中也未发现审计师的持续经营审计意见会受到审计师与客户合作时间的长短、审计师任期和审计意见类型的显著影响。Krishnan、Jayanthi(1996)以及 Emiliano 等(2004)研究认为无法辨别出公司的持续经营问题，将会使审计师面临第三方利益相关者的诉讼并丧失声誉。George(1991)、Louwers 等(1995)、Tucker(2003)的研究都支持持续经营审计判断与自我实现预期效应有关。Venuti(2004)发现，由于害怕持续经营审计意见会加速已处于困境公司的破产，降低债权

第四章　持续经营、审计判断与审计报告

人给予公司贷款的意愿，或是增加公司的诉讼，审计师不得不面临两难选择：是出具持续经营审计报告而增加处于财务困境公司的破产风险，还是不出具这样的报告而面临公司利益相关者诉讼的风险？然而，有学者则持有相反的观点，如 Citron 和 Taffler(1992)对英国的破产清算公司调查没有发现自我实现预期效应与持续经营审计判断有关。

我国研究持续经营审计的文章不是很多，在几篇代表性的文章中，陈朝晖(1999)认为，在持续经营不确定性较大、财务报告又没有进行充分披露的情况下，发表保留意见或带说明段的无保留审计意见是不正确的；王守江(1999)认为对客户持续经营能力发表意见，审计师必须具有很好的业务素质；秦荣生(2003)认为，由于存在"自我实现预测效果"，所以，审计师在出具审计报告时应谨慎措辞等；邵瑞庆、崔丽娟(2006)分析了自我国出现首份上市公司持续经营不确定性审计意见的审计报告以来，注册会计师对上市公司持续经营不确定性发表审计意见的总体情况与趋势，发现我国关于上市公司持续经营不确定性的审计意见还很不规范，应加强跟踪研究并完善相关法律法规；张继勋、杜滨、张伟(2005)研究了持续经营的不确定性与公司违约概率，提出了在我国证券市场使用布莱克—舒尔斯—默顿期权定价理论，利用市场交易信息估计企业破产(或违约)概率的方法，审计人员可将该破产概率作为判断被审计企业持续经营能力的一个定量参考指标，从而对审计人员持续经营审计报告类型的选择提供帮助；张晓岚等(2006)以2003年到2004年涉及持续经营问题而被出具非标准审计意见的所有A股上市公司为样本，研究了注册会计师依据影响持续经营假设的重大疑虑事项实施审计判断的差异情况，认为新旧准则对重大疑虑事项界定的不确定性、对依据重大疑虑事项出具不同审计意见规范的或缺性是导致诸多审计判断差异的主要原因，新准则的实施效果可能仍不理想，最后提出应考虑从审计手段和方法的创新上寻找突破口，以提高新准则的实施效果。

四、审计意见变通行为案例分析

（一）数据来源

据统计，截至2008年4月30日，会计师事务所共为1 570家上市公司的2007年年报出具了审计报告，标准审计报告为1 449份，非标准意见审计报告121份，其中，带强调事项段的无保留意见审计报告90份，保留意见审计报告14份，无法表示意见审计报告17份。在这121家非标意见中，有49家上市公司被会计师事务所明确指出"持续经营能力存在重大不确定性"，占比超过四成，在这49家公司中有46家为ST公司，另3家为非ST公司，分别是联华合纤、海鸟发展和唐山陶瓷。本章重点对这46家持续经营能力存在重大

不确定性的 ST 公司的审计报告进行分析,数据全部为手工收集,来自于巨潮资讯网(www.cninfo.com.cn)。需要说明的是,本章所指的 ST 公司泛指所有的 ST 公司,包括*ST 公司。

(二)持续经营审计报告的统计描述

在 46 家 ST 公司持续经营审计报告中,沪市上市公司有 30 家,深市上市公司有 16 家。相关信息见表 4.1。

表 4.1　　　　　　持续经营存在不确定性的 ST 公司审计意见概况

交易所	ST 公司家数	非标审计意见类型				管理层是否披露持续经营的不确定性	
		带强调事项段的无保留意见	保留意见	无法表示意见	否定意见	是	否
沪市	29	19	5	5	0	25	4
深市	17	13	0	4	0	15	2
合计	46	32	5	9	0	40	6

从表 4.1 可以看出,沪、深 46 家被出具涉及持续经营能力存在不确定性非标意见的 ST 公司中,有 33 家被出具带强调事项段的无保留意见,其中,沪市为 20 家,占比为 69%,深市为 13 家,占比为 76%。可以说,绝大多数具有持续经营不确定性的 ST 公司被出具的是带强调事项段的无保留意见。通过进一步分析发现,沪市的 5 家被出具保留意见的 ST 公司中仅有 2 家导致保留意见的事项中涉及持续经营不确定性,而另外 3 家保留意见审计报告中提及持续经营不确定性,只是作为保留意见中的强调事项,而非导致保留意见事项。从表 4.1 还可以看出,由于持续经营存在不确定性而被出具无法表示意见的有 9 家公司,其中,沪市 5 家,深市 4 家。两市中无一家公司因持续经营不确定性被出具否定意见。在管理层是否披露持续经营的不确定性的统计中,沪市有 4 家公司没有披露,其中 2 家被出具带强调事项段的无保留意见,1 家被出具有保留意见,1 家被出具无法表示意见。深市有 2 家公司没有披露,2 家均为无法表示意见。通过初步分析发现审计意见有避重就轻之嫌,也就是说,审计师有变通审计意见之疑,为了证实该结论,以下将做进一步分析。

(三)案例分析

如前所述,随着持续经营审计准则的发展,审计师对持续经营不确定的责任更加明确,评估被审计单位的持续经营能力是管理层的责任,注册会计师的责任是考虑管理层在编制财务报表时运用持续经营假设的适当性,并考虑是否存在需要在财务报表中披露的有关持续经营能力的重大不确定性(见《新准则 1324 号》)。因此,财务报表对持续经营能

第四章 持续经营、审计判断与审计报告

力重大不确定性的披露充分与否,成为审计师出具审计意见的判断标准。在判断财务报表对持续经营不确定性事项或情况是否做出充分披露时,应从两方面判断:(1)财务报表是否已充分描述导致持续经营能力产生重大疑虑的主要事项或情况,以及管理层针对这些事项或情况提出的应对计划;(2)财务报表已清楚指明可能导致对持续经营能力产生重大疑虑的事项或情况存在重大不确定性,被审计单位可能无法在正常的经营过程中变现资产,清偿债务。

如果财务报表已做出充分披露,审计师可出具带强调事项段的无保留审计意见。在极端情况下,如果同时存在多项重大不确定性,审计师应考虑出具无法表示意见。如果财务报表未作充分披露,审计师应当出具保留意见或否定意见。出具否定意见还包括被审计单位已不能持续经营,但财务报表仍按持续经营假设编制。根据以上标准,下文分别对披露持续经营重大不确定性的公司与未披露持续经营重大不确定性的公司的审计意见变通行为进行案例分析。

1. 披露持续经营重大不确定性的公司审计意见分析

根据表 4.1 的统计,沪、深两市 46 家持续经营非标意见中共有 39 家公司管理层在其财务报表中披露了持续经营不确定性的事项及应对计划,称为"披露持续经营重大不确定性的公司",其中,沪市有 25 家,深市有 14 家。在 39 家披露持续经营重大不确定性的公司中,有 29 家被出具了带强调事项段无保留审计意见,其中,沪市 17 家,深市 12 家;有 4 家被出具了保留意见,全部为沪市公司;有 6 家被出具了无法表示意见,其中,沪市 4 家,深市 2 家。上述统计结果见表 4.2。

表 4.2　　披露持续经营重大不确定性的公司审计意见类型统计

交易所	披露持续经营重大不确定性的公司家数	非标审计意见类型			
		带强调事项段的无保留意见	保留意见	无法表示意见	否定意见
沪市	25	17	4	4	0
深市	14	12	0	2	0
合计	39	29	4	6	0

从表 4.2 可以看出,尽管都是披露持续经营重大不确定性的公司,但是审计意见尚有差异。这种差异是来自于审计师的判断差异,还是审计师存在变通行为?本章在对沪市 17 家带强调事项段的无保留意见的公司分析后发现,虽然从表面上看这些公司似乎都满足准则中的带强调事项段的无保留意见的标准,但是有些公司在披露持续经营不确定事项时比较详细,管理层采取的针对措施也比较可信或可行,但有些公司则显得比较空洞、敷衍。为了说明这一点,以下就两家公司进行重点分析。

转型经济中的审计问题

(1) ST 贤成(600381)

ST 贤成,全称为青海贤成矿业股份有限公司,该公司于 2001 年上市交易,原名为青海白唇鹿股份有限公司(简称"白唇鹿"),2005 年改名为青海贤成实业股份有限公司(简称"贤成实业"),2007 年由于连续 2 年亏损被 ST 处理。之所以选这家公司进行案例分析,是因为在 29 家披露持续经营重大不确定性的公司中,该公司的披露比较规范。ST 贤成 2007 年年报的审计师是武汉众环会计师事务所有限公司。该公司 2001 年至 2006 年年报都由深圳鹏城会计师事务所有限公司审计,其中,2001 年至 2004 年为标准无保留意见,2005 年开始该公司出现了持续经营不确定事项,被深圳鹏城出具带强调事项段的无保留审计意见,2006 年被出具无法表示意见,2007 年更换审计师后被出具带强调事项段的无保留审计意见。ST 贤成 2005~2007 年的会计师事务所及审计意见类型见表 4.3。

表 4.3　　　　　ST 贤成 2005~2007 年的会计师事务所及审计意见类型

年度	2005	2006	2007
会计师事务所	深圳鹏城	深圳鹏城	武汉众环
审计意见	强调事项段	无法表示意见	强调事项段

经过进一步调查发现,2005 年该公司发生严重亏损,所有者权益为负,资不抵债,持续经营不确定性开始显现,但财务报表仅在附注十中披露了其控股子公司已停产、母公司有金额较大的应收账款和逾期借款,并未披露公司采取的应对计划,所以财务报表没有充分披露持续经营不确定的事项和情形,审计师出具强调事项段的无保留意见似乎不妥,有变通审计意见之嫌。2006 年,该公司继续亏损,并出现多项重大不确定事项,审计师出具了无法表示意见。2007 年贤成公司由于连续 2 年亏损被特别处理,如果继续亏损将有退市的风险。2007 年该公司合并利润扭亏为盈,但营业利润仍为亏损,其中,管理费用大幅降低(原因不详)、担保预计负债转回及政府补助贡献较大。但公司所有者权益仍然为负、资不抵债仍很严重,在这种情况下,审计师出具了带强调事项段的审计报告。从财务报表对持续经营的披露来看,公司不但披露了其持续经营能力不确定性的方面,而且披露了管理层采取的应对计划,计划包括公司已实现了主业向煤炭资源行业的转型、煤矿生产运营正常、不良资产基本得到清理和解决等,计划比较具有说服力(见附录 4-1),所以武汉众环会计师事务所出具的带强调事项段的审计报告比较符合《新准则 1324 号》的判断标准,但该公司仍有购买审计意见之嫌,因为该公司在 2007 年更换了审计师,并且是在原事务所出具了无法表示意见后更换,却未披露更换理由。

(2) ST 金泰(600385)

ST 金泰,全称为山东金泰集团股份有限公司,该公司也是 2001 年上市交易,2004 年

第四章 持续经营、审计判断与审计报告

被 ST 处理,成为 ST 金泰。2007 年,由于 3 年连续亏损,被处理为 *ST。选该公司进行分析是为了与 ST 贤成进行对比,因为两者都属于披露持续经营重大不确定性的公司,被出具相同的审计意见。

自上市以来,该公司都由山东正源和信有限责任会计师事务所审计。2001 年事务所为该公司出具了标准无保留意见的审计报告,2002 年出具带强调事项段的无保留意见,但未提及持续经营不确定的情况及情形。2003 年、2004 年出具的都是保留意见的审计报告,并对持续经营不确定事项及情形都进行了强调。2005 年、2006 年、2007 年出具的都是带强调事项段的无保留意见,并对持续经营不确定的事项及情形都进行了强调。但应对计划都比较空洞,从表达来看,用的都是"努力"、"积极"之词,诸如"继续积极与债权人沟通,努力寻求债权人的理解和支持"(见附录 4-2),其计划的可行性尚不明确,不具有说服力。

对于 ST 金泰这样的公司,多年发生亏损,事务所对持续经营不确定性的疑虑也多次发生,但近 3 年都出具了带强调事项段的无保留意见。虽然财务报表似乎做了充分披露,但充分与否审计师应看实质而非形式,应对计划的可行性进行分析,从金泰公司的财务状况来看,ST 金泰在 2007 年拯救公司的手段也是减少管理费用(原因不详),增加营业外收入(主要来源于债务重组利得和处置非流动资产)。如果判定金泰公司财务报表对持续经营不确定性披露不充分,那么审计师应当出具保留意见而非带强调事项段的无保留意见,所以,我们认为 ST 金泰的审计师有审计意见变通倾向。

从以上两个案例分析可以看出,披露持续经营重大不确定性的公司被出具带强调事项段的无保留意见可分为两种:一种是无审计意见变通倾向,如 ST 贤成,这类公司不仅能披露持续经营不确定性的事项及情形,而且能披露相对可行的应对政策,所以将此类公司归类为"无变通公司";一种是有审计意见变通倾向,如 ST 金泰,这类公司虽然也披露了持续经营不确定的事项和情形,而且可能也披露了应对计划,但应对计划较空洞,不具有可行性,所以将此类公司归类为"变通公司"。按照这两种分类,29 家披露持续经营重大不确定性的公司中,属于"无变通公司"的有 12 家,属于"变通公司"的有 17 家,见表 4.4。

表 4.4 "变通公司"与"无变通公司"统计

交易所	披露持续经营重大不确定性的公司家数	带强调事项段的无保留意见	变通公司	无变通公司
沪市	25	17	8	9
深市	14	12	9	3
合计	39	29	17	12

从表 4.4 可以看出,"披露持续经营重大不确定性的公司"审计意见的变通较严重,特别是深市公司,有的公司只披露了持续经营不确定的情况,但并未披露管理层的应对措施,审计师仍出具带强调事项段的无保留意见。

2. 未披露持续经营重大不确定性的公司审计意见分析

未披露持续经营重大不确定性的公司是指那些财务报表中没有披露持续经营不确定性事项或情形的公司,按照《新准则 1324 号》规定,这类公司应被出具保留意见或否定意见。沪、深两市共有 6 家未披露持续经营重大不确定性的公司(见表 4.1),被审计师出具的审计意见类型见表 4.5。

表 4.5　　　未披露持续经营重大不确定性的公司审计意见类型统计

交易所	未披露持续经营重大不确定性的公司家数	非标审计意见类型			
		带强调事项段的无保留意见	保留意见	无法表示意见	否定意见
沪市	4	2	1	1	0
深市	2	0	0	2	0
合计	6	2	1	3	0

从表 4.5 可以看出,6 家未披露持续经营重大不确定性的公司中,有 2 家出具了带强调事项段的无保留意见,有 1 家为保留意见,有 3 家为无法表示意见。为了分析未披露持续经营重大不确定性的公司的审计意见变通行为,以下对两家带强调事项段的无保留意见进行分析。

(1)ST 长运(600369)

ST 长运,全称为重庆长江水运股份有限公司,自 2000 年上市以来都由利安达信隆会计师事务所有限责任公司进行审计。2004 年,审计师第一次为该公司的持续经营不确定性发表了保留意见。2005 年、2006 年、2007 年都出具了带强调事项段的无保留意见,从 2007 年审计报告的强调事项可以看出,审计师强调了企业存在的持续经营不确定性的事项和情形并提及企业在附注二中披露了应对措施,但从附录 4—3 来看,企业披露的内容是:经管理层评估后,企业不存在可能导致持续经营产生重大疑虑的事项或情况。显然事务所为 ST 长运变通了审计意见,但这种变通实在不够高明。

(2)ST 秋林(600891)

ST 秋林,全称为哈尔滨秋林集团股份有限公司,于 1996 年上市,先后由哈尔滨会计师事务所(1996～1997 年为无保留意见,1998 年为保留意见)、哈尔滨祥源会计师事务所(1999 年为保留意见)、北京永拓会计师事务所(2000～2003 年为保留意见)、利安达信隆会计师事务所有限责任公司(2004～2005 年为标准无保留意见,2006～2007 年为带强调事项段的无保留意见)进行审计。利安达信隆会计师事务所自 2004 年接任审计以后,连续 2 年为该公司出具了标准无保留意见,事实上,这家公司在 2001~2003 年连续 3 年亏损,截止 2003 年 12 月 31 日,银行借款本金 43 969 万元,其中,逾期借款本金 19 800 万元,欠交银行借款利息 1 492 万元;连续 3 年亏损,累计亏损 35 217 万元;营运资金为 -14 263 万元;主营业务收入持续下降,而 2004 年并未发现有实质性改变,营业利润仍然亏损,营运资金仍然为负,但利安达信隆会计师事务所却为其出具了标准无保留意见的审计报告。2006 年与 2007 年带强调事项段的审计报告中(见附录 4—4),在强调事项段只是轻描淡写地提及附注中的诉讼案可能会给企业的经营带来重大不确定性,但公司财务报表附注并未对企业持续经营不确定性的事项及情形进行披露,更没有管理层的应对计划,不符合《新准则 1324 号》规定的出具带强调事项段无保留意见的情形,因此,利安达信隆会计师事务所有严重的变通审计意见的行为。ST 秋林在 2004 年更换审计师有购买审计意见的动机。

五、研究结论及建议

本章分析了我国 2007 年 46 家 ST 公司的持续经营非标意见审计报告,分披露持续经营重大不确定性的公司和未披露持续经营重大不确定性的公司进行分析,发现无论是前者还是后者都存在严重的审计意见变通行为。从无一例否定意见可以得出,我国会计师事务所在发表否定意见时比较"慎重",因为否定意见可能导致"自我实现的预测效果",而且如果审计师对企业的持续经营发表了否定意见,一旦企业起死回生,审计师可能会遭受诉讼之苦,所以不难理解无一例否定意见的状况。然而,审计师的这种"慎重"似乎保护了自身和企业,却把风险留给了投资者,一旦企业破产,审计师的"慎重"就会变成审计意见变通,将加大投资者的期望差。因此,审计意见变通的最大受害者是投资者。针对这种审计意见变通行为,监管部门应从投资者的利益出发,采取相应的对策,如对持续经营不确定性的企业财务报表中的应对计划进行严格把关,严格杜绝那些口号式的没有说服力的计划,在必要时,对其计划进行跟踪调查,实时将风险提醒投资者。也希望会计师事务所的高级合伙人,对审计报告严格把关,更多地从投资者的利益出发,减少审计意见变通行为,使审计意见真正起到风险预警作用。

附录4—1 ST贤成2007年审计报告及相关披露

审计报告

众环审字(2008)379号

青海贤成矿业股份有限公司全体股东：

我们审计了后附的青海贤成实业股份有限公司（以下简称"贤成实业"）财务报表，包括2007年12月31日的资产负债表和合并的资产负债表，2007年度的利润表和合并的利润表、所有者权益变动表和合并的所有者权益变动表、现金流量表和合并的现金流量表，以及财务报表附注。

一、管理层对财务报表的责任

按照企业会计准则的规定编制财务报表是贤成实业公司管理层的责任。这种责任包括：(1)设计、实施和维护与财务报表编制相关的内部控制，以使财务报表不存在由于舞弊或错误而导致的重大错报；(2)选择和运用恰当的会计政策；(3)作出合理的会计估计。

二、注册会计师的责任

我们的责任是在实施审计工作的基础上对财务报表发表审计意见。我们按照中国注册会计师审计准则的规定执行了审计工作。中国注册会计师审计准则要求我们遵守职业道德规范，计划和实施审计工作以对财务报表是否不存在重大错报获取合理保证。

审计工作涉及实施审计程序，以获取有关财务报表金额和披露的审计证据。选择的审计程序取决于注册会计师的判断，包括对由于舞弊或错误而导致的财务报表重大错报风险的评估。在进行风险评估时，我们考虑与财务报表编制相关的内部控制，以设计恰当的审计程序，但目的并非对内部控制的有效性发表意见。审计工作还包括评价管理层选用会计政策的恰当性和作出会计估计的合理性，以及评价财务报表的总体列报。

我们相信，我们获取的审计证据是充分、适当的，为发表审计意见提供了基础。

三、审计意见

贤成实业公司财务报表已经按照企业会计准则的规定编制，在所有重大方面公允反映了贤成实业公司2007年12月31日的财务状况以及2007年度的经营成果和现金流量。

四、强调事项

我们提醒财务报表使用者关注，如财务报表附注（十四）所述，贤成实业公司截至2007年

第四章 持续经营、审计判断与审计报告

12月31日累计亏损数额较大;所有者权益为—36 239.58万元,其中,归属于母公司的股东权益为—38 626.56万元,流动负债超出流动资产14 808.81万元。贤成实业公司已在财务报表附注(十四)中充分披露了已经或拟采取的改善措施,但其持续经营能力仍然存在不确定性。本段内容不影响已发表的审计意见。

武汉众环会计师事务所有限责任公司
中国注册会计师:吴杰、黄晓华
武汉市江汉区单洞路特1号武汉国际大厦B座16—18层
2008年4月22日

附 注

十四、持续性经营

1. 公司目前存在可能导致对持续经营假设产生疑虑的情况主要包括:

(1)截至2007年12月31日累计亏损70 871.45万元;所有者权益为—36 239.58万元,其中,归属于母公司的股东权益为—38 626.56万元;

(2)截至2007年12月31日逾期银行借款22 447.52万元,欠付利息6 176.80万元;

(3)截至2007年12月31日对外担保31 068.67万元,已全部逾期,其中已预计负债27 669.33万元;

(4)流动负债超出流动资产14 808.81万元,主营业务已基本停滞。

2. 如附注十三所述,公司针对上述问题已经实施或拟订了以下应对的改善措施:

(1)公司已实现了主业向煤炭资源行业的转型,煤矿生产运营正常;并且正积极扩大主营产业的规模,完善产业链,向煤炭深加工、煤化工方向发展,巩固和不断强化公司的持续经营能力;

(2)不良资产基本得到清理和解决;

(3)对外担保已得到部分解除,并在积极努力解决剩余对外担保;

(4)银行借款已部分签署和解协议,已经或正在履行。

附录 4-2　ST 金泰 2007 年审计报告及相关披露(节选)

审计意见

我们认为,金泰股份公司财务报表已经按照企业会计准则的规定编制,在所有重大方面公允反映了贵公司 2007 年 12 月 31 日的财务状况以及 2007 年度的经营成果和现金流量。

四、强调事项

我们提醒会计报表使用人关注,2007 年度金泰股份公司的经营活动仍处于停顿状态;截至 2007 年 12 月 31 日金泰股份公司营运资金－21 789.85 万元,累计亏损 36 948.52 万元,净资产为－19 379.25 万元;到期债务无力偿还;逾期借款 8 737.92 万元,其中,涉诉金额 8 737.92 万元;部分资产被抵押、依法冻结或查封,该等情形将影响金泰股份公司的持续经营能力。金泰股份公司已在会计报表附注十五披露了拟采取的改善措施,但可能导致对持续经营能力产生重大疑虑的事项或情况仍然存在重大不确定性,可能无法在正常的经营过程中变现资产、清偿债务。本段内容并不影响已发表的审计意见。

附　注

十五、本公司关于持续经营的说明

截至 2007 年 12 月 31 日金泰股份公司营运资金－21 789.85 万元,累计亏损 36 948.52 万元,净资产为－19 379.25 万元;到期债务无力偿还;逾期借款 8 737.92 万元,其中涉诉金额 8 737.92 万元;部分资产被抵押、依法冻结或查封,该等情形将影响金泰股份公司的持续经营能力。

2007 年度,在公司股东北京新恒基房地产集团有限公司的支持下,公司在债务问题的解决上取得了一定的进展,主要进展如下:

(1)公司与中国建设银行股份有限公司山东省分行营业部签订了《减免利息协议》及《减免利息协议补充协议》,截至报告期末公司已按协议约定的还款进度偿还了中国建设银行股份有限公司山东省分行营业部本金 1 092.50 万元;

(2)在偿还中国交通银行股份有限公司泰安分行本金 150 万元后,由公司股东北京新恒基房地产集团有限公司提供担保,办理了剩余借款的借新还旧手续;

(3)在偿还中国交通银行股份有限公司济南分行本金 180 万元后,由公司股东北京新恒基房地产集团有限公司提供担保,办理了剩余借款的借新还旧手续;

(4)公司与中国工商银行股份有限公司济南高新支行签订了《部分和解协议》,报告期内公司按协议约定偿还了中国工商银行股份有限公司济南高新支行借款本金 1 500 万元。

第四章 持续经营、审计判断与审计报告

对于公司持续经营能力的问题,公司2008年度拟继续采取有力措施来增强公司的持续经营能力:

(1)继续积极与其他相关债权人进行沟通,努力寻求债权人的理解和支持,帮助企业渡过难关,形成多赢的局面,从而更大程度地保证债权人和中小股东的利益;

(2)2007年7月6日,公司第五届十九次董事会审议通过了《关于公司向特定对象非公开发行股票的预案》,目前相关的审计、评估等工作尚未最终完成,公司将积极配合中介机构争取早日完成非公开发行股票的前期相关工作。

我们相信,通过债权人的支持和公司的不懈努力,公司的持续经营能力将会不断增强,待公司非公开发行股票的方案实施后,公司的资产、负债结构及公司的持续经营能力、盈利能力将会得到彻底的改善。

附录4—3 ST长运2007年审计报告及相关披露(节选)

审计意见

我们认为,长运股份财务报表已经按照企业会计准则的规定编制,在所有重大方面公允反映了长运股份2007年12月31日的财务状况以及2007年度的经营成果和现金流量。

(1)如附注九.4所述,长运股份涉及诉讼的银行借款逾期25 298.45万元未能偿还,累计对外担保总额12 920万元,其中,涉及诉讼的担保总额8 720万元,涉及诉讼的债务本金总额37 252.23万元;如附注七.24所述,长运股份2007年度亏损7 077.11万元,累计未弥补亏损60 145.00万元。长运股份虽在财务报表附注二中披露了拟采取的改善措施,但其持续经营能力存在重大不确定性。

(2)如附注七.4所述,"长运股份上海联运枢纽基地"项目预付款18 390万元,"重庆黄旗港码头"项目预付款余额7 190.51万元,两项目未能按原计划开发,其对长运股份的影响存在不确定性;如附注七.3所述,重庆华威船舶工业有限公司欠款3 000万元,已计提坏账3 000万元、云南省印象酒业有限公司欠款2 728.34万元,已计提坏账2 728.34万元、北京燕京印象营销有限公司欠款2 503.26万元,已计提坏账1 892.68万元,因欠款金额较大,时间较长,其对长运股份的影响存在不确定性。上述说明仅用于提醒财务报表使用人关注,并不影响已发表的审计意见。

ST长运2007年度财务报告的相关信息

在2007年ST长运的年度财务报告中,没有找到审计意见中所说的附注九,仅找到如下资料:

(五)董事会对会计师事务所"非标准审计报告"的说明

1. 持续经营能力存在重大不确定性问题

截至本报告期,公司涉及诉讼的银行借款逾期25 298.45万元未能偿还,累计对外担保总额12 920万元,其中,涉及诉讼的担保总额8 720万元,涉及诉讼的债务本金总额37 252.23万元;公司2007年度亏损7 077.11万元,累计未弥补亏损60 145.00万元。若不采取改善措施,其持续经营能力确实存在重大不确定性。为了改善这一状况,公司在重庆市和涪陵区两级政府的支持下,积极与西南证券进行战略性重大重组,已取得了实质性进展。2007年11月21日和2007年12月12日,公司先后召开了第五届第十次董事会和2007年第一次、第二次临时股东大会,审议通过公司《关于重庆长江水运股份有限公司与重庆市长江水运有限责任公司之重大资产出售协议书》、《重庆长江水运股份有限公司吸收合并西南证券有限责任公司之协议书》、《名称转让协议》等一系列文件,迈出了重大重组的关键一步,目前,重组方案及重大资产出售协议、吸收合并西南证券协议已上报中国证监会。若能获得中国证监会的批准,成功重组,将彻底改善公司的财务状况和经营状况,化解债务和担保危机,增强公司持续经营能力。

2. 预付款和欠款影响存在不确定性问题

(1)"长运股份上海联运枢纽基地"项目预付款18 390万元,"重庆黄旗港码头"项目预付款余额7 190.51万元,两项目未能按原计划开发,虽然对公司均有承诺,按计划还款,但对公司的影响仍存在不确定性。但由于公司正在与西南证券进行重组,并签署了《关于重庆长江水运股份有限公司与重庆市长江水运有限责任公司之重大资产出售协议书》,协议约定公司的全部债权债务和人员由长运有限公司承接,该协议已经公司五届第十次董事会和2007年第一次临时股东大会审议通过,并已上报中国证监会,若能获得中国证监会的批准,该不确定性问题将彻底解决。

(2)重庆华威船舶工业有限公司欠款3 000万元,云南省印象酒业有限公司欠款2 728.34万元,北京燕京印象营销有限公司欠款2 503.26万元,共计8 251.60万元,公司在以前年度已经计提了坏账准备7 621.02万元,由于时间较长,能否全部收回,对公司的影响存在一定的不确定性。但若与西南证券的重组获得中国证监会的批准,实施公司与重庆市长江水运有限责任公司之重大资产出售协议,该不确定性也将消除。

附录4—4 ST秋林2007年审计报告及相关披露

审计报告

利安达审字【2008】第1059号

哈尔滨秋林集团股份有限公司全体股东:

我们审计了后附的哈尔滨秋林集团股份有限公司(以下简称贵公司)财务报表,包括2007

第四章 持续经营、审计判断与审计报告

年12月31日的资产负债表及合并资产负债表,2007年度的利润表及合并利润表、现金流量表及合并现金流量表和股东权益变动表及合并股东权益变动表以及财务报表附注。

一、管理层对财务报表的责任

按照《企业会计准则》的编制基础编制财务报表是贵公司管理层的责任。这种责任包括：(1)设计、实施和维护与财务报表编制相关的内部控制,以使财务报表不存在由于舞弊或错误而导致的重大错报;(2)选择和运用恰当的会计政策;(3)作出合理的会计估计。

二、注册会计师的责任

我们的责任是在实施审计工作的基础上对财务报表发表审计意见。我们按照中国注册会计师审计准则的规定执行了审计工作。中国注册会计师审计准则要求我们遵守职业道德规范,计划和实施审计工作以对财务报表是否不存在重大错报获取合理保证。

审计工作涉及实施审计程序,以获取有关财务报表金额和披露的审计证据。选择的审计程序取决于注册会计师的判断,包括对由于舞弊或错误导致的财务报表重大错报风险的评估。在进行风险评估时,我们考虑与财务报表编制相关的内部控制,以设计恰当的审计程序,但目的并非对内部控制的有效性发表意见。审计工作还包括评价管理层选用会计政策的恰当性和作出会计估计的合理性,以及评价财务报表的总体列报。

我们相信,我们获取的审计证据是充分、适当的,为发表审计意见提供了基础。

三、审计意见

我们认为,贵公司财务报表已经按照《企业会计准则》的编制基础编制,在所有重大方面公允反映了贵公司2007年12月31日的财务状况以及2007年度的经营成果和现金流量。

四、强调事项

我们提醒财务报表使用者关注,如财务报表附注十一(一)、3.所述诉讼情况给贵公司持续经营带来重大不确定性。本段内容不影响已发表的审计意见。

利安达信隆会计师事务所有限责任公司
中国注册会计师　王　纪
中国注册会计师　魏　娟
中国北京　2008年4月23日

附 注

十一、或有事项

(1) 未决诉讼或仲裁形成的或有事项

3. 本公司对中国建设银行哈尔滨市南岗支行借款本金 193 000 000.00 元，利息 204 567.65 元。该借款本息于 2004 年 6 月 28 日从建行哈尔滨市南岗支行转入中国信达资产管理公司，又于 2004 年 11 月 29 日从中国信达资产管理公司转入中国东方资产管理公司。2005 年 11 月 3 日中国东方资产管理公司将上述借款转让给高士通中国投资有限公司（Crosstown China Investments, LLG）。

2006 年 4 月，高士通中国投资有限公司（以下简称高士通公司）向黑龙江省高级人民法院（以下简称省高院）申请诉前财产保全，冻结或查封本公司价值 202 204 567.56 元财产。2006 年 4 月 30 日本公司收到省高院黑高告保字(2006)第 3 号《民事裁定书》裁定，查封本公司坐落于哈尔滨市东大直街 319 号的营业楼、坐落于哈尔滨市东大直街 320 号的商厦营业楼、本公司的商标以及其他等额财产，查封期间不得转让、抵押、过户及设定其他权利。

2006 年 5 月，高士通公司向省高院提起诉讼，要求本公司偿还上述借款本金及利息，2003 年 12 月以后的利息按中国人民银行规定逾期利息贷款利率计算到本金付清之日止，并要求判令本公司以抵押的房产折价或者变卖，拍卖的价款优先偿还其借款。

2007 年 1 月 19 日，省高院下达【2006】黑高商外初字第 1 号《民事判决书》判决：一、本公司于判决生效之日起十日内支付高士通公司借款本金 193 000 000.00 元及利息（2003 年 12 月 31 日利息 9 204 567.56 元 2004 年 1 月 1 日以后利息按中国人民银行同期逾期贷款利率分段计算）；二、驳回高士通公司其他诉讼请求。截至报告日，此案尚无进展。本公司就此案已向省高院递交上诉状，上诉于中华人民共和国最高人民法院。本公司对上述借款累计预计利息支出 42 772 299.17 元。

参考文献

1. 陈朝晖："论持续经营不确定性"，《会计研究》1999 年第 7 期。
2. 王守江："论注册会计师对上市公司持续经营能力的关注"，《审计与经济研究》1999 年第 5 期。
3. 秦荣生："对注册会计师关注企业持续经营能力的若干思考"，《中国注册会计师》2003 年第 3 期。

第四章　持续经营、审计判断与审计报告

4. 邵瑞庆、崔丽娟:"对我国上市公司持续经营不确定性审计意见的分析",《审计与经济研究》2006 年第 2 期。

5. 张晓岚、张文杰、鲁晓岚:"上市公司持续经营审计判断差异评价",《中南财经政法大学学报》2006 年第 6 期。

6. Altman and T. McGough, 1974, "Evaluation of a Company as a Going Concern", *Journal of Accountancy* (12).

7. E. L. Altman, 1982, "Accounting implications of failure prediction models", *Journal of Accounting Auditing and Finance*, pp. 4—19.

8. Menon Krishnagopal, Schwartz Kenneth B., 1987, "An Empirical Investigation of Audit Qualification Decisions in the Presence of Going Concern Uncertainties", *Contemporary Accounting Research*, 3(2), pp. 302—315.

9. William Hopwood and Thomas Schaefer, 1989, "Firm-Specific Responsiveness to Input Price Changes and the Incremental Information in Current Cost Income", *The Accounting Review*, Vol. 64, No. 2, pp. 313—328.

10. Mckeown, J. C., 1991, "Towards an Explanation of Auditor Failure to Modify the Audit Opinions of Bankrupt Companies", The Canadian Institute of Chartered Accountants, p. 20.

11. Chen, K., and B. K. Church, 1992, "Default on debt obligations and the issuance of going-concern opinions", *Auditing: A Journal of Practice & Theory* 11(fall), pp. 30—49.

12. Raghunandan, K., and D. V. Rama. 1995. "Audit opinions for companies in financial distress: Before and after SAS No. 59", *Auditing: A Journal of Practice & Theory* 14 (spring), pp. 50—63.

13. Hian C. Koh, Larry N. Killouch, 1990, "The Use of Multiple Discriminant Analysis in the Assessment of the Going— Concern Status of an Audit Client", *Journal of Business Finance & Accounting*, (2), pp. 179—192.

14. LaSalle, R. E. and A. Anandarajan: 1996, "Auditors' Views on the Type of Audit Report Issued to Entities with Going Concern Uncertainties", Accounting Hori-zons 10, pp. 51—72.

15. LaSalle, R. E., E. Randall and A. Miller, 1996, "Going Concern Uncertainties: Disclaimer of Opinion Versus Unqualified Opinion with Modified Wording", *Auditing: A Journal of Practice & Theory* 15, 29—48.

16. Joseph V. Carcello and Terry L. Neal, 2000, "Audit Committee Composition and Auditor Reporting", *Accounting Review* Vol. 75, No 4, pp. 453—467.

17. Ann Vanstraelen, 2002, "Auditor economic incentives and going-concern opinions in a

limited litigious Continental European business environment: empirical evidence from Belgium", *Accounting and Business Research*, Vol. 32, No. 3, pp. 171—186.

18. Jagan Krishnan, Jayanthi Krishnan, 1996, "The Role of Economic Trade-offs in the Audit Opinion Decision: An Empirical Analysis", *Journal of Accounting, Auditing and Finance*, Vol 11, No 4, Fall, pp. 565—586.

思 考 题

1. 你认为持续经营审计报告有必要吗？请评述持续经营审计报告的优缺点。
2. 你认为ST贤成2005年、2006年、2007年审计意见差异说明了什么问题？
3. 审计师变通审计意见的根源在哪里？
4. 审计师如何判定企业的持续经营存在重大不确定性？
5. 对持续经营存在重大不确定性的企业审计师如何出具审计报告？
6. 你认为监管部门对审计意见变通行为应采取哪些措施？

分 析 题

北京时间2月27日下午消息，UT斯达康（Nasdaq：UTSI）今天表示，由于经常项目亏损和经营现金流为负，该公司2008年将收到"持续经营不确定性"的审计意见。但是UT斯达康指出，如果该公司2009年达到销售目标，并且能够将经营中支出和现金的使用水平限制在2009年财务计划的范围，该公司将具备充足的流动性。但问题就出在这里。UT斯达康至今仍没有提供2009年财务指南，并归因于当前经济环境不佳。这说明UT斯达康可能陷入严重的困境，并计划摆脱该困境。但由于经济环境很差，该公司并不说明面临什么困难。

UT斯达康今天公布的财报显示，该公司第四季度净销售额为2.41亿美元，远低于去年同期的8.06亿美元，但稍高于此前分析师预期的2.247亿美元。根据一般公认会计准则（GAAP），UT斯达康第四季度运营亏损为7 900万美元。

资料来源：http://www.sina.com.cn,2009年2月27日18:07 新浪科技。

问题：

1. 根据以上资料，如果你是UT斯达康的审计师，应如何对其持续经营不确定性出具审计意见？
2. 审计师对企业持续经营存在的不确定性，应执行怎样的审计程序？

第五章
上市公司财务报表审计的重大错报事项研究

——基于科龙电器年报数据的案例分析

摘要：本章在分析证监会于 2006 年 7 月发布的针对科龙电器(000921,SZ)的行政处罚公告以及处罚公告所涉及的该公司 2002 年至 2004 年年报基础上,参照注册会计师执业准则体系的相关内容,说明了上市公司财务报表审计业务中重大错报风险的一些具体特征。此外,还分析了科龙电器财务报表错报事项的具体内容及有关审计意见,发现审计师在报表审计过程中未能识别并恰当处理财务报表中的重大错报,但造成这一结果的原因仍存在一定的争议。

一、引言

重大错报风险的识别、评估与应对是风险导向审计的核心内容,也是影响注册会计师审计意见类型恰当性和审计质量的关键环节。我国自 2007 年 1 月 1 日起开始执行的注册会计师执业准则体系充分体现了风险导向审计的理念,对重大错报风险的识别、评估与应对提出了执业规范要求。然而,如何具体实施风险导向审计仍然是注册会计师行业实务界的一个难点。本章拟在分析证监会于 2006 年 7 月发布的针对科龙电器(000921,SZ)的行政处罚公告(证监罚字[2006]16 号)以及处罚公告所涉及的该公司 2002 年至 2004 年年报基础上,参照注册会计师执业准则体系的相关内容,说明上市公司财务报表审计业务中重大错报风险的一些具体特征。本章的分析希望能够通过相关数据回答下列问题:哪些迹象表明科龙电器存在重大错报风险?该公司财务报表的重大错报事项集中在哪些方面?注册会计师在审计过程中未能发现的错报重要吗?注册会计师未能发现某些错报的可能原因是什么?

本章分为五个部分:第一部分是引言;第二部分阐述重大错报风险的概念、注册会计师执业准则体系的相关规定;第三部分介绍科龙电器概况;第四部分是对科龙电器财务报表错报事项的分析;第五部分是结论与启示。

二、重大错报风险与重大错报事项

(一)重大错报风险的概念

《中国注册会计师审计准则第1101号——财务报表审计的目标和一般原则》将重大错报风险定义为"财务报表在审计前存在重大错报的可能性",并指出:"在设计审计程序以确定财务报表整体是否存在重大错报时,注册会计师应当从财务报表层次和各类交易、账户余额、列报(包括披露)认定层次考虑重大错报风险。"

(二)重大错报事项

在年度财务报表审计过程中,存在重大错报风险的事项(以下简称"重大错报事项")可以分为三类:

(1)注册会计师发现并且被审计单位同意调整的重大错报事项,这类事项不会出现在经审计的年度财务报表中,但是如果涉及以前年度,可能会以重大会计差错更正的形式出现。

(2)注册会计师发现但被审计单位拒绝调整的重大错报事项,这类事项会出现在经审计的年度财务报表中,而且注册会计师在审计报告中也会提及。

(3)注册会计师没有发现的、被审计单位年度财务报表中存在的重大错报事项,这类事项也会出现在经审计的年度财务报表中,但不会被注册会计师在审计报告中提及。而且,这类重大错报事项最终可能通过财政部、证监会、审计署、证券交易所等机构的调查或检查被发现,企业自身出于某些原因也会以重大会计差错更正的形式将这类错报进行追溯调整。

本章的分析涉及后两类重大错报事项。通过将证监会处罚公告涉及的、有关年度财务报表的事项与相应年度的审计报告进行比较,分析证监会认定的上市公司年度财务报表存在的重大错报是否被该年度的注册会计师发现并恰当处理。

三、科龙电器概况

广东科龙电器股份有限公司(以下简称"科龙电器")成立于1992年12月16日,该公司于1996年7月23日在香港联合交易所发行境外公众股(H股)459 589 808股。1999年

第五章　上市公司财务报表审计的重大错报事项研究

7月13日,科龙电器的人民币普通股(A股)11 000万股在深圳交易所上市。公司主营业务范围是冰箱及空调的制造与销售、模具与塑胶的制造与采购。

2001年10月29日,广东科龙(容声)集团有限公司(以下简称"容声集团")与顾雏军控股的顺德市格林柯尔企业发展有限公司①(以下简称"顺德格林柯尔")签订股权转让合同,容升集团向顺德格林柯尔转让科龙电器20.64%的股权。2002年4月18日,双方完成股权过户手续,顺德格林柯尔成为科龙电器的控股股东。

在顺德格林柯尔控股科龙电器之后,公司的经营业绩由2001年的巨亏转变为2002年、2003年的盈利。与此同时,格林柯尔系的成员数量和规模在不断壮大,新闻媒体有关科龙电器资金被大股东侵占、财务数据存在虚假信息的质疑也不时见诸报端和网站②。

2005年4月5日,由广东、江苏、湖北以及安徽四省证监局组成的联合调查组,分别进驻科龙电器、美菱电器、ST襄轴以及亚星客车4家上市公司,对格林柯尔涉嫌违规挪用科龙电器资金,收购美菱电器、襄阳轴承以及亚星客车的事件展开调查。

4月27日,科龙电器发布预亏公告,公司2004年度预计亏损6 000万元。而该公司2004年第三季度季报披露1~9月底净利润超过2亿元。在对公司2004年财务报表出具保留意见的审计报告之后,为公司提供过3年财务报表审计服务的德勤会计师事务所拒绝接受公司的续聘。

2005年9月27日,科龙电器公告称,青岛海信空调有限公司于9月9日与广东格林柯尔签署《股份转让协议书》,青岛海信空调有限公司受让广东格林柯尔持有的科龙电器26 221万股(占总股份的26.43%)境内法人股。

2006年1月20日,科龙电器发布公告,披露公司聘请的毕马威华振会计师事务所对公司及其主要的附属公司在2001年10月1日至2005年7月31日期间发生的重大资金流向的调查结果,科龙电器及其主要的附属公司与格林柯尔系公司被怀疑与格林柯尔系有关的公司之间进行的不正常现金净流出约为人民币5.92亿元,并发现科龙电器及其主要的附属公司存在账外银行账户、账外银行贷款、未入账的已开出票据和票据贴现情况等。

中国证监会于2006年6月15日发布的行政处罚决定书则显示:2002年至2004年,科龙电器采取虚构主营业务收入、少计坏账准备、少计诉讼赔偿金等手段编造虚假财务报

---

① 2004年,顺德格林柯尔更名为广东格林柯尔。
② 最具有代表性的是香港中文大学教授郎咸平于2004年8月9日在复旦大学发表的题为"格林柯尔:在'国退民进'的盛宴中狂欢"的演讲。该演讲内容被新浪等网站转载,从而引发了经济学界及社会公众对格林柯尔系的广泛关注。

告,导致其2002年年度报告虚增利润11 996.31万元,2003年年度报告虚增利润11 847.05万元,2004年年度报告虚增利润14 875.91万元。此外,公司在重大事项和重大关联交易的披露方面也存在违规行为。

毕马威华振会计师事务所的调查结果、证监会的处罚公告似乎并不能反映科龙电器在2001年10月至2005年7月期间发生的问题的所有细节。在科龙电器控股股东发生变化之后,科龙电器并未能远离新闻媒体和社会公众的视线,科龙电器及其附属公司与顾雏军以及格林柯尔系公司之间、科龙电器中小投资者与德勤会计师事务所之间的诉讼使得顾雏军时代的科龙电器的故事情节变得清晰起来,表5.1列示的科龙电器部分诉讼反映了其非法占用上市公司资金、虚假出资等问题。

表5.1　　　　　　　　　　　　　　科龙电器的部分诉讼

时间	事项	受理方	原告（公诉方）	被告（被公诉方）	判决结果（或目前进展）
2006年8月	虚假出资6.6亿元,虚增利润3.3亿元,挪用资金7.46亿元,职务侵占4 000万元	佛山中院	佛山市检察院	顾雏军等原科龙9名高管	2008年1月作出一审判决,判处顾雏军有期徒刑10年,并处罚金人民币680万元,另有7名高管被判处有期徒刑
2007年5月	科龙德勤虚假陈述证券民事赔偿	广州市中院	科龙电器投资者29人	科龙、德勤、科龙独董	德勤上诉,提出管辖权异议
2007年8月	一般损害公司权益纠纷(顾雏军指示江西科龙在没有任何交易背景的情况下将资金转移给格林柯尔系公司,属于非法占用上市公司资金)	佛山中院	江西科龙	广东格林柯尔、顾雏军、天津格林柯尔等	广东格林柯尔、顾雏军、天津格林柯尔向江西科龙支付9 000万元；天津格林柯尔将挪用的7 500万元归还给江西科龙

四、科龙电器财务报表错报事项的分析

在对科龙电器2002年至2004年所存在的错报事项进行分析的过程中,有必要探讨以下几个问题:(1)哪些因素表明科龙电器存在重大错报风险？(2)科龙电器的财务报表存在哪些错报？(3)审计师未能发现的错报重要吗？(4)审计师未能发现重大错报的原因是什么？以下对此进行分述。

(一)哪些因素表明科龙电器存在重大错报风险?

《中国注册会计师审计准则第1211号——了解被审计单位及其环境并评估重大错报

第五章 上市公司财务报表审计的重大错报事项研究

风险》第九十八条列举了可能表明被审计单位存在重大错报风险的 28 种事项和情况[①],科龙电器在 2002 年至 2004 年就发生了其中的如下事项和情况:

1. 发生重大收购、重组或其他非经常性事项

2001 年 10 月,顺德格林柯尔入驻科龙电器之后,格林柯尔系展开了大规模的并购行为,取得了美菱电器、ST 襄轴、亚星客车等多家公司的控股权,耗资约 15 亿元,关于并购资金的来源一直是公众质疑的焦点。法院的调查也表明科龙电器的资金被多次挪用以实施上述收购行为。

2. 重大的关联方交易

根据科龙电器的年报数据以及证监会和佛山市检察院的调查结果,该公司的子公司数量在 2002 年至 2004 年不断增加(如表 5.2 所示),一些子公司(特别是江西科龙公司)沦为顾雏军挪用资金的中介。此外,在毕马威华振会计师事务所出具的关于科龙电器的重大资金流向调查报告中,也明确指出 2001 年 10 月 1 日至 2005 年 7 月 31 日期间科龙电器及其主要的附属公司与格林柯尔系的 15 家公司发生的不正常现金流向涉及现金流出金额 21.69 亿元、现金流入金额 24.62 亿元;与怀疑和格林柯尔系有关的公司发生的不正常现金流向涉及现金流出金额 19.02 亿元、现金流入金额 10.17 亿元。

表 5.2　　　　　　　　　科龙电器的子公司与联营公司数量

年度 项目	2000	2001	2002	2003	2004	2005
子公司数量	17	18	27	31	37	37
联营公司数量	5	9	5	5	3	3

3. 内部控制薄弱

科龙电器在 2005 年年报中将公司进行重大会计差错更正的原因之一归咎为内部控制存在缺陷,具体包括:成本核算的会计系统与仓库收发存记录无法核对一致;以前年度本公司及关联公司制作的专柜、广告牌在 2005 年末账面存在摊余价值,但盘点时已无实物对应;控股股东及其关联公司挪用公司资金;产品质量问题导致客户索赔,拒绝付款;

---

① 准则列举的 28 种事项和情况具体包括:在经济不稳定的国家或地区开展业务;在高度波动的市场开展业务;在严厉、复杂的监管环境中开展业务;持续经营和资产流动性出现问题,包括重要客户流失、融资能力受到限制;行业环境发生变化;供应链发生变化;开发新产品或提供新服务,或进入新的业务领域;开辟新的经营场所;发生重大收购、重组或其他非经常性事项;拟出售分支机构或业务分部;复杂的联营或合营;运用表外融资、特殊目的实体以及其他复杂的融资协议;重大的关联方交易;缺乏具备胜任能力的会计人员;关键人员变动;内部控制薄弱;信息技术战略与经营战略不协调;信息技术环境发生变化;安装新的与财务报告有关的重大信息技术系统;经营活动或财务报告受到监管机构的调查;以往存在重大错报或本期期末出现重大会计调整;发生重大的非常规交易;按照管理层特定意图记录的交易;应用新颁布的会计准则或相关会计制度;会计计量过程复杂;事项或交易在计量时存在重大不确定性;存在未决诉讼和或有负债。

欠付的返利不及时,会计记录与经营活动严重脱节;存在账外费用(欠付而未记录的费用)。

此外,在科龙电器针对顾雏军及格林柯尔系公司提起的诉讼事项中,也可以看出公司内部控制存在的重大缺陷。例如,2006年12月28日,科龙电器发布的重大诉讼公告提及该公司及其控股子公司对格林柯尔系公司提起的10项诉讼(见表5.3),内容均为涉嫌资金侵占的关联交易。而且,在诉讼事由中,可以看到诉讼事项2至4在原告方(江西科龙)均未入账,诉讼事项1、5、6、7均未公告;诉讼事项2、3、4、8、9均没有任何交易作为基础;诉讼事项10则属于明显的资金侵占行为。这些诉讼事项表明科龙电器及其控股子公司的内部控制制度存在重大缺陷,属于管理层凌驾于控制之上的情形。相应地,其报表数据存在较高的重大错报风险。

表 5.3　　　　　　　　　科龙电器与格林柯尔系公司之间的部分诉讼

序号	原告方	被告方	诉讼事项
1	科龙电器湖北分公司	广东格林柯尔、顾雏军、武汉长荣	在广东格林柯尔及顾雏军的操控下,在2004年12月15日至2004年12月31日期间,武汉长荣未付货款,从原告处提取大批空调等货物,至今拖欠货款余额2 984.37万元未还。上述巨额关联交易行为未经科龙电器及原告内部正常的审批程序,亦未进行公告
2	江西科龙	广东格林柯尔、珠海隆加、顾雏军	在广东格林柯尔及顾雏军的操控下,江西科龙于2003年12月24日将1 100万元转至珠海隆加账户,后于2004年12月15日再次转款1 760万元。上述款项划转没有任何交易作为基础,在原告处甚至根本未入账
3	江西科龙	广东格林柯尔、顾雏军、珠海德发	在广东格林柯尔及顾雏军的操控下,江西科龙于2003年12月24日将900万元转至珠海德发账户,后于2004年12月15日再次转款1 240万元。上述款项划转没有任何交易作为基础,在原告处甚至根本未入账
4	江西科龙	广东格林柯尔、顾雏军、武汉长荣	在广东格林柯尔及顾雏军的操控下,江西科龙于2003年12月23日将2 000万元转至武汉长荣账户。上述款项的划转没有任何交易作为基础,在原告处甚至根本未入账
5	科龙电器及其安徽分公司	广东格林柯尔、顾雏军、合肥维希	在广东格林柯尔及顾雏军的操控下,在2003年12月31日至2005年8月期间,合肥维希未付货款,从原告处提取大批空调、冰箱等货物,至今拖欠原告一货款1 607.54万元、拖欠原告二货款261.94万元。上述关联交易未经科龙电器正常的内部审批程序及公告
6	科龙空调	广东格林柯尔、顾雏军、海南格林柯尔	2005年3月10日,在广东格林柯尔及顾雏军操控下,科龙空调与海南格林柯尔签订《购销合同书》,向海南格林柯尔购买格林柯尔制冷剂100吨,原告向海南格林柯尔支付了货款1 343.79万元。但据原告事后调查及评估,海南格林柯尔的供货价格超出正常市场价格约10倍,其合同货物的实际价值仅约114.85万元。海南格林柯尔非法以关联交易方式侵占了原告的资金1 228.94万元。上述关联交易未经原告正常的审批程序,亦未向公众披露

第五章 上市公司财务报表审计的重大错报事项研究

续表

序号	原告方	被告方	诉讼事项
7	科龙电器	广东格林柯尔、珠海格林柯尔、北京格林柯尔、海南格林柯尔、顾雏军	在"格林柯尔系授权工程单位"未向格林柯尔系公司付款的情况下,广东格林柯尔操纵科龙电器为"格林柯尔系授权工程单位"向格林柯尔系公司支付了加盟费及购制冷剂款共计4 180.8万元。至今为止,尚有1 375.46万元未能收回。上述行为,未经董事会和股东大会审议,也未作披露
8	科龙空调	广东格林柯尔、顾雏军、深圳格林柯尔科技	自2003年3月31日起至2003年4月14日,科龙空调在顾雏军及其格林柯尔系公司操控下,累计将人民币3 200万元转至深圳格林柯尔科技,至今未还。上述资金划转没有任何交易作为基础
9	科龙空调	广东格林柯尔、顾雏军、深圳格林柯尔环保	自2003年5月6日起至2003年6月23日,科龙空调在广东格林柯尔及顾雏军操控下,累计将人民币3 300万元转至深圳格林柯尔环保,至今未还。上述资金从原告到深圳格林柯尔环保之间的划转没有任何交易作为基础
10	扬州科龙	广东格林柯尔、扬州格林柯尔、顾雏军	由于受科龙电器谈判代表顾雏军的误导,扬州经济开发区管委会将应支付给扬州科龙的3 500万元奖励基金汇入了广东格林柯尔的关联公司(顾雏军的个人独资公司)扬州格林柯尔账户

4. 以往存在重大错报或本期期末出现重大会计调整

如附表5.1所示,科龙电器的财务报表在公布之后往往需要进行重大会计差错更正,1999年年报至2004年年报都曾进行过重大会计差错更正,这种现象表明公司财务数据存在虚假成分。

5. 发生重大的非常规交易

科龙电器2004年年报的审计报告说明段提到两类金额较大的非常规业务:销售退回和通过期末调整确认销售收入。该公司2004年年度报表披露的销售收入金额为84.36亿元,该年度发生超过2亿元的销售退回,销售退回占销售收入的比重较高。另外,科龙电器通过期末调整确认销售给两家客户的产品收入5.7亿元(其中销售给一家新客户的收入为2.97亿元),而且4.27亿元的销售业务发生在2004年12月,审计师在审计过程中也未能收到这两家客户的直接回函以确认销售业务和应收账款的真实性。

(二)科龙电器的财务报表存在哪些错报?

科龙电器2002年至2004年年度财务报表存在的错报如表5.4所示。

表5.4　　　　　　　2002~2004年度科龙电器财务报表存在的错报

审计师发现的错报		审计师未能发现的错报	
会计年度	内　容	发现错报的机构	内　容
2002	未按权益法核算联营公司华意压缩的投资损益	证监会	高估主营业务收入、低估坏账准备与诉讼赔偿金、漏报重大事项和重大关联交易

续表

会计年度	审计师发现的错报 内容	发现错报的机构	审计师未能发现的错报 内容
2003	—	毕马威华振会计师事务所	重大资金流向异常、漏记银行存款和贷款等
2004	无法证实5.76亿元销售收入及应收账款的真实性,无法确认是否不需要针对销售退回计提准备	佛山市检察院	公司资金被挪用

(三)审计师未能发现的错报重要吗?

《中国注册会计师审计准则第1221号——重要性》第三条指出:"重要性取决于在具体环境下对错报金额和性质的判断。如果一项错报单独或连同其他错报可能影响财务报表使用者依据财务报表作出的经济决策,则该项错报是重大的。"重要性通常分为两类:金额重要或者性质重要。下面分别分析审计师未能发现的错报金额与性质是否重要。

1. 审计师未能发现的错报金额的重要性

我们将证监会处罚公告和佛山市检察院公诉书涉及的错报金额与报表利润的数据加以比较,以衡量错报金额的重要性,见表5.5。

表5.5　　　　　　科龙电器错报项目金额的重要性

错报项目	数据来源	错报金额	重要性计算依据	重要性水平
虚增利润	证监会处罚公告(证监罚字[2006]16号)	11 996.31万元(2002年)	虚增利润/报表利润总额	115.43%
		11 847.05万元(2003年)	同上	53.85%
		14 875.91万元(2004年)	同上	217.69%①
	佛山市检察院公诉书	3.3亿元(2002~2004年累计数)	同上	129.11%

2. 审计师未能发现的错报性质的重要性

除了报表中的财务数据存在错报以外,根据毕马威华振会计师事务所和佛山市检察院的调查,科龙电器的高管还存在挪用公司资金的行为。如前所述,根据毕马威华振会计师事务所针对科龙电器2001年10月至2005年7月的重大资金流向所作的调查,科龙电器与格林柯尔系公司之间发生的不正常的现金净流出约5.92亿元,而佛山市检察院公诉书认定的顾雏军挪用资金和职务侵占金额为7.46亿元。

---

① 2004年科龙电器报表列报的利润总额为−6 833万元。

第五章　上市公司财务报表审计的重大错报事项研究

根据上述分析,可以确定审计师未能发现的错报无论从金额角度还是从性质角度看,都是非常重要的。

(四)审计师未能发现重大错报的原因是什么?

关于德勤华永会计师事务所(以下简称"德勤")未能发现科龙电器重大错报的原因,一直有两种解释:审计的固有局限性或审计失败。

1. 审计的固有局限性

德勤全球首席执行官白礼德2006年4月接受记者采访时认为德勤未能发现科龙电器财务报表错报的原因是公司存在串通舞弊。"作为审计师事务所,我们在不断尝试发现新的方法和技术,去找出串通舞弊,但这是世界难题,事实是,我们不可能找出所有的串通舞弊。"[①]《中国注册会计师审计准则第1141号——财务报表审计中对舞弊的考虑》第二十一条指出:"如果在完成审计工作后发现舞弊导致的财务报表重大错报,特别是串通舞弊或伪造文件记录导致的重大错报,并不必然表明注册会计师没有遵守审计准则。注册会计师是否按照审计准则的规定实施了审计工作,取决于其是否根据具体情况实施了审计程序,是否获取了充分、适当的审计证据,以及是否根据证据评价结果出具了恰当的审计报告。"

2. 审计失败

由于笔者未能查阅审计师的相关工作底稿,所以无法判断审计师是否按照审计准则的规定实施了审计工作并且搜集到了充分、适当的审计证据以支持其审计意见。但是,根据中国证监会在2006年4月召开的、针对德勤行政处罚的听证会的内容,可以确定德勤在科龙电器财务报表审计过程中存在下列几个方面的缺陷,如表5.6所示。

表5.6　　德勤在科龙电器财务报表审计业务中存在的质量缺陷[②]

涉及会计年度	涉及报表项目	具体内容
2002～2004	存货及主营业务成本	未对产成品进行有效测试和充分抽样盘点的情况下,直接按照科龙电器期末存货盘点数量和各期平均单位成本确定存货期末余额,并推算出科龙电器各期主营业务成本
2002～2004	存货	实施抽样盘点程序时,未能确定充分有效的抽样盘点范围,导致其未能发现科龙电器通过压库*方式确认虚假销售收入的问题。实际上,科龙电器在底账上虚构出货记录,上述存货仍然封存在仓库中,只是将账面数量结存为零

[①] 马腾、段晓燕:"德勤高管谈科龙审计事件　称自己也是受害者",《21世纪经济报道》,2006年4月25日。
[②] 何军、岳敬飞:"德勤听证会今日举行　多项'硬伤'浮出水面",《上海证券报》,2006年4月7日,A8版。

续表

涉及会计年度	涉及报表项目	具体内容
2002～2004	应收账款及主营业务收入	德勤对科龙电器2003年度审计时,就存货已出库未开票项目向4家客户所发的询证函中,客户仅对询证函的首页盖章确认,但该首页没有对后附明细列表进行金额或数量的综述。此外,向另2家客户发询证函时,客户并没有将回函直接传真或邮寄给德勤,而是由科龙电器负责该项目的工作人员收后转交德勤。 2002～2004年,德勤每年审计10家科龙电器分公司。德勤在没有对各年未进行现场审计的分公司执行其他必要审计程序的情况下,无法有效确认其主营业务收入实现的真实性及应收账款等资产的真实性。 此外,对出库未开票存货确认为当期主营业务收入执行的审计程序不充分、不适当;无法有效证明出库未开票存货风险及报酬的转移;审计调整确认出库未开票存货为当期主营业务收入的依据不足。另外,科龙电器存在异常销售退回,但德勤未针对销售退回情况并结合各期确认的出库未开票存货销售收入执行充分有效的审计程序
2002～2004	货币资金、应收款项	科龙电器与农行广东某分支机构的票据未清算彻底,德勤对此事的审计不充分
2003	主营业务收入	未就科龙电器确认对某公司30 484万元销售收入的事项,对其出具的审计报告进行更正或相关处理

注:*临近年末,生产企业为完成年初制定的销售指标,会把库存压力部分转嫁给经销商,这样造成的后果是报表反映的销售数量其实是生产企业批发给经销商的货物数量,并不是经销商实际销售给消费者的货物数量。压库方式在汽车、家电等行业较为常见。

根据证监会的调查结果,我们可以确定审计师在科龙电器2002年至2004年的财务报表审计中未能搜集到充分、适当的审计证据,导致其所出具的审计意见(特别是2003年年报审计意见)存在重大偏差。

五、结论与启示

2008年1月30日,佛山市中级人民法院宣判顾雏军犯有虚报注册资本罪,违规披露、不披露重要信息罪,挪用资金罪三项罪名,判处有期徒刑10年,并处罚金人民币680万元。该判决初步明确了财务报表存在重大错报时企业管理层应当承担的会计责任与相应的法律责任,但是,关于会计师事务所是否应当承担相应的审计责任,目前尚无定论。

本章通过对科龙电器财务报表错报事项及有关审计意见的分析,发现审计师在报表审计过程中未能识别并恰当处理财务报表中的重大错报,造成这一结果的原因仍存在一定的争议。由此引申出的有待进一步探讨的问题是:

(1)除了《中国注册会计师审计准则第1211号——了解被审计单位及其环境并评估

第五章 上市公司财务报表审计的重大错报事项研究

重大错报风险》第九十八条列举的可能表明被审计单位存在重大错报风险的 28 种事项和情况以外,还有哪些迹象表明被审计单位存在较高的重大错报风险?

(2)执行较多的实质性程序是否能够发现存在重大错报风险的报表项目?

(3)如何评价审计师是否存在审计失败?

(4)在经审计财务报表存在重大错报的情况下,审计师是否存在审计失败?是否需要承担法律责任?

(5)涉及舞弊的情况下,审计师是否可以免除所有的法律责任?

附表 5.1　科龙电器历年财务数据与审计意见

货币单位:万元

会计年度	董事会核准（或重述）报表的日期	主营业务收入	净利润	总资产	净资产	经营活动产生的现金流量净额	现金及现金等价物净增加额	备注（含报表数据更正原因及内容）	审计师	审计意见（说明事项）	证监会处罚公告涉及内容
1999	2001年4月27日	559 788	64 358	748 534	481 521	−65 954	−63 839	1999年年报和2000年年报及审计报告均在2001年4月公布			未涉及
2000	2001年4月27日	441 088	−67 842	691 137	413 426	105 130	466	同上			(证监罚字[2006]14号)注册会计师对科龙电器2000年度财务报告及广东科龙空调器有限公司及广东科龙容声集团有限公司广东科龙2000年度资金往来的关联交易事项(3 000万元以上的有42笔,累计交易额256 988万元)没有提出反对或保留意见。审计工作底稿中不能提供总体审计计划,审计结论只记录了审计程序和结论,审计程序不符合独立审计准则的有关规定
	2002年4月25日	441 088	−83 065	689 311	395 788	105 130	466	因重大会计差错调增2000年度净亏损15 811.6万元,涉及项目:少数股东承担的超额亏损	安达信华强	保留意见(2000年子公司超额亏损15 811.5万元应增加公司亏损额,减少长期投资)	
2001	2003年3月28日	471 553	20 087	798 456	268 622	数据未披露	数据未披露	补提固定资产、无形资产减值准备1 198万元			未涉及
	2003年4月3日	441 088	−67 842	691 137	413 426	数据未披露	数据未披露				
	2002年4月25日	472 047	−155 557	652 696	240 262	14 809	−14 858	年报数据	安达信华强	拒绝表示意见(持续经营,未采取足够的管理层声明,未经批准的担保导致的负债,固定资产等的减值,坏账准备估计,预提费用合理性)	
	2003年3月28日	438 162	−147 589	650 985	247 032	14 809	−14 858	补提固定资产、无形资产减值准备1 198万元,补确认三洋科龙股权投资收益2 982万元,冲销多计提广告费7 968万元			
2002	2003年3月28日	487 826	20 087	776 776	268 622	49 978	3 544	年报数据	德勤·黄陈方、德勤华永	保留意见(期初余额,联营企业损益,股权收购过程中的补偿收入,存货跌价准备转回)	(证监罚字[2006]16号)虚增收入40 330.54万元,虚增利润11 996.31万元,未披露重大事项或关联交易事项
	2003年4月3日	487 826	10 128	765 654	257 500	49 978	3 544	公司进行报表重述,确认收购三洋科龙股权投资差额的贷差8 861万元并进行相应的摊销,239万元计入投资收益;不在2002年转回以前年度计提的存货跌价准备2 500万元		保留意见(期初余额,联营企业损益)	

转型经济中的审计问题

第五章 上市公司财务报表审计的重大错报事项研究

续表

会计年度	董事会核准（或重述）报表的日期	主营业务收入	净利润	总资产	净资产	经营活动产生的现金流量净额	现金及现金等价物净增加额	备注（含报表数据更正原因及内容）	审计师	审计意见（说明事项）	证监会处罚公告涉及内容
2003	2004年4月19日	616 811	20 218	943 279	280 873	101 022	4 027	年报数据	德勤·关黄陈方、德勤华永	标准无保留意见	（证监罚字[2006]16号）虚增收入30 483.86万元、虚构废料销售收入，少计诉讼赔偿坏账准备、虚增利润11 847.05万元；现金等虚假记载；未披露存在重大事项或关联交易事项
	2006年8月11日	616 811	17 466	949 354	278 122	数据未披露	数据未披露	前任管理层虚增废料销售利润2 190万元，少计所得税损失562万元			
2004	2005年4月28日	843 640	-6 416	1 136 139	280 316	89 371	29 063	年报数据	德勤·关黄陈方、德勤华永	保留意见（收入及应收账款真实性，销售退回计提准备必要性）	（证监罚字[2006]16号）虚增收入51 270.29万元、虚构废料销售14 875.91万元、虚增利润、未披露重大事项或关联交易事项
	2006年8月11日	792 300	-24 579	1 116 035	259 400	29 063	数据未披露	前任管理层虚增主营业务收入51 340万元、废料销售费用737万元，少计所得税损失1 744万元			
	2007年4月26日	792 300	-24 010	1 113 364	259 970	数据未披露	数据未披露	2004年度及以前年度虚增主营业务成本1 724万元，子公司应计未计管理费用1 154万元			
2005	2006年8月11日	697 837	-369 362	542 034	-108 985	-125 981	-83 325	年报数据	深圳大华天诚、德豪嘉信	保留意见（审计范围受限，包括子公司、其他应收付款、固定资产价值，销售成本、坏账准备、报表重述）	未涉及
	2007年4月26日	697 837	-371 754	536 971	-110 808	数据未披露	数据未披露	子公司应计未计营业外支出814万元，应计未计管理费用1 579万元			

注：*证监会的这份处罚公告不是本章讨论的内容，在此列出供读者参考。

参考文献

1. 李爽、吴溪：“审计失败与证券审计市场监管——基于中国证监会处罚公告的思考”，《会计研究》，2002 年第 2 期。
2. 《中国注册会计师审计准则第 1211 号——了解被审计单位及其环境并评估重大错报风险》，www.cicpa.org.cn。
3. 《中国注册会计师审计准则第 1141 号——财务报表审计中对舞弊的考虑》，www.cicpa.org.cn。
4. 马腾、段晓燕："德勤高管谈科龙审计事件　称自己也是受害者"，《21 世纪经济报道》，2006 年 4 月 25 日。
5. 何军、岳敬飞："德勤听证会今日举行　多项'硬伤'浮出水面"，《上海证券报》，2006 年 4 月 7 日，A8 版。
6. 《中国证券监督管理委员会行政处罚决定书》（证监罚字[2006]16 号），2006 年 6 月 15 日，www.csrc.gov.cn。
7. 黄河："顾雏军的海外迷宫"，《南方周末》，2005 年 5 月 19 日。
8. Committee of Sponsoring Organizations of the Treadway Commisssion, 1999, "Fraudulent Financial Reporting: 1987~1997, an analysis of US public companies", www.coso.org.
9. Loebbecke, J. K., M. M. Eining, and J. J. Willingham, Jr., 1989, Auditors' experience with material irregularities: Frequency, nature and detectability. *Auditing: A Journal of Practice and Theory*, 9(Fall): 1—28.

思 考 题

1. 哪些因素表明被审计单位存在重大错报风险？如何评估这类风险？
2. 如何理解财务报表审计在识别和发现重大错报方面的局限性？
3. 界定审计师未能发现重大错报属于一般过失、重大过失或欺诈的标准是什么？

分 析 题

资料一

以下信息摘录自中国证监会行政处罚决定书[(2010)15 号]：

第五章　上市公司财务报表审计的重大错报事项研究

经查,科苑集团(000979)存在如下违法行为:

一、未按规定披露证券投资

自2000年5月发行上市开始,科苑集团以自己及安徽应用技术研究所、宿州技术和多个个人名义,采用自营以及委托闽发证券、金新信托、中安投资、恒盛投资理财的方式,分别在国元证券宿州证券部、国元证券中山北路营业部、长江证券天钥桥营业部、银河证券江苏路营业部、南洋期货公司等18家机构从事证券或者期货投资,并采用账外运作的方式,将资金划转到证券营业部。2000年度,科苑集团投入资金37 005万元,回收资金30 039.92万元,当年投资余额为6 965.08万元;2001年度,投入资金28 300万元,回收资金16 800万元,当年投资余额为11 500万元,累计投资余额为18 465.08万元;2002年度,投入资金700万元,回收资金900万元,累计投资余额为18 265.08万元。在投入的上述资金中,有29 805万元为募集资金。对于上述证券和期货投资行为,科苑集团一直未按规定及时予以披露,也未在2000年、2001年、2002年的年度报告中予以披露。

二、将未回收的证券投资资金虚构为在建工程和固定资产

2000年至2003年,科苑集团存在将未回收的证券投资资金虚构为在建工程的行为,其相应年度报告均存在虚假记载。其中,2000年度,虚增在建工程5 580万元;2001年度,虚增在建工程3 560万元,虚增其他应收款2 020万元;2002年度,虚增固定资产3 560万元,多计管理费用833 750元;2003年度,多计管理费用1 617 475元。

三、未按规定披露银行借款

2000年度,科苑集团在农业银行宿州淮海路支行的借款余额2 300万元没有入账。

2001年度,科苑集团向农业银行宿州淮海路支行借款2 300万元,还款2 300万元,结转2000年度借款余额2 300万元,年末借款余额为2 300万元。前述借款事项均未入账。

2001年度,科苑集团向建设银行宿州分行借款9 000万元,还款3 000万元,年末借款余额为6 000万元。前述借款事项均未入账。

2001年度,科苑集团向光大银行合肥长江西路支行借款5 000万元,还款5 000万元。前述借款事项均未入账。

2002年度,科苑集团向农业银行宿州淮海路支行借款5 400万元,还款4 600万元,结转2001年度借款余额2 300万元,年末借款余额为3 100万元。前述借款事项均未入账。

2002年度,科苑集团向建设银行宿州分行借款17 750万元,还款11 300万元,结转2001年度借款余额6 000万元,年末借款余额为11 750万元。前述借款事项均未入账。

2002年度，科苑集团向光大银行合肥长江西路支行借款4 000万元，还款2 000万元，年末借款余额为2 000万元。前述借款事项均未入账。

2003年度，科苑集团向农业银行宿州淮海路支行借款6 600万元，还款5 400万元，结转2002年度借款余额3 100万元，年末借款余额为4 300万元。前述借款事项均未入账。

2003年度，科苑集团向建设银行宿州分行借款14 600万元，还款19 050万元，结转2002年度借款余额11 750万元，年末借款余额为7 300万元。前述借款事项均未入账。

2003年度，科苑集团向光大银行合肥长江西路支行借款9 000万元，还款9 000万元，结转2002年度借款余额2 000万元，年末余额为2 000万元。前述借款事项均未入账。

2003年度，科苑集团向合肥商业银行三孝口支行借款1 000万元，年末借款余额为1 000万元。该借款事项未入账。

2000年至2003年度，科苑集团均存在银行借款未入账的行为，其相关年度报告相应内容均有虚假记载。其中，2000年度，少计短期借款2 300万元；2001年度，少计短期借款8 300万元；2002年度，少计短期借款16 850万元；2003年度，少计短期借款9 300万元，少计长期借款5 300万元。

四、将未入账借款利息虚构为在建工程

2001年至2003年度，科苑集团均存在将未入账借款利息虚构为在建工程的行为，其相关年度报告相应内容均有虚假记载。其中，2001年度，虚增在建工程2 511 510.22元，少计"财务费用——利息支出"2 511 510.22元；2002年度，虚增在建工程6 099 115.71元，少计"财务费用——利息支出"6 099 115.71元；2003年度，虚增在建工程5 827 580.01元，少计"财务费用——利息支出"5 827 580.01元。

五、未按照规定披露有关重大担保

2004年4月21日，科苑集团为其实际控制人上海庆安科技发展有限公司（以下简称"上海庆安"）向交通银行浦东分行借款提供1 000万元连带责任保证；2004年8月28日，为上海庆安向浦东发展银行静安支行借款提供2 500万元连带责任保证；2004年11月11日、12日、13日，为其控股股东安徽应用技术研究所向农业银行宿州淮海路支行借款分别提供800万元、800万元、600万元质押担保，总计提供质押担保2 200万元。科苑集团均未按照规定及时披露以上重大担保信息。

要求：

查阅该公司相关年度的财务报表和审计报告，分析上述错报（或漏报）对公司财务状况和

第五章 上市公司财务报表审计的重大错报事项研究

经营成果是否存在重大影响？审计师是否有可能发现这些错报（或漏报）？

资料二

路云峰、刘国常[①]（2008）采用两个变量作为重大错报风险的替代变量进行检验，即信息披露是否违规、是否属于绩劣区段净资产收益率（ROE 小于 4%）。通过检验得出以下结论：(1) 第一大股东的股权集中度越高，重大错报风险越小。(2) 设立审计委员会的上市公司重大错报风险较小。(3) 短期负债比率越大，重大错报风险越大；长期负债比例越大，重大错报风险越小。(4) 有较弱的证据表明，发行 A 股以外股票的上市公司的重大错报风险较大。(5) 有较弱的证据表明，董事长与总经理由同一人担任会增加重大错报风险。(6) 董事会中独立董事比例对重大错报风险产生正、反两方面的影响，从净资产收益率风险因素角度看，独立董事比例能够明显地降低重大错报风险；从监管违规视角看，有较弱的证据表明会增大错报风险。董事会中独立董事比例最终对重大错报风险的影响，尚不能最终确定。

袁春生、唐松莲[②]（2010）以 2005～2008 年被中国证监会处罚的 A 股上市公司及其配对公司为样本，从审计意见与财务舞弊关系的角度检验了审计师能否提供公司舞弊的警示信息。实证研究表明，公司舞弊行为与当年及下年度的审计意见负相关，公司舞弊之前两个年度的审计意见与舞弊行为负相关。这些经验结果不但说明公司因财务舞弊而被出具非标准无保留意见的可能性较大，舞弊行为能够及时地在审计意见中得到反映并被审计师持续关注，而且也说明独立审计能够通过审计意见提示公司未来发生财务舞弊的可能性，为公众提供公司舞弊的警示信息，这是我国注册会计师审计监督有效性的直接证据。

问题：

1. 哪些指标可以用来衡量重大错报风险？哪些因素会增加重大错报风险？
2. 哪些因素限制了注册会计师发现和披露财务报表中的重大错报？应如何改进？

---

① 路云峰、刘国常："公司治理特征与审计重大错报风险——来自中国证券市场的经验证据"，《审计与经济研究》2008 年第 2 期。
② 袁春生、唐松莲："独立审计能提供公司财务舞弊的警示信息吗——基于证监会处罚公告的经验证据"，《山西财经大学学报》2010 年第 11 期。

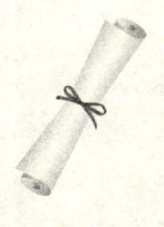

第六章
强制更换会计师事务所对审计质量的影响

摘要:2001年,中天勤、沈阳华伦等5家会计师事务所未通过年检被取消执业资格,其原有客户不得不改聘其他会计师事务所。该事件为会计师事务所的强制更换提供了研究背景。本章以非正常性应计利润(DA)来衡量审计质量,我们的研究发现,在强制更换会计师事务所以后,这些公司的非正常性应计利润不降反升。进一步分析的结果显示,在正DA组,后任审计师没有调低公司的非正常性应计利润;而在负DA组,公司的非正常性应计利润在更换会计师事务所以后反而增加了。研究结果提示我们,在中国这样一个极度分散的审计市场中,强制更换会计师事务所并没有带来大家预期的效果。

一、会计师事务所轮换制度的由来

21世纪初,世界范围内连续发生了一系列上市公司进行会计欺诈、作为公司审计师的会计师事务所出具不实审计报告的事件,严重损害了投资者的利益,动摇了公众对证券市场的信心,并引发了注册会计师行业严重的诚信危机问题。安然事件的爆发还直接导致具有近90年历史、声誉卓著的安达信会计公司黯然退出注册会计师行业。随着这几起重大的审计失败事件的曝光,限制审计任期的呼声也越来越高。人们认为,会计师事务所与客户有着长期的合作关系,必然会影响事务所的独立性。审计质量将随着审计任期的延长而下降。为了防止审计师与客户因过于密切的关系而丧失其应有的独立性,应当实行会计师事务所的轮换制度。

关于这个问题有两种观点:一种观点认为有必要限制会计师事务所为同一个客户提供审计服务的最长年限,也就是实施会计师事务所的强制更换;另一种观点则认为只要其

第六章 强制更换会计师事务所对审计质量的影响

他为维护独立性所采取的措施有效,则不需要限制会计师事务所的审计任期,仅仅轮换审计项目负责人或是合伙人、签字注册会计师(以下简称"签字会计师")就足够了。由于执行成本较低,后一种观点显然得到了世界上绝大多数国家的认同。

安然事件以后,美国的萨班斯法案(SOX)规定审计合伙人及复核合伙人必须每5年轮换一次。同时,国会要求美国审计总署(GAO)对强制更换会计师事务所[①]产生的潜在影响进行研究和评论。在调查过程中,美国审计总署发现几乎所有大的会计师事务所和《财富》杂志评选出的美国前1 000家规模较大的公众公司都认为,会计师事务所强制更换的成本可能超过收益。大多数会计职业界的人士认为,当前对审计合伙人轮换、加强审计师的独立性以及其他改革的要求,如果能得到完全贯彻,将足以实现会计师事务所强制更换的预期效果。而且,在与其他利益相关者(包括机构投资者、证券市场监管者、银行、会计师以及消费者保护组织)的访谈中,美国审计总署发现这些利益相关者也认为,会计师事务所强制更换可能并不是加强审计师的独立性和提高审计质量的最有效途径。

意大利自1975年开始要求上市公司实行会计师事务所强制更换;在发生了两家银行的会计舞弊案之后,巴西于1999年5月颁布了关于会计师事务所强制更换的规定;新加坡从2002年3月开始对设在本国的银行要求实施会计师事务所强制更换;奥地利于2004年规定每6年进行会计师事务所的强制更换;日本自2004年4月起要求实施审计合伙人和复核合伙人轮换,但不支持会计师事务所强制更换;加拿大证券监管机构从2003年7月开始考虑对所有公众公司的审计合伙人施行强制更换,但目前尚无推行会计师事务所强制更换的考虑。

在国内,从琼民源、红光实业、黎明股份,到银广夏、麦科特上市公司的造假案件,人们对应恪守"独立、客观、公正"原则的注册会计师的公信力产生了极大的怀疑,中国注册会计师行业面临严重的信任危机。怎样提高审计师的独立性和审计质量,成为一个亟待解决的问题。作为回应,中国证监会于2003年1月6日颁布了《公开发行证券的公司信息披露内容与格式准则第2号〈年度报告的内容与格式〉(2002年修订稿)》,遵从其中第四十九条的规定,大部分上市公司在2002年年度报告中披露了审计任期的信息。此后,证监会与财政部于2003年10月8日联合发布了《关于证券期货审计业务签字注册会计师定期轮换的规定》,该规定于2004年1月1日起正式施行,要求签字注册会计师或审计项目负责人连续为某一相关机构提供审计服务的时间,不得超过5年。财政部于2004年1月17日发布了《关于改进和加强企业年度会计报表审计工作管理的若干规定》。该规定适用于

---

① 指负责对在美国证券交易委员会注册的公众公司提供审计的会计师事务所。

境内除特殊行业企业以外的各类国有及国有控股的非金融企业,其中第十四条规定,"为同一企业连续执业5年的签字注册会计师,企业应当要求会计师事务所予以更换"。

综上所述,审计项目负责人定期轮换制度得到了大多数国家的认可,人们对于会计师事务所的强制更换还是持比较谨慎的态度。

二、强制更换会计师事务所的理论分析

是否需要强制更换会计师事务所的问题其实就是审计任期与审计质量的关系问题。审计任期是怎样影响审计质量的呢?国内外学者从不同角度论证了这一问题。

(一)审计任期的延长,会对审计人员的职业判断产生负面影响

1. 过长的审计任期将使审计人员形成思维定势

在心理学中有一个"思维定势"(Mental Set)的术语,它是一种思维的框架,指用于表征一个问题、问题情境或者问题解决程序的已有模型。这也就是我们所说的墨守成规。随着审计人员与客户的业务关系逐渐延长,也可能导致审计人员对客户的会计系统和相应的审计程序形成思维定式,从而拒绝接受新的审计方法。Mautz 和 Sharaf(1961)就曾指出:与客户建立联系的时间越长,审计人员越会缺乏挑战精神,越不倾向于运用新的审计程序,并不再保持合理的职业谨慎态度。从这个角度而言,审计任期越长,审计人员越不愿意接受新的会计方法和采用新的审计程序,其专业技能越难以改进和提高,从而会对审计质量造成负面影响。

2. 过长的审计任期将降低审计人员的纠错欲望

纠正别人的错误是对自己专业能力的证明,而纠正自身的错误则可能导致客户对审计人员专业胜任能力的怀疑,因此,随着审计任期的延长,注册会计师纠正自身错误的意愿逐渐下降。前期的错误得不到更正,越积越大,从而导致审计质量下降。

(二)审计任期的延长将会损害审计独立性

随着审计任期的延长,审计人员与被审单位的沟通不断增多,审计人员同被审单位及其有关管理人员的关系自然越来越密切。在这种情况下,他们会自觉或潜意识地关心被审单位的利益,从而可能为了避免审计意见对被审单位产生不利影响而放弃应坚持的原则。同时,随着他们对被审单位信任的加深,审计人员也可能不深入调查了解客户的真实情况而听信被审单位提供的各种书面或口头证据,进而降低审计质量。

Mautz 和 Sharaf(1961)认为,虽然长审计任期本身并不会损害审计质量,但是与同一客户建立长期联系会引起审计独立性方面的问题,即会在无意间渐渐损害审计人员的诚

第六章 强制更换会计师事务所对审计质量的影响

实公正,这是对独立性的最大威胁。Walker(1991)在对香港审计失败案例的研究中发现,轻信并接受管理层对有问题的交易做出的解释是审计失败的原因之一。

有一些学者将研究的视角扩大到长期审计合约对审计人员的心理影响。Bates,Ingram 和 Reckes(1982)研究了审计任期对审计人员确定重要性水平的影响。审计人员对重要性水平的判断是否会受到轮换合伙人或是轮换会计师事务所的影响?他们将 67 名注册会计师分成 3 组。第一组面临的是首次接受委托的客户;第二组的客户是事务所的老客户,审计任期已经超过 5 年,但是负责该项目的合伙人是第一次承接这项工作;第三组的客户也是老客户,不论合伙人还是事务所的任期都已经超过 5 年。结果发现,第三组与前面两组对重要性的判断有显著差异。在没有轮换会计师事务所和合伙人的情况下,审计人员对他们的客户更为宽容。这说明过长的审计任期会影响审计人员的专业判断。

李爽和吴溪(2003)发现,在针对持续经营不确定性发表审计意见时,审计任期越长,审计意见变通的可能性越大,但在对账面盈利和微利公司的研究中,审计任期与审计意见没有显著关系。另外,在 2004 年他们又以沪深股市中较好地披露了 2000 年年度和 2001 年年度支付给事务所报酬信息的公司为样本,对审计任期与审计定价的关系进行了实证检验。结果发现,审计定价水平在审计任期内呈非均匀分布,并且在中长审计任期下,审计定价更高,审计定价对审计风险因素不敏感甚至负相关。这在一定程度上支持长审计任期会损害审计质量的观点。

上述研究都认为审计任期延长将会导致审计质量下降,因而很多人相信有必要限制审计任期,也就是实施会计师事务所更换制度。他们认为,在限制审计任期的情况下,审计人员就不必担心由于无法取悦客户的管理层而丢失客户的问题,因为审计人员知道,他们只能为客户提供一定年限的服务。美国证券交易委员会(SEC)和美国注册会计师协会(AICPA)认为,较长时段的审计任期会导致审计质量下降,而事务所强制更换是一个可能的解决办法。会计师事务所更换还可以确保公司的陈述,特别是对需要主观判断的领域如无形资产的陈述,由不同的审计师审计。在强制更换的情况下,审计师会有更大动力抵抗来自客户管理层的压力,从而保持较高的审计质量,因此应当实施会计师事务所的强制更换。实验研究的结果也基本证实了人们的猜测。

Doupch 等(2001)对事务所被强制留任、更换与审计独立性之间的关系进行了实验研究。这里的强制留任主要是指在进行实验研究时,作者假设会计师事务所的任期有最低期限。他们把事务所被强制留任、更换的情况分成四种组合,即无强制更换或留任、仅有强制留任、仅有强制更换以及既有强制更换又有强制留任。实验结果表明,在仅有强制更换和既有强制更换又有强制留任的情况下,审计独立性高于其余两种情况。并且在无强制留任或更换以及仅有强制留任的情况下,客户更愿意继续留任原来的会计师事务所。这就证明了审计任期的延长确实会损害独立性,而强制更换会计师事务所则可以提高审计独立性。

Church等(2006)构造了一个理论模型,以比较需要强制更换和不需要强制更换会计师事务所的情况对审计独立性的影响。他们发现,在强制更换的情况下,审计独立性提高了,但是强制更换的净收益将取决于更换间隔期的长短、启动成本、财务报告失真的后果、审计人员的学习能力以及管理层的动机等因素。在更换周期足够长、启动成本高、财务报告失真的经济后果严重、管理层更关注短期回报的情况下,强制更换会计师事务所将是有益的。

但是经验研究的结果并不能够令人满意。Nagy(2005)以安达信的解体为契机,研究了会计师事务所的强制更换对审计质量的影响。研究发现,小公司在变更事务所之后,审计质量有所提高,而在大公司这种变化并不显著。这说明即使是在强制变更会计师事务所时,大公司也拥有较强的谈判能力。因此,更换会计师事务所产生的效益可能会受公司规模的影响。Blouin(2005)也研究了安达信解体之后,客户选择会计师事务所的行为。那些财务报表上显示的可操控性应计利润较多的客户更愿意选择聘请原来那些审计人员所加入的事务所,以此减少更换审计人员的成本。然而在下一年,与那些选择了全新审计人员的公司相比,这些公司并没有显得更为激进。可见,更换新的审计人员能够在更大程度上调整那些应计项目的想法并没有得到证实,因此,作者认为强制更换会计师事务所也许并不能直接影响财务报表的质量。

三、中天勤等5家会计师事务所被撤销执业资格的事件回顾

由于在银广夏、蓝田和麦科特等财务舞弊案件中的严重失职,2002年2月财政部、证监会联合发文批复,同意中国注册会计师协会对中天勤、华伦、中联信、深圳同人、深圳华鹏等5家会计师事务所不予通过年检的意见,并收回这5家事务所及有关注册会计师证券许可证。

中注协的具体意见如下:

(1)中天勤会计师事务所,因严重执业质量问题,吊销执业资格的行政处罚正在办理(注:执业资格已被正式吊销),不予通过年检并收回其许可证。

(2)华伦会计师事务所,执业中未遵守准则、规则,并且该所具有证券许可证注册会计师不足规定人数,不予通过年检并收回其许可证。

第六章　强制更换会计师事务所对审计质量的影响

(3) 深圳华鹏会计师事务所,涉嫌"麦科特"欺诈舞弊案件,正在接受司法机关调查,不予通过年检并收回其许可证。

(4) 深圳同人会计师事务所,具有证券许可证注册会计师不足规定人数,不予通过年检并收回其许可证。

(5) 中联信会计师事务所,未完成工商登记并且未申报证券许可证年检,不予通过年检并收回其许可证。

由于其主审注册会计师遭到处罚,上述 5 家会计师事务所的客户被迫更换审计师。2001 年由这 5 家事务所审计的上市公司共有 119 家,如附表 6.1 所示。通过分析这些上市公司变更审计师的行为,我们发现 119 家公司中仅有 11 家公司选择了国际五大会计师事务所,除了沈阳华伦的两个客户之外,其他都是中天勤的客户。而另一个显著的特点是,有多达 54 家上市公司选择了和前任审计师同一地域的事务所。正如大多数的研究结论一样,中国审计市场存在严重的地区分割现象。

从审计意见的变更来看,有 13 家公司在变更事务所之后,审计意见得到了改善。另一方面,还有 12 家公司得到了更差的审计意见。

但是根据上述这些数据,我们很难说在强制变更以后,审计质量是否得到了提高。为了更进一步地了解问题的实质,我们将采用统计分析的方法来考察会计师事务所强制变更对审计质量的影响。

四、研究过程的描述

(一)审计质量的衡量

由于审计质量的不可观察性,所有关于审计质量的研究都不得不选择一些替代指标衡量审计质量。近年来,人们越来越倾向于采用经过审计的会计信息的质量来替代审计质量。自 20 世纪 80 年代以来,对盈余管理的研究逐渐受到人们的关注,并发展成实证会计研究领域的一个重要内容。盈余管理就是指公司为特定的目的而对盈利进行操纵的行为。被审计单位盈余管理行为越多,则会计信息质量越差。另一方面,研究人员相信,高质量的审计应该能够抑制被审计单位管理层的盈余管理行为,也就是说,审计质量越高,被审计单位的盈余管理行为越少。由此,这个指标也被引入审计研究领域。Francis(1999)、Becker(1998)等的研究都证实,审计质量越高,被审计单位的盈余管理行为越少。本章将借鉴他们的研究方法,采用公司的盈余管理指标来替代审计质量的衡量指标。

(二)研究样本的选择

我们选择了1999年12月31日之前上市的A股公司为研究对象。为了考察强制更换会计师事务所对审计质量的影响,我们将分别比较未通过年检的5家会计师事务所的客户(详细信息见附表6.1)在变更会计师事务所前后审计质量的差异。由此,本研究涉及的时间为1999年到2002年4个会计年度,1999年和2000年是变更前年度,2001年和2002年则是变更后年度。

本章所使用的上市公司1999年至2002年的主审会计师事务所的资料主要来自CSMAR股票市场与财务数据库,相关的财务数据、上市时间等资料则来自于WIND金融资讯数据库。本章数据使用SAS 8.2统计软件进行分析。

样本的筛选主要有以下几个方面:由于金融保险类企业会计报表的特殊性,本研究首先剔除了金融保险类上市公司;退市公司的审计风险不同于一般的公司,因此本章不包含在2008年3月31日之前已经退市的公司;为了剔除审计意见的差异,本研究只包括那些获得标准无保留意见的公司,以使审计后财务报表中的盈余管理更能体现审计质量的差异。如果所需要的财务数据无法从数据库中取得,则该样本就被删除。

经过上述筛选,最后的样本包括2 747家公司。样本删除过程如表6.1所示。

表6.1 样本筛选过程

1999年12月31日前上市的A股公司总数	870×4
减:金融类上市公司	11×4
减:数据不完整的公司	33×4
估计DA的样本数	826×4=3 304
减:得到非标审计意见的公司	488
减:1999年和2000年中任一年的审计师不是5家事务所的公司	14×4
减:数据不全公司	13
最后样本数	2 747

(三)模型构建及说明

根据以前有关盈余管理的实证研究,我们构建模型如下:

$$DA/A = \beta_0 + \beta_1 GROWTH + \beta_2 TEN + \beta_3 FIRM + \beta_4 SIZE + \beta_5 PD + \beta_6 LV + \beta_7 CR + \beta_8 LOSS + \beta_9 ROE + \beta_{10} AGE + \beta_{11} PD \times FIRM + \beta_{12} CASH + \varepsilon$$

1. 因变量——非正常性应计利润(DA)

第六章 强制更换会计师事务所对审计质量的影响

非正常性应计利润是我们根据修正的 JONES 模型估计的公司当期非正常性应计利润的绝对值。在盈余管理的研究中,如何计量盈余管理一直争议较多。现在比较一致的做法是采用修正的 JONES 模型来估计非正常应计利润,以此计量被审计单位的盈余管理。

我们按照下列步骤计算非正常性应计利润。

第一步,计算应计利润总额(ETA):

$$ETA = 营业利润 - 经营活动的现金流量净额$$

第二步,计算正常应计利润(NDA):

$$NDA/A = \alpha_1(1/A) + \alpha_2(\Delta REV - \Delta REC)A + \alpha_3(PPE/A)$$

其中,NDA 是指经过上期期末调整后的公司正常的应计利润,ΔREV 是公司当期的主营业务收入与上期主营业务收入的差额,ΔREC 是公司当期的应收账款期末余额与上期应收账款期末余额的差额。PPE 是公司当期期末固定资产价值,A 是公司上期期末资产总额。α 是行业特征参数。这些行业特征参数的估计值是根据以下模型,并运用经过不同行业分组的数据进行回归取得的:

$$ETA/A = \alpha_1(1/A) + \alpha_2(\Delta REV - \Delta REC)A + \alpha_3(PPE/A) + \varepsilon$$

第三步,用应计利润总额(ETA)减去正常应计利润(NDA)后的余额即为公司的非正常应计利润,也就是 DA。

$$DA = ETA - NDA$$

2. 控制变量

(1)审计任期(TEN)

模型中的审计任期(TEN)代表公司的主审会计师事务所为其提供审计服务年限的长短。该数据直接根据 CSMAR 财务股票数据库中审计单位的信息推算出来。由于 CSMAR 数据库中审计单位的起始日期是 1993 年,因此会计师事务所的审计任期计算的起始年份也是 1993 年。也就是说,如果该公司在 1993 年以前上市,则主审会计师事务所的审计任期从 1993 年算起,否则以实际任期的起始年份开始计算。在计算中,我们将公司首发股票的当年年末作为会计师事务所审计任期的第一年,上市之前的任期不列入计算范围。如果未发生变更事务所的情况,则审计任期按年累加;如果发生变更事务所的情况,则变更当年为后任审计师审计任期的第一年。引入该变量是为了控制会计师事务所任期的长短对审计质量的影响。

(2)被审计单位的规模(SIZE)

相对而言,规模越大的上市公司,在与事务所谈判的过程中,越处于有利的地位。其非正常性应计利润的绝对数也可能比较大,因此我们引入规模(SIZE)作为上市公司规模的控制变量。规模(SIZE)等于公司当年年末资产总额的自然对数。

(3)被审计单位的财务状况和经营成果——资产负债率(LV)、流动比率(CR)和是否亏损(LOSS)

根据一些学者的研究结论,负债率比较高的公司、容易陷入财务困境的公司更倾向于操纵应计利润,以满足债务契约的要求。为了控制公司的财务状况,我们分别引入资产负债率(LV)和流动比率(CR)。已有的盈余管理的研究还表明,公司的非正常性应计利润的绝对值和公司的业绩也具有显著的正相关关系,亏损公司具有"利润冲洗"的动机,也就是说,如果实在无法做到盈利,那么干脆做多亏损。因此,我们还引入了一个虚拟变量亏损(LOSS)。当公司的净利润小于0时,取值为1,否则为0。

(4)被审计单位的上市年限(AGE)

上市年限是指该公司累计已上市年份。其计算采用公司上市日期距离1999年12月31日的天数除以365天表示,以后每增加一年则上市年限加1。研究表明,中国的上市公司在首次上市的过程中存在显著的盈余管理行为,上市之前的过度包装会导致上市之后应计利润的回落。因此,随着上市年限的增加,公司可能具有越来越少的非正常性应计利润。为了控制上市时间长短对应计利润的影响,我们加入了上市年限(AGE)这个控制变量。

(5)现金流(CASH)

该变量等于公司当年经营活动产生的现金流量净额。Dechow等(2001)指出,公司经营活动产生的现金流量净额越多,则非正常性应计利润就越小。

(6)净资产收益率(ROE)

中国的股票市场存在比较普遍的盈余管理行为。但是最受人们关注的是针对配股政策和退市政策的盈余管理,尤其是前者。从1996年至2005年,我国配股政策经历了重要的变更。1999年3月,中国证监会要求变1996年的"连续3年净资产收益率不低于10%"为"3年平均净资产收益率不低于10%,每年净资产收益率不得低于6%"。2001年3月15日,证监会要求上市公司最近3个年度的加权平均净资产收益率平均不低于6%。阎达五等人(2001)的研究发现,随着1999年新配股政策的出台,1999年至2000年上市公司净资产收益率的分布存在着明显的6%和10%的现象,而2000年至2002年我国上市公司的净资产收益率(ROE)分布中存在明显的6%现象,10%现象已彻底消除。为了取得配股资格,净资产收益率在6%~7%时,公司将具有明显的操纵盈余的动机。因此,我们设计了一个虚拟变量净资产收益率(ROE),用以控制针对公司配股行为的盈余管理,当净资产收益率在6%~7%时,取值为1;否则,取值为0。

第六章　强制更换会计师事务所对审计质量的影响

(7) 审计单位——FirM

为了检验 5 家会计师事务所的审计质量是否与其他事务所有差异,我们引入了 FirM 这个变量。如果样本公司在 1999 年和 2000 年是由这 5 家会计师事务所审计的,则该变量取值为 1,否则为 0。

(8) 审计期间——PD

由于中天勤等几起重大审计失败案例都集中发生在 2001 年,该年度出台了几项重要的监管措施,广大社会公众对审计质量的关注也是前所未有的集中,因此,我们认为注册会计师在 2001 年后应该更为谨慎。PD 就是一个关于审计期间的虚拟变量。1999 年和 2000 年的数据,该变量取值为 0,2001 年和 2002 的数据该变量取值为 1。

3. 测试变量——PD×FirM

引入该变量的目的是为了测试中天勤等 5 家会计师事务所的客户,其后任审计师的执业质量是否更高。这也是我们最为关注的一个变量。

(四) 单变量分析

1. 5 家会计师事务所客户非正常性应计利润与其他样本公司的比较

表 6.2 列示了在强制更换会计师事务所的前后 2 年,5 家会计师事务所的客户非正常性应计利润的变化。在变更之前,这 5 家会计师事务所客户的非正常性应计利润的均值与其他样本公司相比并没有显著差异,但是在 2001 年之后,其他公司的非正常性应计利润不管是均值还是中值都有显著下降,但是这 5 家会计师事务所的客户在更换了审计人员以后,其非正常应计利润并没有下降。这个结果显然不符合我们的预期。

表 6.2　　　5 家会计师事务所客户与其他样本公司非正常性应计利润变化的比较

时间	5 家会计师事务所客户		其他样本公司	
	均值	中值	均值	中值
变更前	0.074 348	0.041 529	0.072 322	0.051 339
变更后	0.075 838	0.055 236	0.059 24	0.042 17
P 值	0.886 6	0.090 8*	<0.001***	<0.000 1***

注:*、**、***分别表示 10%、5%、1%水平上显著。

为了进一步分析这些公司管理盈余的行为,我们将 5 家事务所客户根据非正常应计利润的符号分成了 2 组。非正常应计利润为正,意味着被审计单位在进行高估利润的盈余管理行为,而负的非正常应计利润则意味着调低利润的行为。通过分析表 6.3,我们发现,在变更事务所之后,不论是哪个组,这些公司的非正常应计利润都没有显著下降;相反,在负 DA 组,非正常性应计利润还有了小幅上升。看来,后任的审计人员并没有对这些公司的盈余管理行为进行限制。

表6.3 5家会计师事务所客户非正常性应计利润的变化

项 目	正DA组 均值	正DA组 中值	负DA组 均值	负DA组 中值
变更前	0.075 574	0.039 227	0.072 477	0.041 843
变更后	0.070 579	0.053 1	0.079 534	0.061 424
P值	0.744 0	0.435 9	0.604 0	0.193 5

2. 相关性分析

为了考察各个变量之间的相关性,我们对变量进行了 Pearson 检验,分析结果见表6.4。

表6.4 单变量分析

	ADA	GROWTH	SIZE	AGE	TEN	FirM	PF	PD	LOSS	CR	LV	CASH	RO
ADA	1.000 00	0.374 16	−0.061 79	−0.034 94	−0.039 83	0.036 89	0.027 79	−0.071 20	0.069 50	0.035 39	0.083 27	−0.113 23	−0.026 14
		<0.000 1***	0.001 2***	0.067 1*	0.036 8**	0.053 2*	0.145 3	0.000 2***	0.000 3***	0.063 7*	<0.000 1***	<0.000 1***	0.170 9
GROWTH		1.000 00	0.094 90	−0.157 97	−0.109 28	−0.025 96	−0.039 48	−0.143 81	−0.137 13	0.032 69	0.029 82	−0.034 66	0.038 36
			<0.000 1***	<0.000 1***	<0.000 1***	0.173 7	0.038 6**	<0.000 1***	<0.000 1***	0.086 7*	0.118 2	0.069 3*	0.044 4**
SIZE			1.000 00	0.119 68	0.112 55	0.036 49	0.046 13	0.115 78	−0.135 01	−0.121 79	0.147 03	0.514 89	0.022 73
				<0.000 1***	<0.000 1***	0.055 9*	0.015 6**	<0.000 1***	<0.000 1***	<0.000 1***	<0.000 1***	<0.000 1***	0.233 7
AGE				1.000 00	0.560 04	0.070 48	0.155 90	0.429 40	0.098 32	−0.116 53	0.219 68	0.060 81	−0.031 05
					<0.000 1***	0.000 2***	<0.000 1***	<0.000 1***	<0.000 1***	<0.000 1***	<0.000 1***	0.001 4***	0.103 7
TEN					1.000 00	−0.246 83	−0.294 40	0.185 43	0.029 95	−0.087 09	0.074 69	0.091 93	0.008 94
						<0.000 1***	<0.000 1***	<0.000 1***	0.116 5	0.000 1***	<0.000 1***	<0.000 1***	0.639 4
FirM						1.000 00	0.693 22	−0.000 87	0.022 67	0.001 92	0.101 01	−0.032 47	−0.018 08
							<0.000 1***	0.963 6	0.235 0	0.919 7	<0.000 1***	0.088 9*	0.343 6
PF							1.000 00	0.239 17	0.049 04	0.012 90	0.083 77	−0.013 98	−0.033 77
								<0.000 1***	0.010 2**	0.499 1	<0.000 1***	0.463 9	0.076 8*
PD								1.000 00	0.122 91	−0.080 23	0.122 05	0.049 67	0.021 66
									<0.000 1***	<0.000 1***	<0.000 1***	0.009 2**	0.256 4
LOSS									1.000 00	−0.073 85	0.174 28	−0.086 00	−0.096 04
										0.000 1***	<0.000 1***	<0.000 1***	<0.000 1***
CR										1.000 00	−0.532 47	−0.053 39	0.011 43
											<0.000 1***	0.005 1***	0.549 2
LV											1.000 00	−0.030 73	−0.049 45
												0.107 3	0.009 5***
CASH												1.000 00	−0.020 34
													0.286 6
RO													1.000 00

注:*、**、***分别表示10%、5%、1%水平上显著。

第六章　强制更换会计师事务所对审计质量的影响

单变量分析的结果显示,非正常应计利润主要受公司的增长率、财务状况以及上市年限的影响。增长速度越快的公司,其非正常应计利润越高,流动比率和资产负债率与非正常应计利润呈显著的正相关关系。这表明,公司对债务融资的依赖程度越大,则越可能进行盈余管理。另外,亏损公司的盈余管理行为显著高于盈利公司。我们还发现,未通过年检的5家会计师事务所的客户的非正常应计利润显著高于其他公司,这表明,5家会计师事务所的审计质量确实值得怀疑。

正如我们的假设,规模较大、上市年限长、经营活动的现金流量比较大的公司盈余质量较高。而且从时间来看,2001年和2002年上市公司的非正常性应计利润相比前两年有显著降低,这说明,对几起重大审计失败案例的处罚,确实对广大从业人员起到了警示作用,注册会计师的执业更趋谨慎。但是并没有数据证实这些事务所的客户在强制更换会计师事务所以后,审计质量有了显著提高。

(五)多变量分析

表6.5列示了对模型进行回归的结果。我们采用剔除3%残差的方法来消除异常值的影响。

全部样本的回归结果显示,非正常性应计利润的绝对值与公司的增长率、流动比率和资产负债率正相关,而与公司的规模负相关。亏损公司的非正常性应计利润较大。这些都与单变量分析的结果一致。

我们还发现,样本公司在处罚之后的非正常应计利润确实有所下降。但是测试变量PD×FirM的符号为正,显著性水平为1%。这表示,5家会计师事务所的客户在强制更换会计师事务所以后,应计利润仍然显著高于其他公司。这显然不符合我们的假设。

为了进一步分析非正常应计利润的变化,我们把全部样本划分为正非正常应计利润组(正DA组)与负非正常应计利润组(负DA组)。结果显示,在正DA组,公司规模越大,则非正常性应计利润就越多。在负DA组,公司的规模与DA负相关。这说明,审计人员较容忍大规模公司的高估利润的行为,较宽容小规模公司低估利润的行为。显然,在与事务所的博弈过程中,大客户处于比较有利的地位,审计人员为了保留这些大客户宁愿承担更大的风险。

在正DA组,测试变量与非正常性应计利润的关系并不显著,而在负DA组这两个变量之间的关系在5%的水平上正相关。这说明,对于正DA,后任审计人员并没有比前任审计人员更为谨慎,但是却更倾向于调低这5家事务所前任客户的利润。这可能是因为市场更关注上市公司高估利润的行为,而低估利润往往不会引起监管者的注意。但是不管怎样,多变量分析的结果都说明,在强制更换会计师事务所以后,后任会计师事务所并没有提供更高质量的审计。

表 6.5　　　　　　　　　　　　　　　回归结果分析

变量名称	预测符号	全部样本组 系数估计	T值	P值	正DA样本组 系数估计	T值	P值	负DA样本组 系数估计	P值	T值
Intercept	?	0.173 27	6.80	<0.000 1	−0.038 97	−1.14	0.253 3	0.462 86	14.04	<0.000 1***
GROWTH	+	0.042 23	13.70	<0.000 1	0.066 88	17.08	<0.000 1***	0.022 78	5.90	<0.000 1***
TEN	−	−0.000 033 04	−0.07	0.942 5	−0.000 309 60	−0.46	0.647 0	0.001 02	1.92	0.054 7*
SIZE	+	−0.007 10	−5.69	<0.000 1	0.005 41	3.23	0.001 3***	−0.022 39	−13.84	<0.000 1***
LV	+	0.000 406 41	5.98	<0.000 1	−0.000 106 04	−1.13	0.259 6	0.000 494 82	6.49	<0.000 1***
CR	+	0.004 01	4.50	<0.000 1	0.000 015 99	0.02	0.983 9	0.003 18	2.92	0.003 5***
LOSS	+	0.025 12	7.21	<0.000 1	−0.017 56	−2.20	0.028 1**	0.037 12	10.89	<0.000 1***
ROE	+	0.000 403 07	0.16	0.875 2	−0.011 51	−3.15	0.001 7***	0.008 82	2.93	0.003 4***
CASH	−	5.887 05E−12	1.74	0.082 6	−1.666 4E−10	−19.37	<0.000 1***	7.185 73E−11	16.95	<0.000 1***
FirM	+	−0.004 76	−1.26	0.207 3	−0.006 46	−1.34	0.180 2	0.005 87	1.18	0.238 8
PD	+	−0.005 65	−2.96	0.003 1	−0.006 21	−2.23	0.025 9**	−0.001 72	−0.78	0.437 8
PD×FIRM	−	0.016 80	3.04	0.002 4	0.005 29	0.67	0.500 1	0.014 45	2.20	0.028 2**
AGE	−	−0.000 283 23	−0.59	0.553 2	−0.002 86	−4.10	<0.000 1***	0.000 858 06	1.54	0.122 8
		N=2 747 F Value=48.66 R-Square 0.176 0 Adj R-Sq 0.172 4			N=1 379 F Value=57.77 R-Square 0.336 7 Adj R-Sq 0.330 8			N=1 368 F Value=30.83 R-Square 0.214 5 Adj R-Sq 0.207 5		

变量说明：

*、**、*** 分别表示 10%、5%、1%水平上显著。

A 表示公司上年末资产总额；

DA 表示公司当年非正常性应计利润的绝对值；

FirM 表示公司的主审会计师事务所,如果1999年、2000年同为5家未通过年检的事务所,则取值为1,否则为0；

TEN 表示审计任期；

SIZE 表示公司当年资产总额的自然对数；

LV 表示负债总额/资产总额；

LOSS 表示亏损,如果公司当年净利润小于0则取值为1,否则为0；

CR 表示流动资产/流动负债；

ROE 表示公司当年的净资产收益率,如果在[0—1%)之间,则取值为1,否则为0；

CASH 表示公司当年经营活动产生的现金流量净额；

PD 表示审计期间,如果为2001年和2002年,则取值为1,否则为0；

AGE 表示公司上市年限。

五、结论

2001年,中天勤、沈阳华伦等5家会计师事务所因未通过年检而被取消执业资格,其原有客户不得不改聘其他会计师事务所。以此为契机,本章以非正常性应计利润来衡量审计质量,分析了此事件前后2年,这5家会计师事务所原有客户的非正常性应计利润的变化。我们发现,在强制更换会计师事务所以后,这些公司的非正常性应计利润并没有下降。强制更换会计师事务所并没有带来我们所预期的效果。其主要原因是:

第一,极度分散的审计市场恶化了会计师事务所的竞争环境。在与被审计单位管理层的博弈中,作为卖方的会计师事务所始终处于弱势地位。其中规模大的客户的谈判能力较强。研究结论也显示审计人员对大规模公司的高估利润的行为较宽容。

第二,不健全的监管体系导致会计师事务所普遍缺乏风险意识。本章的研究是在原事务所受到处罚的情况下展开的。我们看到,即使在这样一个敏感而特殊的时期,后任会计师事务所也没有表现得比那些受到处罚的会计师事务所更为谨慎。可见,会计师事务所的风险意识始终比较淡薄。

我们认为,构建一个适度竞争的审计市场,引导会计师事务所之间的良性竞争,将有利于会计师事务所独立性的提高,从而改善审计质量。我们还应当进一步加强监管体系的建设,明确注册会计师的法律责任,尤其是民事赔偿责任,这样才能从根本上提高审计人员的风险意识。

本章研究的背景是非常特殊的,也许并不能够很好地模拟会计师事务所由于任期届满而产生的更换,这是本章研究的局限性所在。另外,本章也未进一步考察在会计师事务所更换而原来的项目负责人留任(也就是客户与项目负责人一起跳槽)的情况下审计质量的变化。在中国这样一个讲究"人情"的国度里,这样的研究将是非常有价值的。

附表 6.1　　　　　　　　　5 家事务所主要客户分析表

证券代码	证券简称	审计单位 1999 年	审计单位 2000 年	审计单位 2001 年	审计单位 2002 年	审计意见 1999 年	审计意见 2000 年	审计意见 2001 年度	审计意见 2002 年
600718.SH	东软集团	华伦	华伦	安达信	普华永道中天	标准无保留	标准无保留	标准无保留	标准无保留
000498.SZ	*ST 丹化	华伦	华伦	北京中天华正	北京中天华正	带强调事项段的无保留	带强调事项段的无保留	带强调事项段的无保留	带强调事项段的无保留
000698.SZ	沈阳化工	华伦	华伦	华证	岳华	标准无保留	标准无保留	标准无保留	保留意见
000410.SZ	沈阳机床	华伦	华伦	利安达信隆	天华	保留意见	带强调事项段的无保留	保留意见	带强调事项段的无保留
000692.SZ	惠天热电	华伦	华伦	利安达信隆	利安达信隆	标准无保留	标准无保留	标准无保留	标准无保留
600167.SH	联美控股	华伦	华伦	利安达信隆	利安达信隆	标准无保留	带强调事项段的无保留	标准无保留	标准无保留
000633.SZ	ST 合金	华伦	华伦	辽宁天健	辽宁天健	标准无保留	标准无保留	标准无保留	标准无保留
600609.SH	*ST 金杯	华伦	华伦	上海万隆	上海万隆	标准无保留	标准无保留	标准无保留	标准无保留
000511.SZ	银基发展	华伦	华伦	深圳鹏城	深圳鹏城	标准无保留	标准无保留	标准无保留	标准无保留
000558.SZ	莱茵置业	华伦	华伦	深圳鹏城	辽宁天健	标准无保留	标准无保留	带强调事项段的无保留	标准无保留
000597.SZ	东北制药	华伦	华伦	岳华	岳华	保留意见	保留意见	保留意见	保留意见
000638.SZ	万方地产	华伦	华伦	岳华	辽宁天健	标准无保留	保留意见	无法表示意见	无法表示意见
000056.SZ	深国商	华鹏	华鹏	利安达信隆	利安达信隆	标准无保留	标准无保留	标准无保留	标准无保留
000014.SZ	沙河股份	华鹏	华鹏	深圳大华天诚	深圳大华天诚	带强调事项段的无保留	带强调事项段的无保留	标准无保留	标准无保留
000046.SZ	泛海建设	华鹏	华鹏	深圳大华天诚	深圳大华天诚	标准无保留	标准无保留	标准无保留	标准无保留
000061.SZ	农产品	华鹏	华鹏	南方民和	南方民和	标准无保留	标准无保留	标准无保留	标准无保留
000010.SZ	SST 华新	华鹏	华鹏	南方民和	深圳鹏城	标准无保留	带强调事项段的无保留	标准无保留	标准无保留
000029.SZ	深深房 A	华鹏	华鹏	南方民和	南方民和	标准无保留	标准无保留	标准无保留	标准无保留
000009.SZ	中国宝安	华鹏	华鹏	深圳鹏城	深圳鹏城	标准无保留	标准无保留	标准无保留	标准无保留
000011.SZ	深物业 A	华鹏	华鹏	深圳鹏城	武汉众环	带强调事项段的无保留	带强调事项段的无保留	带强调事项段的无保留	带强调事项段的无保留
000409.SZ	ST 泰复	华鹏	华鹏	深圳鹏城	深圳鹏城	保留意见	保留意见	保留意见	带强调事项段的无保留
000576.SZ	ST 甘化	华鹏	华鹏	深圳鹏城	深圳鹏城	标准无保留	标准无保留	标准无保留	标准无保留
000693.SZ	S*ST 聚友	华鹏	华鹏	深圳鹏城	深圳鹏城	标准无保留	标准无保留	标准无保留	标准无保留

第六章 强制更换会计师事务所对审计质量的影响

续表

证券代码	证券简称	审计单位 1999年	审计单位 2000年	审计单位 2001年	审计单位 2002年	审计意见 1999年	审计意见 2000年	审计意见 2001年度	审计意见 2002年
000790.SZ	华神集团	华鹏	华鹏	深圳鹏城	深圳鹏城	标准无保留	标准无保留	标准无保留	标准无保留
000809.SZ	中汇医药	华鹏	华鹏	深圳鹏城	深圳鹏城	标准无保留	标准无保留	标准无保留	标准无保留
600804.SH	鹏博士	华鹏	华鹏	深圳鹏城	深圳鹏城	标准无保留	带强调事项段的无保留	标准无保留	标准无保留
000038.SZ	*ST大通	华鹏	华鹏	深圳鹏城	深圳鹏城	标准无保留	带强调事项段的无保留	标准无保留	标准无保留
000529.SZ	广弘控股	华鹏	华鹏	天职孜信	中天华正	带强调事项段的无保留	标准无保留	标准无保留	标准无保留
000955.SZ	ST欣龙	华鹏	华鹏	五洲联合	五洲联合	标准无保留	标准无保留	标准无保留	标准无保留
000584.SZ	友利控股	华鹏	华鹏	岳华	岳华	保留意见	标准无保留	标准无保留	标准无保留
000533.SZ	万家乐	同人	同人	广东恒信德律	广东恒信德律	标准无保留	带强调事项段的无保留	带强调事项段的无保留	带强调事项段的无保留
000033.SZ	新都酒店	同人	中天勤	沪江德勤	德勤华永	标准无保留	保留意见	标准无保留	标准无保留
000050.SZ	深天马A	同人	同人	华证	深圳鹏城	标准无保留	标准无保留	标准无保留	标准无保留
000527.SZ	美的电器	同人	同人	华证	华证	标准无保留	标准无保留	标准无保留	标准无保留
000762.SZ	西藏矿业	同人	同人	华证	华证	标准无保留	标准无保留	标准无保留	标准无保留
000890.SZ	法尔胜	同人	同人	江苏公证	江苏公证	标准无保留	标准无保留	标准无保留	标准无保留
000608.SZ	阳光股份	同人	华伦	普华永道中天	普华永道中天	保留意见	标准无保留	标准无保留	标准无保留
600359.SH	新农开发	同人	同人	上海立信长江	上海立信长江	标准无保留	标准无保留	标准无保留	标准无保留
600737.SH	中粮屯河	同人	同人	上海万隆	深圳鹏城	带强调事项段的无保留	带强调事项段的无保留	标准无保留	标准无保留
000851.SZ	高鸿股份	同人	同人	上海万隆	上海万隆	标准无保留	标准无保留	标准无保留	带强调事项段的无保留
600075.SH	新疆天业	同人	同人	上海万隆	上海万隆	带强调事项段的无保留	带强调事项段的无保留	标准无保留	标准无保留
600197.SH	伊力特	同人	同人	上海万隆	上海万隆	标准无保留	标准无保留	标准无保留	标准无保留
000049.SZ	德赛电池	同人	同人	深圳大华天诚	深圳大华天诚	带强调事项段的无保留	带强调事项段的无保留	标准无保留	标准无保留
000008.SZ	ST宝利来	同人	同人	南方民和	南方民和	保留意见	保留意见	保留意见	带强调事项段的无保留
000090.SZ	深天健	同人	同人	南方民和	南方民和	标准无保留	标准无保留	带强调事项段的无保留	带强调事项段的无保留
000007.SZ	ST零七	同人	同人	深圳鹏城	深圳鹏城	带强调事项段的无保留	标准无保留	标准无保留	标准无保留

续表

证券代码	证券简称	审计单位1999年	审计单位2000年	审计单位2001年	审计单位2002年	审计意见1999年	审计意见2000年	审计意见2001年度	审计意见2002年
000034.SZ	ST深泰	同人	同人	深圳鹏城	深圳鹏城	标准无保留	标准无保留	标准无保留	标准无保留
000059.SZ	辽通化工	同人	同人	深圳鹏城	深圳鹏城	标准无保留	标准无保留	标准无保留	标准无保留
000562.SZ	宏源证券	同人	同人	深圳鹏城	深圳鹏城	带强调事项段的无保留	标准无保留	标准无保留	标准无保留
000606.SZ	青海明胶	同人	同人	深圳鹏城	深圳鹏城	标准无保留	标准无保留	标准无保留	带强调事项段的无保留
000655.SZ	金岭矿业	同人	同人	深圳鹏城	深圳鹏城	标准无保留	标准无保留	标准无保留	标准无保留
600301.SH	*ST南化	同人	同人	深圳鹏城	深圳鹏城	标准无保留	标准无保留	标准无保留	标准无保留
600778.SH	友好集团	同人	同人	深圳鹏城	深圳鹏城	标准无保留	标准无保留	标准无保留	标准无保留
600117.SH	西宁特钢	同人	同人	深圳鹏城	深圳鹏城	标准无保留	标准无保留	标准无保留	标准无保留
000792.SZ	盐湖钾肥	同人	同人	五联联合	五联联合	标准无保留	标准无保留	标准无保留	标准无保留
000012.SZ	南玻A	中天勤	中天勤	安达信	普华永道中天	标准无保留	标准无保留	标准无保留	标准无保留
000930.SZ	丰原生化	中天勤	中天勤	安徽华普	安徽华普	标准无保留	标准无保留	标准无保留	标准无保留
600218.SH	全柴动力	中天勤	中天勤	安徽华普	安徽华普	标准无保留	标准无保留	标准无保留	标准无保留
000786.SZ	北新建材	中天勤	中天勤	北京兴华	北京兴华	标准无保留	标准无保留	标准无保留	标准无保留
000020.SZ	深华发A	中天勤	中天勤	北京中天华正	北京中天华正	标准无保留	标准无保留	标准无保留	标准无保留
000068.SZ	ST三星	中天勤	中天勤	北京中天华正	北京中天华正	标准无保留	标准无保留	带强调事项段的无保留	标准无保留
000002.SZ	万科A	中天勤	中天勤	毕马威华振	毕马威华振	标准无保留	标准无保留	标准无保留	标准无保留
600201.SH	金宇集团	中天勤	中天勤	大华会计师事务所	上海立信长江	标准无保留	标准无保留	标准无保留	标准无保留
000024.SZ	招商地产	中天勤	中天勤	沪江德勤	德勤华永	带强调事项段的无保留	标准无保留	标准无保留	标准无保留
000062.SZ	深圳华强	中天勤	中天勤	沪江德勤	深圳鹏城	标准无保留	标准无保留	带强调事项段的无保留	带强调事项段的无保留
000066.SZ	长城电脑	中天勤	中天勤	沪江德勤	德勤	标准无保留	标准无保留	标准无保留	标准无保留
600148.SH	长春一东	中天勤	中天勤	利安达信隆	利安达信隆	标准无保留	标准无保留	标准无保留	标准无保留
000022.SZ	深赤湾A	中天勤	中天勤	普华永道中天	普华永道中天	标准无保留	标准无保留	标准无保留	标准无保留
000026.SZ	飞亚达A	中天勤	中天勤	普华永道中天	普华永道中天	标准无保留	标准无保留	标准无保留	标准无保留

第六章 强制更换会计师事务所对审计质量的影响

续表

证券代码	证券简称	审计单位1999年	审计单位2000年	审计单位2001年	审计单位2002年	审计意见1999年	审计意见2000年	审计意见2001年度	审计意见2002年
000550.SZ	江铃汽车	中天勤	中天勤	普华永道中天	普华永道中天	保留意见	标准无保留	标准无保留	标准无保留
000534.SZ	万泽股份	中天勤	中天勤	上海立信长江	上海立信长江	标准无保留	标准无保留	标准无保留	标准无保留
600272.SH	开开实业	中天勤	中天勤	上海立信长江	上海立信长江	标准无保留	标准无保留	标准无保留	标准无保留
000557.SZ	*ST广夏	中天勤	中天勤	上海上会	中勤万信	标准无保留	标准无保留	保留意见	带强调事项段的无保留
000016.SZ	深康佳A	中天勤	中天勤	深圳大华天诚	深圳大华天诚	标准无保留	标准无保留	标准无保留	带强调事项段的无保留
000019.SZ	深深宝A	中天勤	中天勤	深圳大华天诚	深圳大华天诚	带强调事项段的无保留	标准无保留	标准无保留	标准无保留
000651.SZ	格力电器	中天勤	中天勤	深圳大华天诚	中审	标准无保留	标准无保留	标准无保留	标准无保留
000897.SZ	津滨发展	中天勤	中天勤	深圳大华天诚	天津五洲联合	标准无保留	标准无保留	标准无保留	标准无保留
000999.SZ	华润三九	中天勤	中天勤	深圳大华天诚	信永中和	标准无保留	标准无保留	保留意见	保留意见
600773.SH	西藏城投	中天勤	中天勤	深圳大华天诚	深圳大华天诚	标准无保留	标准无保留	标准无保留	标准无保留
600775.SH	南京熊猫	中天勤	中天勤	深圳大华天诚	信永中和	标准无保留	标准无保留	标准无保留	标准无保留
000025.SZ	特力A	中天勤	鹏城	南方民和	南方民和	保留意见	保留意见	标准无保留	标准无保留
000032.SZ	深桑达A	中天勤	中天勤	南方民和	南方民和	标准无保留	标准无保留	标准无保留	标准无保留
000042.SZ	深长城	中天勤	中天勤	南方民和	南方民和	带强调事项段的无保留	标准无保留	标准无保留	标准无保留
000088.SZ	盐田港	中天勤	中天勤	南方民和	南方民和	标准无保留	标准无保留	标准无保留	标准无保留
000006.SZ	深振业A	中天勤	中天勤	南方民和	武汉众环	标准无保留	标准无保留	标准无保留	带强调事项段的无保留
000021.SZ	长城开发	中天勤	中天勤	南方民和	南方民和	标准无保留	标准无保留	标准无保留	标准无保留
000023.SZ	深天地A	中天勤	中天勤	南方民和	信永中和	标准无保留	带强调事项段的无保留	带强调事项段的无保留	保留意见
000004.SZ	ST国农	中天勤	中天勤	深圳鹏城	深圳鹏城	标准无保留	标准无保留	标准无保留	标准无保留
000058.SZ	深赛格	中天勤	鹏城	深圳鹏城	中天华正	标准无保留	保留意见	带强调事项段的无保留	标准无保留
000035.SZ	*ST科健	中天勤	中天勤	深圳天健信德	深圳天健信德	标准无保留	标准无保留	带强调事项段的无保留	带强调事项段的无保留
000039.SZ	中集集团	中天勤	中天勤	深圳天健信德	深圳天健信德	标准无保留	标准无保留	带强调事项段的无保留	标准无保留
000415.SZ	*ST汇通	中天勤	中天勤	天职孜信	天职孜信	标准无保留	标准无保留	标准无保留	标准无保留

转型经济中的审计问题

续表

证券代码	证券简称	审计单位1999年	审计单位2000年	审计单位2001年	审计单位2002年	审计意见1999年	审计意见2000年	审计意见2001年度	审计意见2002年
000028.SZ	一致药业	中天勤	中天勤	信永中和	南方民和	标准无保留	保留意见	标准无保留	标准无保留
000069.SZ	华侨城A	中天勤	中天勤	信永中和	信永中和	标准无保留	标准无保留	标准无保留	标准无保留
000831.SZ	*ST关铝	中天勤	中天勤	信永中和	北京信永中和	标准无保留	标准无保留	标准无保留	标准无保留
600131.SH	*ST岷电	中天信①	中天信	信永中和	信永中和	标准无保留	标准无保留	标准无保留	标准无保留
000553.SZ	沙隆达A	中天信	中天信	天华	天华	标准无保留	标准无保留	标准无保留	标准无保留
600006.SH	东风汽车	中天信	中天信	天华	天华	标准无保留	标准无保留	标准无保留	标准无保留
000895.SZ	双汇发展	中天信	中天信	信永中和	信永中和	标准无保留	标准无保留	标准无保留	标准无保留
600056.SH	中国医药	中天信	中天信	信永中和	信永中和	标准无保留	标准无保留	标准无保留	标准无保留
600227.SH	赤天化	中天信	中天信	信永中和	信永中和	标准无保留	标准无保留	标准无保留	标准无保留
000065.SZ	北方国际	中天信	中天信	中瑞华恒信	中瑞华恒信	标准无保留	标准无保留	标准无保留	标准无保留
000613.SZ	ST东海A	中天勤	中天勤	海南从信	海南从信	无法表示意见	保留意见	带强调事项段的无保留	带强调事项段的无保留
600297.SH	美罗药业		中天信	北京天华	北京天华		标准无保留	标准无保留	标准无保留
600356.SH	恒丰纸业		中天勤	北京中天华正	北京中天华正		标准无保留	标准无保留	标准无保留
600257.SH	大湖股份		华鹏	华寅	华寅		标准无保留	标准无保留	标准无保留
600335.SH	*ST盛工		同人	华证	华证		标准无保留	带强调事项段的无保留	带强调事项段的无保留
600263.SH	路桥建设		中天勤	华证	华证		标准无保留	标准无保留	标准无保留
600383.SH	金地集团		中天勤	深圳大华天诚	深圳大华天诚		标准无保留	标准无保留	标准无保留
600338.SH	ST珠峰		同人	深圳鹏城	深圳鹏城		标准无保留	带强调事项段的无保留	无法表示意见
600318.SH	巢东股份		中天勤	北京天健	北京天健		标准无保留	标准无保留	带强调事项段的无保留
600337.SH	美克股份		同人	北京天健	北京天健		标准无保留	标准无保留	标准无保留
600259.SH	广晟有色		中天勤	五洲联合	五洲联合		标准无保留	标准无保留	标准无保留
600281.SH	太化股份		华伦	天一	天一		标准无保留	标准无保留	标准无保留
600242.SH	ST华龙		华鹏	武汉众环	武汉众环		标准无保留	标准无保留	标准无保留
600270.SH	外运发展		中天信	信永中和	信永中和		标准无保留	标准无保留	标准无保留
600358.SH	国旅联合		中天勤	信永中和	信永中和		标准无保留	标准无保留	标准无保留
600306.SH	商业城		华伦	岳华	岳华		标准无保留	标准无保留	标准无保留
600365.SH	*ST通葡		中天勤	中鸿信建元	中鸿信建元		标准无保留	标准无保留	标准无保留

注：①中天信会计师事务所前身是中信会计师事务所，经财政部"财政(2000)3号"文批准，与全国主要城市5家会计师事务所组建中联信会计师事务所。

第六章 强制更换会计师事务所对审计质量的影响

参考文献

1. 林舒、魏明海:"中国 A 股发行公司首次公开募股过程中的盈利管理",《中国会计与财务研究》2000 年第 2 期。

2. 阎达五、耿建新、刘文鹏:"我国上市公司配股融资行为的实证研究",《会计研究》2001 年第 9 期。

3. 余玉苗、李琳:"审计任期与审计质量之间关系的理论分析",《经济评论》2003 年第 5 期。

4. 张利民、管劲松:"我国 A 股市场的结构研究——来自 2002 年上市公司年度报告的数据",《审计研究》2004 年第 5 期。

5. American Institute of Certified Public Accountants(AICPA). The Commission on Auditors Responsibilities: Report, Conclusions and Recommendations. New York, NY: AICPA. 1978.

6. Bates, H. L., Ingram, R. W., Reckers, P. M. J. Auditor client affiliation: the impact on materiality. *Journal of Accountancy*, 1982(4): 60—63.

7. Becker, C. L., M. L. DeFond, J. Jiambalvo, and K. R. Subramanyam. The effect of audit quality on earnings management. *Contemporary Accounting Research*, 1998(15): 1—24.

8. Blouin, Grein and Rountree. The ultimate form of mandatory auditor rotation: the case of former Arthur Anderson clients. working paper. SSRN, 2005.

9. Church and Zhang. A model of mandatory auditor rotation. working paper. SSRN, 2006.

10. DeAngelo, L. E. Auditor Size and Audit Quality. *Journal of Accounting and Economics*, 1981(3), 183—199.

11. Dechow, P., I. Dichev. The quality of accruals and earnings: The role of accrual estimation errors. *The Accounting Review*, 2002(77): 35—59.

12. Dechow, P., R. Sloan, and A. Sweeney. Detecting earnings management. *The Accounting Review*, 1995.(70): 193—225.

13. DeFond, M., and J. Jiambalvo. Debt covenant violation and manipulation of accruals. *Journal of Accounting and Economics*, 1994(17): 145—176.

14. Dopuch, N., R. R. King and R. Schwartz. An experimental investigation of retention and rotation requirements. *Journal of Accounting Research*, 2001(39): 93—117.

15. Francis, J., J. Krishnan. Accounting accruals and auditor reporting conserva-

tism. *Contemporary Accounting Research*, 1999(16): 135—165.

16. Gietzmann, M. B., P. K. Sen. Improving auditor independence through selective mandatory rotation. *International Journal of Auditing*, 2002(6): 183—210.

17. Mautz, R. K., and H. A. Sharaf. 1961. *The Philosophy of Auditing*. Monograph No. 6. Sarasota, FL: American Accounting Association.

18. Nagy A. Mandatory auditor firm turnover, financial reporting quality, and client bargaining power, the case of Arthur Anderson. *Accounting Horizons*, 2005(19): 51—68.

思 考 题

1. 众多的研究都表明,在中国的审计市场中缺乏对高质量审计的需求。你认为,这是导致强制变更会计师事务所这项政策失效的主要原因吗？审计市场中哪些制度安排制约了我们对于高质量审计的需求？

2. DeAngelo(1981)认为,审计质量就是审计人员发现会计报表中的重大错报和报告这些错报的联合概率。根据该定义,你认为还可以从哪些方面来衡量审计质量？

3. 以中国审计市场为例,试分析强制轮换会计师事务所可能产生的成本和效益。

分 析 题

请根据以下资料回答问题。

资料一

王振林[①](2002)在研究了1993~1999年间我国上市公司变更会计师事务所的情况后发现,上市公司变更会计师事务所有如下几个特点：

(1) 原会计师事务所失去或暂停证券从业资格是上市公司变更会计师事务所的主要原因。这种类型的变更占总数的24%。

(2) 会计师事务所变更呈现本地化趋势,客户从便于业务指导、节省审计费用等角度出发,

---

① 王振林:"上市公司会计师事务所变更研究",《中国注册会计师说"不"——中国上市公司审计意见分析(1992—2000)》上册,中国财政经济出版社,2002年8月,第378~384页。

第六章 强制更换会计师事务所对审计质量的影响

更倾向于聘请本地的事务所,这种类型的变更占总数的26%。

(3)上市公司的会计师事务所变更呈现出很大的收买审计意见的行为。在总共154家变更会计师事务所的上市公司中,有39家在收到非标准审计意见的第二年变更了其会计师事务所;其中,有14家在变更事务所以后获得了标准审计意见,有4家获得了审计意见的改善。

(4)绝大部分的会计师事务所变更发生在小事务所之间,占总数的58%,而由小事务所变更为大事务所的仅有28家,占总数的18%。可见,会计师事务所的变更并未导致我国审计市场的集中。

资料二

上海证券交易所上市公司部李平[①](2008)在研究了2007年我国沪市上市公司会计师事务所变更以后,发现当年上市公司更换会计师事务所呈现出以下特点:

(1)"ST"或"*ST"公司变更会计师事务所的比例较高。在83家变更会计师事务所的公司中,"ST"或"*ST"公司18家,占全部"ST"或"*ST"公司总数的19%,而全部变更事务所公司占已披露年报公司的比例只有9.6%。

(2)得到非标意见的公司更愿意变更会计师事务所。在83家公司中,2007年度或2006年度涉及"非标"审计意见的公司20家,占24.1%,其中,连续两年均为相同"非标"意见的9家,2007年度"非标"程度更严重的4家,2007年度审计意见"更优"的7家。

(3)变更会计师事务所后"扭亏"的公司达14家,其中"ST"或"*ST"公司11家,这类公司因盈利而避免被暂停上市或终止上市,另3家公司则因盈利而避免被"*ST";

(4)变更后新聘用的事务所存在向规模大、分支机构多的全国性事务所集中的趋势。从本年度变更事务所情况看,地域性特点并不显著,以原会计师事务所在异地作为改聘考虑原因之一的只有一家公司。相反,一些区域性较强的会计师事务所被更换的较多,而新聘的事务所中,规模及知名度相对较大、分支机构较多的国内事务所较多。

问题:

1. 在中国证券市场的发展过程中,上市公司变更会计师事务所的原因呈现出哪些变化趋势?为什么会出现这些变化?

2. 上述两项研究表明,经过十几年的发展和建设,上市公司仍然通过变更会计师事务所成功购买了审计意见。而本章的研究也表明,强制变更会计师事务所并没有改善审计质量。应该如何看待这个问题?

---

① 李平:"2007年度沪市上市公司变更会计师事务所情况分析",《上海证券报》,2008年6月10日。

第七章
我国会计师事务所变更的因素分析

——一项基于安永大华合并前后客户构成变化的案例分析

摘要：本章对香港安永事务所与上海大华事务所合并前后客户构成的变化进行了多角度的分析。事务所出具不清洁审计意见、控股股东或高层管理人员变更、公司财务状况恶化、行业竞争、原签字注册会计师跳槽、异地审计都可能是导致大华事务所客户减少的原因。回归分析发现，净资产收益率对事务所变更有显著影响，这表明虽然从形式上看安永大华在合并后客户有所流失，但从其风险控制的角度看，属于客户结构的正常调整。

一、引言

会计师事务所和注册会计师在证券市场发展中扮演着重要的角色，人们期望审计能够提高会计信息的可信度和决策有用性，但事务所之间在规模、声誉、执业质量等方面客观上存在着差异，经由不同事务所审计的会计信息的可靠性与决策有用性也会有所不同。负责某一家公司审计的事务所发生变更不仅会影响审计业务的连续性，还会反映出公司、会计师事务所等方面对会计信息质量和事务所执业质量的不同立场与观点。当一家公司变更会计师事务所时，投资者会关注事务所变更的类型（是公司解聘事务所还是事务所主动退出某公司审计业务）、变更的方向（由规模大的事务所变更为规模小的事务所，或者相反），以及事务所变更对公司股价的影响等方面，并将这些信息作为判断事务所的独立性与执业质量、公司管理层的诚信及其所提供的会计信息可靠性的依据之一。因此，研究事务所变更具有重要的意义。

第七章　我国会计师事务所变更的因素分析

本章将探讨事务所变更的原因,并结合安永大华会计师事务所(以下简称"安永大华")合并前后上市公司客户构成变化的案例,分析事务所变更的具体因素。本章的结构如下:第一部分是引言,第二部分是关于事务所变更主要因素的相关文献回顾,第三部分是安永大华合并前后客户构成变化的案例分析,第四部分是结论与建议。

二、事务所变更因素的相关文献回顾

关于事务所变更的原因,理论界有很多不同的解释,主要包括:事务所出具了不清洁的审计意见、控股股东或高层管理人员变更、公司规模扩张、公司存在融资需求、公司财务状况恶化等方面。

(一)事务所出具了不清洁的审计意见

Chow 与 Rice(1982)对 1973 年至 1974 年的美国上市公司进行了分析,结果发现,与管理层变更、需要增资、发生兼并等因素相比,收到不清洁意见的公司更有可能变更事务所。出具不清洁意见是导致公司变更事务所的重要原因。

就我国上市公司而言,具有证券期货执业资格的不同事务所出具的标准无保留意见审计报告并没有本质的区别。但是,如果事务所对公司年报出具了非标准无保留意见的审计报告,那么该公司的利润分配、正常股票交易都可能会受到影响[①]。因此,收到不清洁审计意见的公司有可能变更事务所,寻找比较宽容的审计师。耿建新、杨鹤(2001)对 1995 年度至 1999 年度 A 股上市公司发生的事务所变更情况进行研究后发现,除 1995 年度外,其他 4 个年度被出具过非标准无保留意见的上市公司变更事务所的比率都明显地高于未被出具过非标准无保留意见的上市公司。

(二)控股股东或高层管理人员变更

公司控股股东变更之后,新任的控股股东往往会考虑将公司的审计机构更换为其信任的事务所。如果控股股东未发生变动,高层管理人员更换也可能会发生事务所变更,其理由是高层管理人员(主要是总经理)往往负责事务所的提名[②]。

Burton 与 Roberts(1967)采用问卷方式进行的研究发现,管理层变更是引起事务所变更的一个重要因素,但是,Chow 与 Rice(1982)的研究却发现管理层变更并不是引起事务所变更的重要因素。

[①] 详细规定参见中国证监会 2001 年 12 月公布的《公开发行证券的公司信息披露编报规则第 14 号——非标准无保留审计意见及其涉及事项的处理》。

[②] 随着审计委员会机制的普及,由公司高层管理人员选聘事务所的状况可能有所改变。

(三) 公司规模扩张

Johnson 与 Lys(1990)提出,如果被审计单位的经营规模扩大,具体表现为经营范围扩大、地域扩大和业务量增加,会计工作量和复杂程度就会相应提高,此时,客户需要寻找质量更高的事务所以适应规模扩张后的审计需求。

(四) 公司存在融资需求

Titman 与 Trueman(1986)指出,准备发行股票的公司,会改聘规模较大的事务所,以借助这类事务所的专业特长和声誉成功发行股票。Beatty(1989)对 1975 年至 1984 年期间美国实施 IPO 的 2 215 家公司进行分析后发现,实施 IPO 时改聘"国内知名的事务所"可以降低公司股价低估(Underpricing)的可能性。

(五) 公司财务状况恶化

Schwartz 与 Menon(1985)对 132 家破产公司的事务所变更进行分析后发现,与财务状况良好的对照组公司相比,濒临破产的公司更容易变更事务所。他们的解释是财务状况恶化的公司往往会想尽各种方法提高利润、推迟公布(或者隐瞒)负面信息,而审计师通常不会支持公司的这些举动,意见分歧会导致审计师出具不清洁的审计意见或者公司变更事务所。另一方面,事务所出于控制审计风险的考虑[①],往往会主动退出财务状况恶化的公司的审计业务。

(六) 市场竞争

在激烈的竞争环境下,其他事务所可以采用低价揽客(Low Balling)的方式吸引公司变更事务所。Simon 与 Francis(1988)对 1979 年至 1984 年期间变更事务所的 214 家公众公司以及未变更事务所的 226 家公众公司的审计收费水平进行比较后发现,变更事务所的上市公司的后任审计师在取得这些审计业务的第一个年度审计收费平均下降了约 24%。

(七) 原签字注册会计师跳槽而将业务带到新的事务所

在财政部和证监会于 2003 年 11 月发布《关于证券期货审计业务签字注册会计师定期轮换的规定》之前,监管机构并不要求事务所定期轮换签字注册会计师。考虑到审计业务的连续性,事务所内部往往会委派同一位(或两位)签字注册会计师长期为一家公司服务,这样的安排使签字注册会计师对公司各方面的情况比较熟悉,而另一方面,公司对签字注册会计师个人存在一定的依赖性。如果签字注册会计师个人跳槽,可能会引起客

---

① 事务所并不一定会会拒绝所有高风险的客户,它可以通过三种方式来控制风险或降低审计风险:提高审计收费、执行较谨慎的审计程序(包括派遣较有经验的审计人员实施审计、收集较多的样本、由经验较丰富的合伙人执行复核)、出具非标准无保留意见(主要是带强调事项段的无保留意见、保留意见或无法表示意见)。

户相应变更事务所。刘峰等(2002)关于中天勤客户流向的案例分析指出,中天勤在2001年被吊销执业资格之后,事务所的注册会计师纷纷加盟其他事务所。中天勤提供2000年年报审计服务的64家客户中,有21家公司选择2000年年报签字注册会计师所加盟的事务所为其提供2001年年报的审计服务。

(八)异地审计

余玉苗(2000)发现我国会计师事务所的审计业务存在明显的地域性,在1999年年报审计业务中,由本地事务所审计的上市公司比例平均达到79.4%;耿建新与杨鹤(2001)则认为地方主管部门、上市公司或会计师事务所都希望上市公司聘用当地的事务所进行审计,并且发现,与会计师事务所不在同一地域的上市公司比与会计师事务所在同一地域的上市公司更容易变更会计师事务所,而且,与会计师事务所不在同一地域的上市公司变更事务所后更倾向于聘用与公司在同一地域的事务所。

从事务所的角度来看,异地审计的风险表现在事务所对异地客户的了解程度往往比同城的客户要少,而且审计外勤时间有限,所取得的证据数量和质量可能存在缺陷。事务所可能会出于控制审计风险的原因,减少异地审计业务的数量或者出具非标准审计意见。中国证监会首席会计师办公室(2003)对2002年度上市公司审计的地域分布进行分析后发现,异地客户被出具非标准无保留意见审计报告的比重大于本地客户,并且认为出现这种情况的原因是异地审计的风险比较大。

综上所述,引起事务所变更的因素有很多,以往的研究文献从不同角度、利用不同的样本对事务所变更因素进行了分析,本章将通过安永大华事务所合并前后的客户构成变化来分析引起事务所变更的主要因素。

三、安永大华合并前后客户构成变化的案例分析

(一)安永大华的合并过程

2001年2月,香港安永会计师事务所宣布与内地著名会计师事务所——大华会计师事务所合并成立安永大华会计师事务所。安永香港会计师事务所是安永全球会计师事务所的一个成员所,而大华会计师事务所则是当时国内最大的会计师事务所之一,2000年度上市公司客户达到46家。

2002年1月28日,安永大华会计师事务所有限责任公司在上海市工商行政管理局注册登记。2003年初,合并后的安永大华会计师事务所开始以"安永大华会计师事务所有限责任公司"的名义签发其上市公司客户2002年度财务报表的审计报告。

1. 安永大华合并前后上市公司客户数量的变化

安永大华合并前后事务所的上市公司客户数量变化如表7.1所示。

表7.1　　　　　　安永大华合并前后事务所的上市公司客户数量变化

	1999年报	2000年报	2001年报	2002年报
客户家数（含IPO审计）	43	46	46	39
与上年相比客户增加（减少）数	—	3	0	(7)
新增客户家数	—	5	3	4
辞聘（或被解聘）的客户家数	—	2	3	11

2. 研究问题

由表7.1可见，在以安永大华会计师事务所有限责任公司（以下简称"大华事务所"）签发上市公司年报的第一个年度（2002年度），安永大华上市公司客户数量减少了11家。本章试图运用相关理论和数据分析2002年年报审计中出现的这种客户数量较大规模减少的原因。鉴于年报审计客户减少发生在2002年度，下文将以大华事务所2001年年报审计客户的数据为基准，分析2002年度发生事务所变更的公司与未发生事务所变更的公司的特征差异。

（二）大华事务所提供2001年年报审计业务的客户基本数据

1. 财务数据

大华事务所提供2001年年报审计业务的客户财务数据如表7.2所示。从表7.2可以看出，2002年度发生事务所变更的公司每股收益和资产规模都小于未发生事务所变更的公司平均水平。发生事务所变更的公司每股净资产存在较大幅度的差异，一家公司（600647）的每股净资产为负数，该公司的每股收益也为负数。与未发生变更的公司相比，发生变更的公司资产周转率和净资产收益率也较低。

表7.2　　　　　　大华事务所提供2001年年报审计业务的客户财务数据

	2002年年报审计未变更事务所的公司			2002年年报审计变更事务所的公司		
	最大值	最小值	均值	最大值	最小值	均值
2001年每股收益	0.781 1	0.012 3	0.291 6	0.639	−0.54	0.046
2001年年末调整后每股净资产	5.091 3	1.005	2.762 1	8.816	−0.488 2	3.058
2001年年末资产（单位：千元）	173 690 683	323 292	7 816 751	6 617 955	75 830	1 647 017
2001年资产周转率	154.45%	4.14%	53.24%	88.95%	17.48%	44.39%
2001年净资产收益率	25.87%	0.67%	10.67%	11.28%	−36%	−2.75%

第七章　我国会计师事务所变更的因素分析

2. 大华事务所提供2001年年报审计业务的客户所属行业和审计收费情况

大华事务所提供2001年年报审计业务的客户所属行业[①]和审计收费情况如表7.3所示。大华事务所2001年报审计客户行业比较分散，涉及9个行业，变更事务所的公司分属5个行业；从审计收费情况来看，发生事务所变更的客户主要是审计收费低于50万元的中小客户。

表7.3　　大华事务所提供2001年年报审计业务的客户所属行业和审计收费情况

	项　目	2002年年报审计未变更事务所的公司	2002年年报审计变更事务所的公司
行业	制造业	15	6
	金融保险业	1	0
	交通运输仓储业	3	1
	信息技术业	4	2
	房地产业	5	0
	批发和零售贸易	2	1
	综合类	3	1
	电力煤气水供应	2	0
	小　计	35	11
审计收费	20万元以下（含20万元）	3	1
	20万～50万元（含50万元）	17	8
	50万～100万元（含100万元）	10	2
	100万元以上	5	0
	小　计	35	11

3. 事务所接受委托的年限

事务所接受客户委托年限的时间主要涉及注册会计师对公司管理层诚信、管理能力以及内部控制等方面的了解程度。从理论上讲，如果事务所能够恪守独立性原则，那么，事务所任期越长，对公司的了解越多，出具不恰当审计意见的可能性越低。

大华事务所接受上市公司委托执行年报审计业务的时间如表7.4所示。

[①] 根据中国证监会2001年4月公布的《上市公司行业分类指引》。

表 7.4　　　　　　　大华事务所受托审计上市公司年报的年度

至 2001 年年报审计为止，大华事务所受托审计公司年报的年度	2002 年年报审计未变更事务所的公司	2002 年年报审计变更事务所的公司
2 年以下（含 2 年）	2	4
2～5 年（含 5 年）	14	4
5～10 年（含 10 年）	18	3
10 年以上	1	0
小　计	35	11

由表 7.4 可见，发生事务所变更的公司主要是事务所服务年限在 5 年以下的客户。

（三）安永大华事务所合并之后上市公司客户减少的原因分析

香港安永事务所与大华事务所的合并虽然引起了事务所从业人员规模的扩大以及内部管理机制的进一步完善，但却导致上市公司客户数量的大幅度减少。哪些因素会引起安永大华事务所合并后上市公司客户数量减少呢？以下将从多个角度分析客户数量减少的原因。

1. 上市公司公告解释的变更事务所原因

根据更换事务所的上市公司有关董事会决议公告和 2002 年年报中关于事务所变更的有关表述，这 11 家上市公司变更事务所的理由如表 7.5 所示。

表 7.5　　　　　　　上市公司公告解释的变更事务所原因

上市公司公告解释的原因	涉及上市公司家数
根据公司业务发展需要	5
根据公司实际情况	2
为降低审计费用	1
为进一步做好审计工作	1
根据董事会决议公告	1
公司诉讼涉及事务所，为保证独立性	1
小　计	11

第七章 我国会计师事务所变更的因素分析

由表7.5可见,对于变更事务所的原因,除了两家公司比较明确地说明出于降低审计费用或者保证审计独立性的考虑以外,其他公司的解释都比较笼统,没有具体说明究竟是事务所还是企业自身的原因导致事务所变更。因此,需要进一步通过数据分析寻找事务所变更的真实原因。

2. 事务所变更的原因分析

以下结合上述第二部分关于事务所变更的理论,分析大华事务所客户的具体情况,确定大华事务所客户2002年度发生事务所变更的原因。

(1)事务所出具了不清洁的审计意见。在2001年度上市公司年报审计业务中,大华事务所的46家客户有3家公司(000711、600647、600781)收到无保留意见加解释性说明段的审计报告,这3家公司在2002年度均更换了事务所。

(2)控股股东或高层管理人员变更。2001年度上市公司年报审计的46家客户有1家公司在2002年发生控股股东变更(000711),另有10家公司[①]发生了高层管理人员(总经理)的变动。有4家公司(000711、600647、600830、900953)在2002年度更换了事务所。其中,000711和600647这两家公司收到的均为无保留意见加解释性说明段的审计报告。

(3)公司规模扩张。与2001年年末各公司的资产相比,11家变更事务所的客户2002年年末的资产增减幅度介于-31.70%~+27.88%,其中资产增长幅度大于20%的有1家公司;未变更事务所的35家客户2002年年末资产增减幅度介于-89.76%~+61.44%,其中资产增长幅度超过20%的有10家。可见,规模扩张不是发生事务所变更的重要因素。

(4)公司存在融资需求。在大华事务所2001年度的46家客户中,有1家公司(600105)在2002年度实施了配股,有3家公司(600606、600641、600642)实施了增发,但是,这4家公司均未变更事务所。因此,可以排除融资需求这个因素。

(5)公司财务状况恶化。公司财务状况恶化的标志包括被ST、PT,以及发生巨额亏损、净资产出现负数等。2002年度未变更事务所的35家公司2001年每股收益均为正数,变更事务所的11家公司中有3家(600647、600781、900953)2001年每股收益为负数,其中,证券代码为600647的公司的净资产也为负数。由此可见,公司财务状况恶化可能是引起事务所变更的一个因素。

(6)行业竞争。将发生事务所变更的公司2001年年报审计收费与2002年年报审计收费进行比较后发现,发生事务所变更的11家公司2002年年报的审计收费出现显著下

---

① 具体信息见附表7.1。

降的有 2 家,其中,凯马 B(900953)2001 年年报境内外审计费用共计 255 万元(境内审计为大华,境外审计为安永),2002 年年报境内外审计收费共计 180 万元(境内审计为立信长江,境外审计为浩华)。凯马 B 的公告中也明确表示变更事务所的原因是为了降低审计费用;甬城隍庙(600830)2001 年年报的审计收费为 40 万元(大华),2002 年年报审计收费为 30 万元(江苏天衡)。行业竞争可能是引起事务所变更的原因。

(7)原签字注册会计师跳槽而将业务带到新的事务所。在大华事务所 2002 年度 11 家变更事务所的客户中,有 5 家公司(600073、600201、600289、600884、900953)的 2002 年年报改由立信长江会计师事务所审计,这 5 家公司中又有 2 家公司(600073、600884)2001 年年报和 2002 年年报的审计报告签字注册会计师为同一人,说明事务所变更极有可能是签字注册会计师跳槽带走客户所致。值得注意的是,这 5 家公司中有 3 家属于异地审计。

(8)异地审计。大华事务所 2001 年年报客户的地域分布[①]如表 7.6 所示。

表 7.6 　　　　　　　　　　2001 年年报客户地域分布

地域分布	2002 年年报审计 未变更事务所的公司数	2002 年年报审计 变更事务所的公司数
上海	25	6
浙江	3	2
江苏	4	0
海南	1	0
黑龙江	0	2
内蒙古	0	1
广西	1	0
江西	1	0
小　计	35	11

表 7.6 显示,2002 年年报审计未变更事务所的公司中有 10 家属于异地审计,2002 年年报审计变更事务所的公司中有 5 家属于异地审计。大华事务所原有的 31 家本地客

[①] 指公司总部所在地。

第七章 我国会计师事务所变更的因素分析

户中有6家在2002年发生了事务所变更,比例为19%;原有的15家异地客户中有5家在2002年发生了事务所变更,比例为33%。异地审计的客户变更事务所的比例相对较高。

(四)关于事务所变更的统计分析

下面采用Logistics回归模型,将安永大华事务所合并前后减少的客户(10家)[①]与其继续提供审计服务的客户(35家)进行比较,以确定引起事务所变更的主要因素。本章所使用的Logistics回归模型为:

$$SWITCH = \alpha + \beta_1 SIZE + \beta_2 TNU + \beta_3 LOC + \beta_4 ROE + \beta_5 MNG + \beta_6 PRI + \varepsilon$$

上述回归模型中的因变量为事务所变更(SWITCH),控制变量SIZE为客户的资产规模取对数[log(assets)],解释变量为截至2001年年报审计为止大华事务所为客户提供年报审计服务的年数(TNU)、是否异地审计(LOC)、2001年的净资产收益率(ROE)、2002年高层管理人员(MNG,主要指总经理)变更、2001年年报审计中大华事务所是否出具了非标准无保留意见(PRI)。回归结果如表7.7所示。

表7.7　　　　　　　　　　　　　Logistics回归结果

变　量	系　数	t值	P值
常数项	0.951	0.79	0.43
SIZE(规模)	−0.023	−0.417	0.679
TNU(任期)	−0.03	−1.35	0.185
LOC(是否异地审计)	0.135	1.095	0.28
ROE(净资产收益率)	−1.61	−2.78	0.008***
MNG(高管变更)	0.01	0.069	0.945
PRI(非标审计意见)	0.311	1.029	0.31

F值=3.89
R^2值=0.38
调整后的R^2值=0.28

注:***表示1%水平上显著。

[①] 由于600647的每股净资产为负数,每股收益也为负数,无法计算净资产收益率,所以在回归分析中剔除了该公司的相关数据。

根据表 7.7 的数据，2001 年的净资产收益率(ROE)与事务所变更显著相关,其他因素对事务所变更没有显著影响。尽管上市公司没有明确披露事务所变更是公司还是事务所方面的原因,但是,以往的研究(耿建新、杨鹤,2001)发现,出于购买会计政策、地方保护主义等方面的原因,经营业绩较差的 ST、PT 类公司比非 ST、PT 类公司更容易变更事务所。另一方面,会计师事务所为了控制审计风险,也会尽量避免介入经营业绩差的公司的审计业务。

四、结论与建议

(一)结论

本章对香港安永事务所与上海大华事务所合并前后客户构成的变化(详见附表 7.1)进行了多角度的分析。事务所出具不清洁审计意见、控股股东或高层管理人员变更、公司财务状况恶化、行业竞争、原签字注册会计师跳槽、异地审计等都可能是导致大华事务所客户减少的原因。

回归分析发现,2001 年净资产收益率对事务所变更有显著影响,这表明虽然从形式上看安永大华在合并后客户有所流失,但从其风险控制的角度看,属于客户结构的正常调整。可以佐证该结论的一个证据是 2002 年度安永大华新增的 4 家上市公司客户(600515、600521、600591、600677)净资产收益率均值为 19.50%;原有 35 家未变更事务所的上市公司客户 2002 年净资产收益率均值为 8.12%;变更事务所的 11 家上市公司客户 2002 年净资产收益率均值为 -0.42%。这表明安永大华比较青睐经营业绩优良(或审计风险相对较低)的上市公司。

(二)建议

事务所变更分为两种类型:(1)客户解聘事务所;(2)事务所出于审计业务风险等方面原因拒绝为客户提供审计服务。鉴于目前我国关于事务所变更的公开信息披露要求还比较笼统,我们建议证监会要求上市公司提供更详细的关于事务所变更的信息,包括明确说明事务所变更是属于公司解聘事务所还是事务所拒绝接受公司委托,公司与事务所是否存在审计范围、会计政策、财务报表披露等方面的分歧,事务所对公司内部控制提出的改进建议等,从而为社会公众提供更多有助于其评判公司会计数据可靠性的有用信息。

第七章 我国会计师事务所变更的因素分析

附表 7.1 安永大华合并前后的客户变化

序号	公司代码	公司简称	行业	2002年是否变更事务所	2001年资产总额（单位：千元）	至2001年末大华审计年限	是否异地审计	2001年每股收益（EPS）	2001年每股净资产	2002年高管变更	2001年非标准意见
1	000551	创元科技	综合类	否	1 041 323	9	是	0.22	2.03	否	否
2	000711	龙发股份	信息技术业	是	436 224	1	是	0.196 7	2.649	否	是
3	600000	浦发银行	金融保险	否	173 690 683	2	否	0.441	2.932	否	否
4	600009	上海机场	交通运输仓储	是	6 617 955	5	否	0.401	3.555	否	否
5	600018	上港集箱	交通运输仓储	否	7 719 236	4	否	0.781 1	5.091 3	否	否
6	600061	中纺投资	制造业	否	737 478	5	否	0.094	1.67	否	否
7	600071	凤凰光学	制造业	否	658 980	5	是	0.145 1	1.69	否	否
8	600072	江南重工	制造业	否	1 101 872	5	否	0.1	3.493	否	否
9	600073	上海梅林	制造业	是	1 279 094	5	否	0.11	2.44	否	否
10	600094 900940	华源股份 华源B股	制造业	否	3 823 941	6	否	0.16	2.91	是	否
11	600104	上海汽车	制造业	否	10 054 326	5	否	0.311	3.225	否	否
12	600105	永鼎光缆	信息技术业	否	1 319 482	8	是	0.306	2.75	否	否
13	600150	沪东重机	制造业	是	1 253 425	4	否	0.05	1.95	否	否
14	600171	上海贝岭	制造业	否	1 540 497	4	否	0.34	2.94	否	否
15	600177	雅戈尔	制造业	否	3 298 264	4	是	0.611 1	3.293 8	否	否
16	600196	复星实业	制造业	否	2 215 289	4	否	0.488	4.33	否	否
17	600201	金宇集团	制造业	是	761 726	1	否	0.13	4.725	否	否
18	600236	桂冠电力	水电煤气生产供应	否	3 089 804	5	是	0.372	3.7	否	否
19	600278	东方创业	批发零售贸易	否	2 081 022	4	否	0.3	2.97	否	否
20	600289	亿阳信通	信息技术业	是	1 365 211	2	是	0.639	8.816	否	否
21	600300	维维股份	制造业	否	1 725 860	4	是	0.34	3.86	否	否
22	600601	方正科技	信息技术业	否	2 390 968	8	否	0.27	1.574	否	否
23	600606	金丰投资	房地产业	否	1 450 903	10	否	0.459	1.774	否	否

转型经济中的审计问题

续表

序号	公司代码	公司简称	行业	2002年是否变更事务所	2001年资产总额（单位：千元）	至2001年末大华审计年限	是否异地审计	2001年每股收益（EPS）	2001年每股净资产	2002年高管变更	2001年非标准意见
24	600607	上实联合	制造业	否	2 418 280	4	否	0.329 1	4.502 2	否	否
25	600619	海立股份	制造业	否	3 270 031	1	否	0.322	2.59	否	否
26	600631	第一百货	批发零售贸易	否	3 901 919	10	否	0.119	2.81	否	否
27	600633	PT双鹿	制造业	否	379 197	3	否	0.116 8	1.201 1	否	否
28	600641	中远发展	房地产业	否	2 737 539	11	否	0.613	3.143	是	否
29	600642	申能股份	水电煤气生产供应	否	9 907 850	9	否	0.708	3.087	否	否
30	600647	ST粤海发	综合类	是	75 830	2	是	−0.402	−0.488 2	是	是
31	600648	外高桥	房地产业	否	2 890 549	10	否	0.012 3	1.824	是	否
32	600661	交大南洋	综合类	否	662 610	9	否	0.22	2.02	是	否
33	600663	陆家嘴	房地产业	否	7 528 302	10	否	0.063	2.37	否	否
34	600680	上海邮通	信息技术业	否	1 712 895	9	否	0.2	1.9	是	否
35	600724	宁波富达	制造业	否	971 019	7	是	0.2	1.46	否	否
36	600736	苏州高新	房地产业	否	2 270 241	6	是	0.185	3	否	否
37	600757	华源发展	制造业	否	3 304 279	6	否	0.12	2.57	是	否
38	600781	民丰实业	制造业	是	545 096	6	否	−0.396	1.1	否	是
39	600798	宁波海运	交通运输仓储	否	927 162	5	是	0.17	1.46	是	否
40	600830	甬城隍庙	批发零售贸易	是	821 856	9	是	0.11	2.733	是	否
41	600832	东方明珠	综合类	否	3 921 194	9	否	0.333	3.95	否	否
42	600835	上菱电器	制造业	否	7 434 956	9	否	0.458	5.05	是	否
43	600845	宝信软件	信息技术业	否	323 292	8	否	0.149	1.005	否	否
44	600884	杉杉股份	制造业	是	1 670 835	7	是	0.207	4.65	否	否
45	600896	中海海盛	交通运输仓储	否	1 085 055	6	是	0.15	2.5	否	否
46	900953	凯马B	制造业	是	3 289 932	4	否	−0.54	1.51	是	否

第七章 我国会计师事务所变更的因素分析

参考文献

1. 余玉苗:"我国上市公司注册会计师审计关系研究",《审计研究》2000 年第 5 期。

2. 耿建新、杨鹤:"我国上市公司变更会计师事务所情况的分析",《会计研究》2001 年第 4 期。

3. 刘峰、张立民、雷科罗:"我国审计市场制度安排与审计质量需求——中天勤客户流向的案例分析",《会计研究》2002 年第 12 期。

4. 李爽、吴溪:《审计师变更研究:中国证券市场的初步数据》,中国财政经济出版社 2002 年版。

5. 中国证监会首席会计师办公室:"谁审计中国证券市场——2002 年证券期货相关审计市场分析报告",《上海证券报》,2003 年 12 月 30 日,第 17 版。

6. Beatty, R. 1989, Auditor reputation and the pricing of initial public offering. *The Accounting Review*, (October), 693—709.

7. Burton, J. C., and W. Roberts, 1967, A Study of Auditor Changes, *Journal of Accountancy*, (April), 31—36.

8. Chow, C., and S. Rice, 1982, Qualified Audit Opinions and Auditor Switching, *The Accounting Review*, (April), 326—335.

9. Johnson, B. and T. Lys. 1990, The market for audit services: Evidence from voluntary auditor changes. *Journal of Accounting and Economics* (January), 281—308.

10. Krishnan, J and J. Krishnan, 1997, Litigation Risk and auditor resignations, *The Accounting Review*, (October), 539—560.

11. Schwartz, K. B. and K. Menon. 1985, Auditor Switches by failing firms. *The Accounting Review*, (April): 248—261.

12. Simon, D. and J. Francis, 1988, The effects of auditor change on audit fees: tests of price cutting and price recovery, *The Accounting Review*, (April), 255—269.

13. Stice, J. D. 1991, Using financial and market information to identify pre-engagement factors associated with lawsuits against auditors. *The Accounting Review*, (July), 516—533.

14. Titman, S. and B. Trueman. 1986, Information quality and the valuation of new issues, *Journal of Accounting and Economics*, 159—172.

思考题

1. 哪些因素可能导致被审计单位选择变更会计师事务所?不同类型的企业(例如,上市公司与非上市公司、国有企业与非国有企业)在作出这一决策时是否受到不同因素的影响?

2. 哪些因素可能导致会计师事务所拒绝接受被审计单位的委托?

3. 国际四大事务所与国内事务所在客户遴选、风险控制方面有区别吗?如果有,表现在哪些方面?

分析题

资料一

航天通信(证券代码:600677)2002年年报"九、重要事项"

(六)解聘会计师事务所情况

经公司第三届第二十一次董事会审计和公司2002年临时股东大会批准,鉴于本公司国际化发展的目标,和本公司产业结构调整逐步介入移动通信服务产业的现状,以及本公司所涉及通信领域投资分布全国的特点,为更好利用国际会计师事务所在产业特殊性、分设网点广泛和与国际接轨的优势,经与浙江天健会计师事务所友好协商,决定变更会计师事务所:不再聘任浙江天健会计师事务所为公司审计机构,改聘安永大华会计师事务所有限责任公司担任本公司2002年度财务报告的审计工作。

资料二

中国铁建(证券代码:601186)2011年3月31日发布的临时公告

根据香港联合交易所有限公司于2010年12月刊发的《有关接受在香港上市的内地注册成立公司采用内地的会计及审计准则以及聘用内地会计师事务所的咨询总结》及相关的上市规则修改,以及中华人民共和国财政部(以下简称"财政部")、中国证券监督管理委员会(以下简称"证监会")公布的《会计师事务所从事H股企业审计业务试点工作方案》等文件,自2010年12月15日起,于内地注册成立并在联交所上市的公司获准采用内地会计准则编制其财务报表,及经财政部及证监会认可的内地会计师事务所获准采用内地审计准则向该等公司提供相关服务。

安永华明会计师事务所为一家财政部及证监会认可的内地会计师事务所。有鉴于此,本公司董事会同意聘请安永华明会计师事务所为本公司2011年度外部审计机构,并不再续聘安永会计师事务所为本公司的2011年度外部审计机构,并将上述会计师事务所变更的有关事项

第七章 我国会计师事务所变更的因素分析

提交本公司 2010 年年度股东大会审议。

资料三

冠福家用（证券代码：002102）2010 年年报"第九节 重要事项"

十一、聘任、解聘会计师事务所情况

报告期内，公司收到原聘任审计机构福建华兴会计师事务所有限公司（以下简称"华兴所"）主动辞聘的通知。华兴所认为因公司业务成长速度较快，并表公司较多，加上 2010 年"一伍一拾"连锁店项目的店铺数大量增加，使华兴所在审计工作的时间和人员安排上存在较大困难，很难保证及时完成对公司 2010 年年报的审计工作，为了不对公司 2010 年年报的及时披露造成影响，华兴所决定不再承接公司 2010 年年报的审计工作。

要求：

查阅上述公司的年报，分析事务所变更与公司发展战略、监管政策变化、业绩、审计收费、事务所声誉等因素之间的关系。

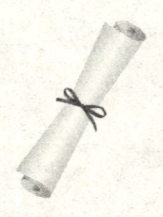

第八章
会计师事务所合并的经济后果研究

——以立信系会计师事务所为例

摘要:本章通过对立信系会计师事务所合并对审计市场和事务所自身的影响进行分析后发现,立信系事务所的合并会增强相关事务所在审计市场的竞争力,提高这些事务所的市场占有率。另外,实现规模扩张后的事务所可以更加独立地发表审计意见,审计质量有所提高。但是,由于上市公司相关信息披露不完整导致事务所合并对审计收费的影响,无法得出确定的结论。

一、引言

在我国,会计师事务所的数量众多[1],但是,国际四大会计师事务所[2]仍然在审计市场[3]占据较大的市场份额。国内的会计师事务所为了能够与国际四大会计师事务所相抗衡,纷纷走上合并之路。我国会计师事务所合并概况参见本章末附表8.1。

合并是事务所实现规模扩张的重要途径,国际四大会计师事务所也是历经多次合并重组后形成的。在我国,会计师事务所的合并浪潮多次出现,其主导因素之一是政府的相关规章制度的引导[4],另外,会计师事务所也有通过合并扩大市场、改进风险管理、实现国

---

[1] 根据中国注册会计师协会的统计,2005年年末、2006年年末、2007年年末我国会计师事务所的数量分别为5 370家、6 458家、6 509家。

[2] 在我国的审计市场,与国际四大会计师事务所有紧密关联的5家事务所是:普华永道中天、安永华明、德勤华永、毕马威华振和安永大华。本章在分析与国际四大会计师事务所相关的指标时,将包括安永大华在内。

[3] 根据GAO(2003)的定义,审计市场是指在特定地区特定时间供需双方有组织地提供(或接受)鉴证业务的市场。

[4] 例如:中注协2000年3月发布的《会计师事务所扩大规模若干问题的指导意见》,2007年5月发布的《推动会计师事务所做大做强的若干意见》等规定。另外,财政部、证监会等监管机构对于为上市公司、国有企业等提供鉴证业务的事务所都有量化的规模指标予以限定,事务所为了承揽这些业务可能通过合并方式满足其规模要求。部分规定的内容参见附表8.1。

第八章 会计师事务所合并的经济后果研究

际化等多方面的考虑。事务所合并按照主体的不同可以分为国内所之间的合并、国际所与国内所的合并。前者的案例很多,如:1998年,北京会计师事务所与京都会计师事务所合并为北京京都会计师事务所;2000年,立信会计师事务所与长江会计师事务所合并为上海立信长江会计师事务所;2008年,中瑞华恒信会计师事务所、岳华会计师事务所合并为中瑞岳华会计师事务所等;后者的案例相对较少,如:2001年,香港安永与上海大华会计师事务所合并为安永大华会计师事务所;2005年,德勤华永与北京天健、深圳天健信德合并为新的德勤华永。

事务所合并对我国审计市场整体会有怎样的影响?对实施合并的事务所自身又会有怎样的影响?本章以立信系会计师事务所合并为例,通过相关的描述性数据分析,阐述事务所合并的经济后果。本章分为五个部分:第一部分是引言;第二部分是相关文献回顾;第三部分是立信系会计师事务所合并概况;第四部分是立信系会计师事务所合并的经济后果分析;第五部分是结论与局限性。

二、事务所合并的相关文献回顾

(一)事务所合并对审计市场的影响

衡量审计市场竞争程度的指标主要有两个:市场集中度(Concentration Ratio,CR)和市场离散度(Hirschman-Herfindahl Index,HHI 或 HI)。市场集中度[①]衡量的是大事务所在审计市场中的市场占有率,市场离散度[②]衡量的是大事务所之间在审计市场的竞争程度。

Minyard 与 Tabor(1991)运用 HHI 指标分析了 1989 年八大事务所中的 Ernst & Whinney 与 Arthur Young 合并以及 Deloitte Haskins & Sells 与 Touch & Ross 合并的相关数据后发现,这些合并可能加剧大事务所之间的竞争,因为合并后的六大事务所势均力敌。

Wootton,Tonge 与 Wolk(1994)分析 1989 年的两次大事务所合并[③]后发现,事务所合并会引起大事务所市场占有率(CR)的提高,大事务所的市场离散度指标(HI)趋近于 $(1/n)$,即合并之后大事务所之间的审计市场份额较为均衡。

---

① 市场集中度是指若干家事务所的市场占有率之和。例如,可以计算 CR_6、CR_{10}。市场占有率的计算可以用客户数量、营业收入的平方根、客户资产等指标进行计算。

② 市场离散度是指各会计师事务所市场占有率的平方和。市场离散度反映的是大事务所之间的市场份额分配情况,该指标也可以反映出不考虑大事务所的情况下审计市场的构成。根据 GAO(2003)的研究,市场离散度低于1 000表明市场竞争激烈,市场离散度高于1 800则表明市场份额高度集中于少数几家事务所。

③ 即 Ernst & Whinney 与 Arthur Young 合并以及 Deloitte Haskins & Sells 与 Touch & Ross 合并。

GAO(2003)对美国审计市场的事务所合并或解体①进行了研究,发现大的事务所合并或解体后留存的大事务所的市场占有率提高。

(二)合并对事务所自身的影响

合并会引起事务所规模的扩张,这种扩张不仅指的是从业人员数量的增加或者营业收入的增加,也包括可以提供服务的客户地域范围扩大以及具备行业专长的业务领域增加②。

1. 审计质量与独立性

DeAngelo(1981b)将审计质量定义为审计师发现被审计单位财务报表存在错报并在审计报告中恰当披露这些错报的联合概率。审计独立性则是指审计师在审计报告中恰当列报已经发现的错报的概率③。即审计质量受到独立性和专业胜任能力的影响。吴溪(2001)和刘明辉等(2003)分别把注册会计师出具非标准审计意见的数量作为衡量审计独立性和审计质量的替代指标。关于审计质量与独立性的研究文献通常并不将审计质量、独立性与事务所合并相联系。GAO(2003)也没有发现确切的证据表明大的事务所合并或解体后留存的事务所审计质量或独立性会发生变化。但是,从理论上分析,通常人们认为事务所规模会影响审计独立性,因为与规模较小的事务所相比,大事务所对某一客户的经济依赖性较低,更有可能发表公允的审计意见④。由于合并会引起事务所规模的扩张,所以可能会对事务所独立性和审计质量⑤产生间接的影响。

2. 审计收费

事务所合并对审计收费的影响主要涉及两个理论:反竞争理论(Anticompetitive Theories)和效率理论(Efficiency Theories)。反竞争理论认为合并会降低市场的竞争程度,留存的市场参与者会联手抬高产品价格。效率理论则认为合并会降低产品成本并相

---

① 1987年Peat Marwick与KMG合并形成KPMG Peat Marwick,当时审计市场共有8家规模较大的事务所(Big 8);1989年,八大(Big 8)中的Ernst & Whinney与Arthur Young合并形成Ernst & Young(安永),Deloitte Haskins & Sells与Touch & Ross合并形成Deloitte & Touche(德勤),审计市场出现了6家规模较大的事务所(Big 6);1998年六大(Big 6)中的Coopers & Lybrand与Price Waterhouse合并形成PricewaterhouseCoopers(普华永道),审计市场中的大事务所只有5家,即五大(Big5);2002年五大(Big 5)中的安达信清算后,审计市场只剩下四大(Big 4)。

② 例如,Pricewaterhouse在南美有较广泛的客户群,而Coopers & Lybrand在欧洲有较多的客户。另外,Pricewaterhouse在能源天然气行业占有较大的市场份额,Coppers & Lybrand则在电信行业具有较强的竞争优势。二者在1998年的合并可以实现市场的互补。又如,Deloitte Haskins & Sells擅长的是审计与税务咨询业务,Touch & Ross的强项是管理咨询业务。二者在1989年的合并可以实现业务的互补。Minyard & Tabor(1991)也认为1989年的事务所合并动机之一是扩展事务所的业务范围。

③ 审计独立性可以用注册会计师出具非标准审计意见的数量来衡量。

④ DeAngelo(1981b)认为与规模较小的事务所相比,某一客户的审计收费占大事务所收入总额的比重通常较低,相应地,大事务所的独立性更强,审计质量相对较高。

⑤ 审计质量可以用财务报表重述数量、持续经营意见、盈余管理或盈余操纵、出具非标准审计意见的数量等指标来衡量。

第八章 会计师事务所合并的经济后果研究

应地降低产品价格。已有的研究无法确定事务所合并是否会导致审计收费的变化。Ivancevich 与 Zardkoohi(2000)以及 Menon 与 Williams(2001)通过对 1989 年至 1996 年部分公司的审计收费进行分析后发现，发生合并的大事务所的审计收费出现了下降，他们认为事务所合并会提高审计市场的效率并且以降低收费的形式体现出来。GAO(2003)发现在大的事务所合并或解体后留存的大事务所的审计收费开始上涨。而 Iyer(1996)通过对英国境内的八大事务所客户审计收费的分析，发现事务所合并并未引起审计收费的显著提高。

总体而言，关于事务所合并的研究文献主要关注的是大事务所之间的合并对审计市场或事务所自身的影响。本章的研究也是以国内规模较大的事务所即立信会计师事务所的合并为例来分析事务所合并的经济后果。

三、立信系会计师事务所合并概况

1927 年 1 月，潘序伦在上海创办了潘序伦会计师事务所，第二年更名为"立信会计师事务所"。在新中国成立之前，该事务所是中国会计界中影响最深、规模最大的会计师事务所。

新中国成立以后，随着国家推行计划经济，注册会计师业务趋于停顿，立信会计师事务所的业务逐渐萎缩，最终停业。之后，立信会计师事务所于 1986 年复办，并于 2000 年 6 月与上海长江会计师事务所合并为上海立信长江会计师事务所有限公司。在 2003 年至 2006 年中国注册会计师协会公布的会计师事务所全国百家排行榜中，上海立信长江会计师事务所的营业收入均排名第 5 位[①]。

2006 年 10 月 10 日，上海立信长江会计师事务所、北京中天华正会计师事务所、广东羊城会计师事务所共同出资组建立信会计师事务所管理有限公司，该公司下设公共关系与战略发展委员会、分支机构管理委员会、审计风险管理与标准委员会和综合管理委员会。对立信旗下的会计师事务所进行统一管理标准、统一经营管理，为旗下成员所提供协调性服务。相应地，上海立信长江会计师事务所更名为"立信会计师事务所"，北京中天华正会计师事务所更名为"北京立信会计师事务所"，广东羊城会计师事务所更名为"广东立信羊城会计师事务所"。

2007 年 5 月 23 日，福建闽都会计师事务所、南京永华会计师事务所加盟立信会计师

---

① 排名第 1 位至第 4 位的均为国际四大会计师事务所在我国的合作所。

事务所管理有限公司。福建闽都会计师事务所更名为"福建立信闽都会计师事务所",南京永华会计师事务所更名为"江苏立信永华会计师事务所"。

2008年2月,北京立信会计师事务所和北京天华中兴会计师事务所合并为立信会计师事务所北京分所。

图8.1简要说明了立信系会计师事务所的发展历程。

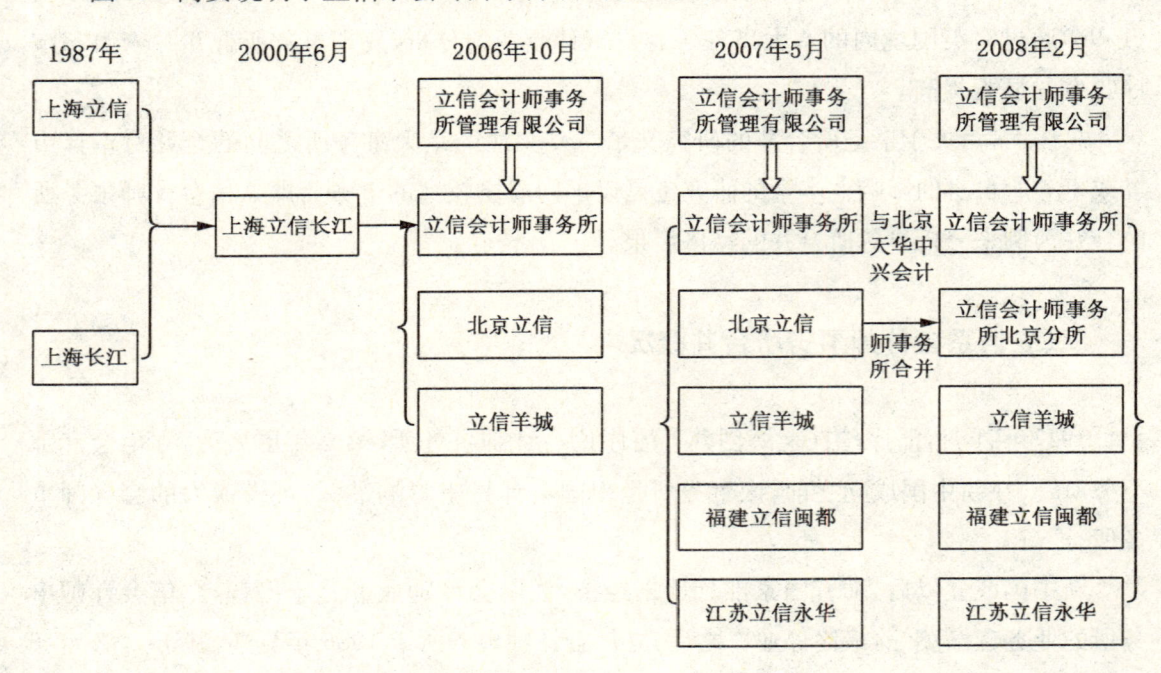

图8.1 立信系会计师事务所的发展历程

四、立信系会计师事务所合并的经济后果

(一)事务所合并对审计市场的影响

表8.1列示了国内规模较大的6家事务所的相关数据。在这些数据的基础上,可以计算出2005年度至2007年度的市场集中度(CR)(见表8.2、表8.3)。采用这类数据进行分析的明显缺陷是这些数据包括了事务所提供的所有业务类型,如会计服务、税务咨询、管理咨询等,因而很难从中分解出比较可靠的审计收费数据。但是,这些数据可以总体反映大事务所在我国审计市场的竞争力。

第八章 会计师事务所合并的经济后果研究

表 8.1　　　　　　　　　　国内 6 大会计师事务所的基本信息*

事务所	2005 年度 业务收入（万元）	2005 年度 注册会计师人数	2005 年度 从业人员数	2006 年度 业务收入（万元）	2006 年度 注册会计师人数	2006 年度 从业人员数	2007 年度 业务收入（万元）	2007 年度 注册会计师人数	2007 年度 从业人员数
普华永道中天	180 295	461	数据未披露	203 762	499	3 516	262 570	460	3 971
德勤华永	90 875	415	同上	138 564	482	3 322	212 427	549	4 191
毕马威华振	91 477	234	同上	123 747	308	3 192	194 496	351	4 367
安永华明	97 165	240	同上	159 833	382	4 231	231 580	564	5 490
安永大华	11 152	94	同上	9 508	80	148	11 977	83	106
立信系会计师事务所**	18 323	308	同上	34 998	673	1 462	44 698	543	1 516
岳华***	16 404	479	同上	21 049	440	1 115	50 467	1 000	2 280
全行业	1 822 802	69 467	同上	2 211 423	67 095	数据未披露	2 744 612	71 477	数据未披露

注：* 数据来源：www.cicpa.org.cn。

** 表中的立信系会计师事务所在 2005 年度是指上海立信长江会计师事务所；2006 年度是指上海立信、北京中天华正和广州羊城；2007 年度是指上海立信和立信羊城。江苏立信永华和福建立信闽都的数据无法获得，所以 2007 年立信系会计师事务所的数据存在一定的误差。

*** 2007 年岳华会计师事务所和中瑞华恒信会计师事务所合并，于 2007 年 12 月 12 日办理工商变更登记手续，更名为中瑞岳华会计师事务所有限公司。

表 8.2　　　　　2005 年度至 2007 年度我国会计师事务所的市场集中度

市场集中度指标 \ 年度	2005 年度	2006 年度	2007 年度
CR_4 *	25.83%	28.73%	33.27%
CR_5	26.84%	30.32%	35.11%
CR_6	27.74%	31.27%	36.73%

注：* 通常情况下，CR_4 代表规模最大的 4 家事务所累计的市场占有率，CR_5 代表规模最大的 5 家事务所累计的市场占有率。为了便于比较，表中的 CR_4 代表四大事务所的累计市场占有率，CR_5 代表四大事务所加上立信系的累计市场占有率。

表 8.3　　　　　2005 年度至 2007 年度我国上市公司审计的市场集中度

项目	以上市公司客户数量为基数 2005 年	以上市公司客户数量为基数 2006 年	以上市公司客户数量为基数 2007 年	以上市公司客户营业收入的平方根为基数 2005 年	以上市公司客户营业收入的平方根为基数 2006 年	以上市公司客户营业收入的平方根为基数 2007 年	以上市公司客户资产为基数 2005 年	以上市公司客户资产为基数 2006 年	以上市公司客户资产为基数 2007 年
CR_4	7.21%	6.28%	7.33%	16.68%	18.65%	22.84%	69.63%	78.86%	84.36%
CR_5	13.33%	15.26%	17.91%	22.65%	27.84%	32.99%	71.33%	80.77%	86.6%
立信系 CR*	6.12%	8.98%	10.58%	5.97%	9.18%	10.15%	1.7%	1.91%	2.24%

注：* 立信系 CR＝CR_5－CR_4。

(二)合并对事务所自身的影响

由表 8.4、表 8.5 的数据可以看出,上海立信、北京中天华正、广州羊城、福建闽都和南京永华在执业地域范围、客户行业类型等方面存在一定的互补性,它们的合并有助于提高事务所整体的专业胜任能力和业务拓展能力。在此基础上,我们也需要关注事务所合并对其审计质量与独立性、审计收费可能产生的影响。

表 8.4 立信系会计师事务所 *

	2005 年度				2006 年度					2007 年度				
事务所名称	业务收入(万元)	注册会计师人数	从业人员数	上市公司客户数	事务所名称	业务收入(万元)	注册会计师人数	从业人员数	上市公司客户数	事务所名称	业务收入(万元)	注册会计师人数	从业人员数	上市公司客户数
上海立信长江会计师事务所	18 323.79	308	—	80	立信会计师事务所	21 983	361	847	87	立信会计师事务所	37 139.5	417	1 149	102
北京中天华正会计师事务所	6 226.34	192	—	26	北京立信会计师事务所	7 242	204	350	23	北京立信会计师事务所 **	—	—	—	23
广东羊城会计师事务所	5 606.26	98	—	17	立信羊城会计师事务所	5 773	108	265	16	立信羊城会计师事务所	7 558	126	326	17
南京永华会计师事务所	2 333	62	—	15	南京永华会计师事务所				13	江苏立信永华会计师事务所				15
福建闽都会计师事务所				6	福建闽都会计师事务所				7	福建立信闽都会计师事务所				5
小 计				144	小 计				146	小 计				162

注:* 数据来源:www.cicpa.org.cn,wind 数据库。

** 2008 年 2 月,北京立信会计师事务所和北京天华中兴会计师事务所合并为立信会计师事务所北京分所。

表 8.5 立信系会计师事务所上市公司客户分析

		上海立信			北京立信			广州立信			南京立信			福建立信		
		最大值	均值	最小值	最大值	均值	最小值	最大值	均值	最小值	最大值	均值	最小值	最大值	均值	最小值
2005 年度上市公司客户	净资产收益率(%)	31.03	3.53	−98.72	50.09	−5.74	−262.45	33.76	7.27	−18.3	23.26	−0.592	−49.31	20.34	−30.61	−111
	每股净资产	5.6	2.47	−2.22	5.8	2.53	−7.09	3.74	2.59	1.27	4.89	3.26	1.18	2.51	1.54	0.26
	总资产(万元)	1 174 455	247 527	6 356	1 833 571	396 336	10 867	1 147 628	286 452	29 685	470 575	247 951	45 181	297 747	123 331	48 780
	主营业务收入(万元)	1 947 418	195 221	1 258	2 375 077	351 753	4 951	95 007	41 506	12 746	859 453	205 865	22 655	315 971	111 745	15 219
	行业分布	A* 1B1C41E1F3G5H8I3J5K1M12			A1B4C13D1E1G3H1I1K1			C7D3F2G1J2K1L1			C7E1G2H3J2K1			A1C3M2		
	审计意见类型	标准 75 带强调无保留 4 保留 3			标准 21 带强调无保留 2 保留 3 无法表示 1			标准 17			标准 13 带强调无保留 2 保留 1			标准 5 保留 1		
	客户地域分布情况	广东 2 北京 1 内蒙 1 新疆 1 浙江 8 江苏 7 安徽 2 山东 1 湖北 1 江西 1 上海 55			广东 4 山西 8 北京 2 内蒙 8 辽宁吉林 2 新疆 1 浙江 1 安徽 1			广东 16 青海 1			江苏 15 上海 1			山西 1 上海 1 福建 4		

注:* 行业分布依据证监会的分类标准。

第八章　会计师事务所合并的经济后果研究

1. 审计质量与独立性

由表8.6可以看出，立信系事务所合并之后，事务所出具非标准审计意见的比例有所提高，这在一定程度上表明事务所的审计质量与独立性有所增强。

表8.6　　　　　　　　事务所合并对审计质量与独立性的影响

年度\项目	非标准审计意见的数量	上市公司客户数量	非标准审计意见比例
2005	7	80	8.75%
2006	12	126	9.52%
2007	20	162	12.35%

2. 审计收费

由于我国上市公司对审计收费的信息披露尚不规范，有的上市公司未披露审计收费信息，有的上市公司披露的是被审计年度实际支付的上年度报表审计费用，有的上市公司披露的则是被审计年度应付未付的审计费用，也有的上市公司披露的审计费用包括了验资、专项审计等年度财务报表审计以外的其他审计业务，导致数据的可取得性和可比性存在一定问题。表8.7的比较仅仅涉及上市公司已经披露的、具有可比性的2005年度和2006年度的审计费用。

表8.7　　　　　　　　事务所合并前后审计收费的简单比较

年度\项目	涉及上市公司家数	比2005年审计费用高的上市公司家数	与2005年审计费用持平的上市公司家数	比2005年审计费用低的上市公司家数
2006	48	20	23	5

由表8.7可以看出，立信系会计师事务所合并前后审计费用的变动趋势并不明显，事务所合并对审计收费的影响不大。

五、结论与局限性

本章通过对立信系会计师事务所合并对审计市场和事务所自身的影响进行分析后发现，立信系事务所的合并会增强相关事务所在审计市场的竞争力，提高这些事务所的市场占有率。另一方面，实现规模扩张后的事务所可以更加独立地发表审计意见，审计质量有所提高。但是，由于上市公司相关信息披露不完整，导致事务所合并对审计收费的影响无法得出确定的结论。

本章的局限性在于仅仅对上市公司审计市场进行了分析，而没有考虑其他未上市企业的审计市场，这在一定程度上影响了本章研究结论的说服力。

转型经济中的审计问题

附表 8.1   我国会计师事务所合并概况

时间	主要特点	相关文件	合并案例
1998～1999年	事务所脱钩改制之后的规模扩张及取得证券许可证进行合并	1997年12月,财政部与证监会联合发布《关于注册会计师执行证券、期货相关业务实行许可证管理的暂行规定》[1]（财会协字〔1997〕52号） 1998年10月,财政部《国有企业年度会计报表注册会计师审计暂行办法》[2]	1998年,北京会计师事务所与京都会计师事务所合并成立北京京都会计师事务所;1999年,北京中瑞和华夏会计师事务所合并设立中瑞华会计师事务所
2000～2006年	具有证券从业资格的会计师事务所为适应新的监管规定实施合并、国际四大会计师事务所在国内的规模扩张以及国内所的国际化需求推动二者合并	2000年,财政部发布了《会计师事务所扩大规模若干问题的指导意见》、《会计师事务所合并审批管理暂行办法》等文件 2000年,财政部与证监会联合发布《注册会计师执行证券、期货相关业务许可证管理规定》[3]（财协字〔2000〕56号） 2000年6月,中注协发布《关于会计师事务所和注册会计师换发证券期货相关业务许可证的通知》 2000年8月,财政部与中国人民银行联合发布《会计师事务所从事金融相关业务审计业务暂行办法》[4]	2000年,深圳中天和天勤会计师事务所合并成立中天勤会计师事务所;2001年,香港安永与上海大华合并为安永大华会计师事务所;2005年,德勤华永与北京天健、深圳天健信德合并为新的德勤华永;2006年,上海立信长江、中天华正和广州羊城会计师事务所联合组建上海立信长江会计管理有限公司
2007年以后	中注协、财政部等推动事务所做大做强的相关政策及市场竞争的压力	2007年4月,财政部与证监会发布《关于会计师事务所从事证券期货相关业务有关问题的通知》[5]〔财会（2007）6号〕 2007年5月,《中国注册会计师协会关于推动会计师事务所做大做强的意见》 2009年10月,国务院办公厅转发财政部《关于加快发展我国注册会计师行业的若干意见》（国办发〔2009〕56号） 2009年11月,财政部、证监会发布《会计师事务所从事H股企业审计业务试点工作方案》[6]（财会便〔2009〕79号） 2010年1月,财政部发布《会计师事务所分所管理暂行办法》（财政部令第24号）;4月,中注协发布《会计师事务所合并程序指引》	2008年1月,中瑞华恒信与岳华会计师事务所合并为中瑞岳华会计师事务所;2008年11月,天健光华与重庆天健合并为天健光华会计师事务所;2008年12月,北京京都与北京天华合并为京都天华会计师事务所;2009年1月,浙江天健与浙江东方会计师事务所合并为浙江天健东方会计师事务所

注:[1]事务所申请证券、期货相关业务许可证,应当符合下列条件:（一）已经与挂靠单位脱钩;（二）依法成立3年以上,内部质量控制健全,并在以往3年内没有违反法律、法规和执业准则、规则的行为;（三）具有8名以上取得证券、期货相关业务资格考试合格证书或者已经取得许可证的注册会计师(不含分支机构注册会计师);（四）专职从业人员不少于40人(不含分支机构人员),其中60岁以内人员不少于30人;（五）注册资本、风险基金及事业发展基金总额在300万元以上。

[2]会计师事务所和注册会计师承办企业主管财政机关确定的企业年度会计报表审计业务,应当符合下列条件:（一）承办企业年度会计报表审计业务的会计师事务所,应当依法设立并执业2年以上,且具备健全的内部管理制度。（二）承办大型企业年度会计报表审计业务的会计师事务所,其注册会计师应当在20名以上,专业助理人员在40名以上,在最近3年按规定提取职业风险基金和事业发展基金,并且在近3年内没有违法执业行为。（三）承办企业年度会计报表审计业务的注册会计师,应是按国家法律、法规规定取得执业资格,依法年检合格,专业素质高,职业道德好并且在近3年内没有违法执业行为的专业人员。

[3]会计师事务所申请证券许可证,应当符合下列条件:（一）依法成立3年以上,内部质量控制制度和其他管理制度健全并有效执行,执业质量和职业道德良好,在以往3年执业活动中没有违法违规行为;（二）具有

第八章 会计师事务所合并的经济后果研究

20名以上取得证券期货相关业务许可证的注册会计师;(三)60周岁以内注册会计师不少于40人;(四)上年度业务收入不低于800万元;(五)有限责任会计师事务所的实收资本不低于200万元,合伙会计师事务所净资产不低于100万元。

④从事政策性银行、国有独资商业银行、金融资产管理公司、股份制商业银行、外资银行以及中国人民银行总行直接监管的信托投资公司、企业集团财务公司、金融租赁公司金融相关审计业务的会计师事务所,应具备下列条件:(一)在我国境内依法成立3年以上(含3年),内部机构及管理制度健全;(二)注册会计师不少于60人,上年度业务收入不低于1 500万元;(三)具有良好的职业道德记录和信誉,最近3年未发生过严重工作失误和违反职业道德的行为,没有发生过重大违法违规行为;(四)至少有20名熟悉金融相关审计业务的注册会计师。

从事城市商业银行、城市信用合作社及其联社、农村信用合作社及其联社以及中国人民银行分行监管的信托投资公司、企业集团财务公司、金融租赁公司金融相关审计业务的会计师事务所,应具备下列条件:(一)在我国境内依法成立3年以上(含3年),内部机构及管理制度健全;(二)注册会计师不少于20人,上年度业务收入不低于400万元;(三)具有良好的职业道德记录和信誉,最近3年未发生过严重工作失误和违反职业道德的行为,没有发生过重大违法违规行为;(四)至少有3名熟悉金融相关审计业务的注册会计师。

⑤会计师事务所申请证券资格,应当具备下列条件:依法成立3年以上;质量控制制度和内部管理制度健全并有效执行,执业质量和职业道德良好;注册会计师不少于80人,其中通过注册会计师全国统一考试取得注册会计师证书的不少于55人,上述55人中最近5年持有注册会计师证书且连续执业的不少于35人;有限责任会计师事务所净资产不少于500万元,合伙会计师事务所净资产不少于300万元;会计师事务所职业保险的累计赔偿限额与累计职业风险基金之和不少于600万元;上一年度审计业务收入不低于1 600万元;持有不少于50%股权的股东,或半数以上合伙人最近在本机构连续执业3年以上;不存在下列情形之一:在执业活动中受到行政处罚、刑事处罚,自处罚决定生效之日起至提出申请之日止未满3年;因以欺骗等不正当手段取得证券资格而被撤销该资格,自撤销之日起至提出申请之日止未满3年;申请证券资格过程中,因隐瞒有关情况或者提供虚假材料被不予受理或者不予批准,自被出具不予受理凭证或者不予批准决定之日起至提出申请之日止未满3年。

⑥对从事H股企业审计业务的会计师事务所的基本要求:(一)具有证券期货相关业务资格,从事过H股企业审计业务或预期能够承接H股企业审计业务;(二)上年度业务收入(含境内、外分支机构收入不低于30 000万元,其中审计业务收入不低于20 000万元,且证券业务收入不低于5 000万元或者上市公司审计客户不低于30家;(三)中国注册会计师人数不少于400人,其中通过考试取得注册会计师资格的人数不少于300人;(四)(自然人)股东持股比例或合伙人的财产份额每人不得超过25%;(五)治理结构、质量控制和内部管理等相关制度健全并有效执行;(六)在香港发展有成员所或者与香港会计师事务所同属某一国际会计公司的成员所。

参考文献

1. 吴溪:"我国证券审计市场的集中度与注册会计师独立性",《中国注册会计师》2001年第 9 期。

2. 刘明辉、李黎、张羽：“我国审计市场集中度与审计质量关系的实证分析”，《会计研究》2003 年第 7 期。

3. 夏冬林、林震昊：“我国审计市场的竞争状况分析”，《会计研究》2003 年第 3 期。

4. 王楠：“合纵连横”，《世界经理人 CFO 电子周刊》2007 年第 5 期，http://cfo.icxo.com/weekly/20070108/20070108/0803.htm。

5. DeAngelo, L. 1981a. "Auditor independence, 'low balling', and disclosure regulation", *Journal of Accounting and Economics* 3(2):113—127.

6. DeAngelo, L. 1981b. Audior size and audit quality, *Journal of Accounting and Economics* 3(3):183—199.

7. Ferguson, A. and D. Stokes. 2002. Brand name audit pricing, industry specialization and leadership premiums post-Big 8 and Big 6 mergers, *Contemporary Accounting Research* 19(Spring):77—110.

8. GAO, 2003: Public accounting firms: mandated study on consolidation and competition, www.gao.gov, GAO—03—864.

9. Ivancevich, S. H. and A. Zardkoohi. 2000. An exploratory analysis of the 1989 accounting firm megamergers. *Accounting Horizons* 14(4):389—401.

10. Iyer, V. M. and G. S. Iyer. 1996. Effect of big 8 mergers on audit fees: evidence from the United Kingdom, *Auditing: a Journal of Practice and Theory* 15(2):123—132.

11. Menon, K. and D. Williams, 2001. Long-term trends in audit fees, *Auditing: a Journal of Practice and Theory* 20(1):115—136.

12. Minyard, D., and R. Tabor. 1991. The effect of big 8 mergers on auditor concentration, *Accounting Horizons* 5(December):79—90.

13. Wootton, C., S. Tonge, and C. Wolk, 1994. Pre and Post Big 8 Mergers: Comparison of auditor concentration, *Accounting Horizons* 8(September):58—74.

思考题

1. 会计师事务所合并有哪几种方式？事务所选择不同合并方式的动机是什么？
2. 监管机构出台的相关政策是否会影响事务所合并对象和时间的选择？
3. 事务所合并对我国审计市场整体有什么影响？

第八章 会计师事务所合并的经济后果研究

4. 如果会计师事务所合并是一种市场行为,哪些类型的事务所会考虑实施合并?为什么?

分析题

根据以下资料回答问题。

资料一

王咏梅、邓舒文(2010)①选取了1998~2007年发生的共计167个事务所合并事项作为研究样本(其中吸收合并71项,新设合并96项)。最终,考虑审计及相关数据可得的因素,选取合并前后都涉及上市公司年报审计的合并事项共计59项(其中吸收合并22项,新设合并37项)进行了进一步的分析。

该文采用事务所出具非标准审计意见的比例作为衡量其审计质量的变量。研究表明,事务所合并改善了行业的市场结构,但因为交易成本的存在等多方面的因素,并没有观察到合并导致审计质量提高的现象。这在一定程度上显示,相当多的合并不是自发的市场行为,合并的规模效应和专注效应还没有明确体现出来。

资料二

李明辉(2011)②以2005年德勤华永与北京天健及深圳天健信德合并案、2008年中瑞华恒信与岳华合并案为对象,检验事务所合并前后审计质量的变化,结果发现,就这两个合并案来说,事务所合并并不意味着审计质量的提高。对中瑞岳华合并案而言,在合并后,其审计质量甚至有所下降。此外,原先规模较小的事务所审计质量能够得到更大提升的假说也未得到支持。

可能的原因在于:

(1)我国的会计师事务所合并往往并非完全的市场化行为,通过合并提高外延规模以获取相关的资质、参与政府项目竞标成为事务所合并的常见目的,甚至,合并是监管部门直接推动的结果。

(2)会计师事务所合并以后,需要对原先各个事务所进行整合,尤其是在质量控制、技术标

---

① 王咏梅、邓舒文:"事务所合并可以提高审计质量吗?——基于中国审计市场的研究",《管理世界》2010年第12期。
② 李明辉:"会计师事务所合并与审计质量——基于德勤华永和中瑞岳华两起合并案的研究",《中国经济问题》2011年第1期。

转型经济中的审计问题

准、审计流程和业务培训等方面实现内部的统一,但并非完全自愿联姻的事务所在尽快实现内部整合方面存在较大的问题,现实中,不乏不同事务所合并后仍然各自承接业务、进行审计并出具报告的例子,合并的作用仅体现在向监管部门报送经合并的业务收入等数据、提高排名并获取相关资质上面。

(3)事务所规模并非越大越好,如果合并后事务所的规模超过其合理边界,事务所内部管理成本的上升将超过合并带来的规模效应,可能会出现规模不经济,并导致审计质量的下降。

(4)事务所合并后,随着规模的扩大,其在监管部门那里进行寻租以避免对其审计失败进行严厉处罚的能力也得到加强,另一方面,监管部门在决定是否要对那些具有标杆意义且比较听话地实行合并的事务所进行处罚时也可能会手下留情,因此,通过合并提高了规模的事务所的审计质量不仅得不到提高,这些具有更大影响力的事务所甚至还可能会降低审计质量。

问题:

1. 德勤华永事务所、中瑞岳华事务所的合并模式与立信系事务所的合并模式有何不同?

2. 查阅德勤华永事务所上市公司客户的2005年年报至2010年年报、中瑞岳华事务所上市公司客户的2008年年报至2010年年报,用数据说明事务所合并对审计市场及事务所自身产生了哪些方面的影响?

3. 合并可以使事务所做大,那么怎样才能使事务所做强(审计质量提高)?

第九章
审计收费的影响因素分析

——以京东方为例

摘要：本章通过对审计收费影响因素的相关文献回顾、电子行业类上市公司 2003 年度至 2005 年度财务报表审计收费概况及京东方审计收费的影响因素分析之后发现，影响京东方审计收费的最重要因素是其资产规模及是否由国际四大会计师事务所审计。另外，我们注意到，2003 年度至 2005 年度电子行业类上市公司中有 9 家公司的审计收费未发生变化，其中 8 家公司的会计师事务所也未发生变更。关于这种现象的解释可以是被审计单位（与会计师事务所）希望保持合理的审计支出（或长期的业务联系），而不是拘泥于某一期间的数据变化。

一、引言

审计收费是会计师事务所为被审计单位提供财务报表审计或其他审计业务时向客户收取的合理报酬。审计收费的高低受到很多因素的影响，国内外的学者对这些因素进行了多角度的分析，并达成了一定的共识，这些分析通常是以大样本、多行业的数据为基础得出的研究结论。本章试图通过对京东方科技集团股份有限公司（以下简称"京东方"）及其所属电子行业的审计收费情况的分析来探讨影响我国上市公司的审计收费的主要因素。本章共分为五个部分：第一部分是引言，第二部分是相关文献回顾，第三部分是京东方审计的背景信息，第四部分是关于京东方审计收费影响因素的分析，第五部分是结论与建议。

二、审计收费影响因素的相关文献回顾

影响审计收费的因素主要包括三大类:第一类是现实的成本(即为了完成审计业务会计师事务所需要投入的不同级别的审计师人数与时间)与合理的利润(Simunic,1980)。审计业务越复杂,事务所需要投入的经验较丰富(级别较高)的人员数量越多,时间越长,相应地,审计成本越高,审计收费也会增加。第二类是潜在的成本,即未来可能发生的诉讼损失。对于风险较高的客户,事务所通过提高审计收费来弥补将来可能发生的诉讼损失(Simunic,1996)。第三类是声誉溢价,即审计质量高、信誉好的事务所的审计收费通常高于其他的事务所(Palmrose,1986)。此外,审计市场的竞争激烈程度、监管机构的政策变化[1]等因素也可能会影响审计收费。

Simunic(1980)在分析审计费用影响因素时主要考虑了下列指标:总资产、子公司数量、多元化经营情况(经营范围涉及行业数)、境外资产占总资产比例、应收款项占总资产比例、存货占总资产比例、总资产收益率、过去3年是否亏损、是否出具非无保留审计意见、审计师任期、审计师是否属8大会计师事务所。研究结果发现,总资产、子公司数量、多元化经营情况(经营范围涉及行业数)、境外资产占总资产比例、应收款项占总资产比例、存货占总资产比例、过去3年是否亏损、是否出具非无保留审计意见对审计收费有着显著的影响。

DeAngelo(1981)提出,在竞争激烈的审计市场中,审计师在接受新客户的业务委托时存在低价揽客[2](Low Balling)的情况。

Hay,Knechel与Wong(2006)运用元分析(Meta-analysis)的方法分析了1977年至2003年之间发表的147篇研究审计收费的影响因素的文章,这些文章对20多个国家的审计收费情况进行了研究,回归模型中作为影响审计收费的自变量累计多达186个[3]。Hay,Knechel与Wong(2006)将这些自变量分为三大类:关于客户特征的变量(例如,客户规模、业务复杂性、固有风险、盈利能力、偿债能力、所有权结构、内部控制、公司治理、行业性质等)、关于审计师特征的变量(例如,审计质量、审计师任期等)以及关于业务属性的变量(例如,是否初次审计、前期审计意见、是否提供非审计服务等)。通过元分析,他们发现客户规模(用资产或销售收入来衡量)、业务复杂性(用子公司数量、境外子公司数量、境外资产、业务类型是否多元化等衡量)以及固有风险(用存货、应收款项、流动资产等指标衡量)与审计收费存在显著的正相关关系。

---
[1] 例如,我国新会计准则审计准则的实施、美国萨班斯法案的出台。
[2] 低价揽客特指会计师事务所在初次接受客户委托时审计收费低于其审计成本的情形。
[3] 1977年至1990年期间发表的与审计收费相关的文章中审计收费回归模型所使用的自变量数量平均值为7.7个,1991年至2003年期间发表的与审计收费相关的文章中审计收费回归模型所使用的自变量数量平均值为9.5个。

第九章 审计收费的影响因素分析

刘斌等(2003)、韩厚军等(2003)以及张继勋等(2005)对我国上市公司的审计收费影响因素进行了分析,发现公司总资产、子公司个数、资产负债率、审计意见类型、对外担保额、应收账款占总资产的比率、上市公司所在地与审计收费显著相关。

表9.1列示了影响审计收费的主要因素及其理论依据。

表9.1　　　　　　　　　　影响审计收费的主要因素

影响审计收费的因素		具体衡量指标	与审计收费的关系	影响审计收费的原因	相关文献
客户特征	客户规模	总资产或收入	正相关	规模大,审计成本高,诉讼风险高	Simunic(1980); Hay, Knechel & Wong(2006)
	业务复杂性	进行报表合并的子公司数量；经营范围涉及的行业数；境外资产占总资产比例	正相关	业务越复杂,审计成本越高	Simunic(1980); Hay, Knechel & Wong(2006)
	固有风险	应收款项占总资产比例；存货占总资产比例	正相关	应收款项与存货出现错报(特别是资产计价方面)的风险高、必须执行成本较高的审计程序(函证、监盘)	Simunic(1980); Hay, Knechel & Wong(2006)
	公司治理	审计委员会	正相关	独立性强的审计委员会希望审计师提供较全面的、高质量的审计服务,相应地审计收费较高	Abbott等(2003)
审计师特征	审计质量	是否八大/六大/五大/四大	正相关	审计质量高的事务所可以获取溢价(Fee Premium)	Simunic(1980)
		是否具有行业专长*	正相关		Palmrose(1986); Crawswell等(1995)
	审计师任期	是否更换审计师	负相关	市场竞争激烈,只有低价揽客才能吸引新客户。另一种解释是新任审计师的效率更高,审计成本相对较低	Simunic(1980); DeAngelo(1981)
业务属性	审计中发现的问题	是否出具非无保留审计意见	正相关	审计中发现的问题增加了审计工作量,并可能提高诉讼风险	Simunic(1980); Hay, Knechel & Wong(2006)
	非审计服务	是否同时提供非审计服务	不确定	与审计收费正相关的理由:需要非审计服务的公司内部控制往往存在较大的缺陷,相应地诉讼风险较高;与审计收费负相关的理由:为客户提供非审计服务获取的信息有助于提高审计效率	Hay, Knechel & Wong(2006)

注:某一行业市场占有率较高的几家事务所被认为是该行业的审计专家(Industry Specialist),即具有行业专长。确定事务所是否具有行业专长的标准并不统一,不同的文献分别采用市场占有率超过10%、超过15%或者某行业市场占有率最高的3家事务所作为确定审计师是否具有行业专长的标准。

三、京东方审计的背景信息

（一）京东方概况

京东方(000725,SZ)是由北京京东方投资发展有限公司作为主要发起人，于1993年4月9日采取定向募集方式设立的股份有限公司。该公司的境内上市外资股及境内上市人民币普通股分别于1997年6月10日及2001年1月12日在深圳证券交易所上市交易。该公司的主营业务包括显示器业务(彩色显示器、液晶显示器及等离子显示器)、薄膜晶体管液晶显示器件业务(以下简称"TFT-LCD")和小尺寸平板显示业务。其他业务包括数字产品与服务业务、精密电子零件与材料业务及发展自有房产的物业管理业务等。根据证监会在2001年发布的《上市公司行业分类指引》，京东方属于电子行业(C5)及其明细类别电子元器件制造业(C51)。2003年度至2007年度京东方财务报表审计的相关信息如表9.2所示。

表9.2　　　　　　　　2003年度至2007年度京东方审计的相关信息

	2003年度	2004年度	2005年度	2006年度	2007年度
股东类型	大股东持股 53.15%	大股东持股 35.91%	大股东持股 32.80%	大股东持股 29.51%	大股东持股 27.27%
总资产(万元)	1 203 887	1 792 403	2 092 252	1 621 208	1 338 127
净资产收益率	15.68%	4.16%	−46.99%	−48.63%	15.12%
会计师事务所名称	普华永道中天	北京京都/浩华	毕马威华振/毕马威(香港)	毕马威华振/毕马威(香港)	毕马威华振/毕马威(香港)
年报审计收费(万元)	200	160	320	360	322.5
审计意见	标准无保留	标准无保留	标准无保留	标准无保留	标准无保留

由于京东方在2004年度和2005年度分别更换了会计师事务所，所以本章将分析该公司2003年度至2005年度3家不同的会计师事务所为该公司提供财务报表审计业务的收费情况。在进行该项分析时，除了考虑公司本身的情况以外，还考虑了其所属行业(电子行业类，C5)的其他上市公司的审计收费信息。电子行业类(C5)上市公司2003年度至2005年度财务报表审计相关信息如表9.3、表9.4所示。

第九章 审计收费的影响因素分析

(二)京东方所属电子行业类上市公司审计概况

表 9.3　　电子行业类(C5)上市公司 2003 年度至 2005 年度财务报表审计基本信息

	2003 年度	2004 年度	2005 年度
上市公司家数	40	45	47
其中:同时发行 A、B 股的上市公司家数	6	6	6
只发行 A 股的上市公司家数	34	39	41
变更会计师事务所的上市公司家数	—	9	6
提供财务报表审计的事务所家数	28	31	31
参与该行业审计的四大会计师事务所[*]数量	2（安永华明/安永大华/普华永道中天）	2（安永华明/安永大华/普华永道中天）	3（安永华明/安永大华/普华永道中天/毕马威华振）
四大的电子类上市公司客户数量	4	3	5
四大审计的、同时发行 A、B 股的上市公司家数	3	2	3
与上一年度相比,审计收费发生变动的上市公司家数	—	24	30

注:[*] 由于安永大华和安永华明都属于安永的成员所,在这里将它们作为一家"四大"事务所处理。

从表 9.3 的数据可以发现,电子行业类上市公司的审计市场不存在被国际四大会计师事务所垄断的情形,而是比较分散,即使是同时发行 A、B 股的上市公司,也没有全部聘请 4 大会计师事务所进行财务报表审计[①]。

从表 9.4 的数据可以发现,电子行业类的上市公司整体的规模差异较大,相应地,其审计收费的金额也存在较大的差异。同时,由于公司本身的特性(只发行 A 股与同时发行 A 股和 B 股、进行报表合并的子公司数量多少等)、事务所特性(四大事务所与国内事务所、初次审计与多次审计等)及业务属性(是否出具非标准审计意见、是否提供非审计服务)存在差异,各公司之间的万元资产审计费用率也存在明显的差异。

---

① 当然,从表 9.4 就可以找到答案,因为四大会计师事务所的万元资产审计费用率明显高于国内会计师事务所。

表 9.4　　　　电子行业类(C5)上市公司 2003 年度至 2005 年度审计收费相关信息

与审计收费相关的指标	衡量指标	2003 年度 最大值	2003 年度 最小值	2003 年度 平均值	2004 年度 最大值	2004 年度 最小值	2004 年度 平均值	2005 年度 最大值	2005 年度 最小值	2005 年度 平均值
客户规模	电子行业类上市公司总资产(万元)	2 136 429	17 481	332 052	3 073 502	18 721	349 609	3 004 104	17 349	335 100
客户规模	四大会计师事务所审计的电子行业类上市公司总资产(万元)	1 593 421	141 222	791 515	3 073 502	134 461	1 139 139	3 004 104	83 903	1 095 681
客户规模	同时发行 A、B 股的电子行业类上市公司总资产(万元)	1 225 731	47 638	593 928	1 792 403	42 971	687 462	2 092 252	38 919	652 838
审计收费	电子行业类上市公司审计收费(万元)	313	15	53.7	160	15	48.1	320	18	57
审计收费	四大会计师事务所审计的电子行业类上市公司审计收费(万元)	313	45	164.5	158	45	101	320	50	163
审计收费	同时发行 A、B 股的电子行业类上市公司审计收费(万元)	200	30	99.3	160	30	97.5	320	30	130
万元资产审计收费	电子行业类上市公司整体	11.357	0.363	3.166	14.327	0.365	3.348	11.919	0.727	3.64
万元资产审计收费	四大会计师事务所审计的电子行业类上市公司	7.08	1.632	3.216	7.437	0.514	3.366	11.919	0.932	4.78
万元资产审计收费	同时发行 A、B 股的电子行业类上市公司万元资产审计收费	7.08	0.83	3.175	7.437	0.833	3.348	11.919	1.316	4.629

四、京东方审计收费的影响因素分析

结合第一部分阐述的相关研究文献的结论及第二部分对电子行业类上市公司财务报表审计的分析,表 9.5 列示了可能影响京东方审计收费的主要因素及 2003 年度至 2005 年度的相关数据。

从表 9.5 的数据还可以发现,京东方 2003 年度与 2005 年度的财务报表审计均由国际 4 大会计师事务所完成,二者的万元资产审计收费比较接近,2004 年度该公司由国内会计师事务所(及其境外合作所)审计,其万元资产审计收费明显低于国际四大会计师事务所。也就是说,是否由国际四大会计师事务所审计是影响京东方审计收费的一个重要因素。此外,虽然 2003 年度审计收费与 2005 年度审计收费总额存在较大差异,但这两个年度的万元资产审计收费差异不大,这表明事务所在确定审计收费时将被审计单位的资产规模作为一个重要的考量指标。

第九章　审计收费的影响因素分析

表 9.5　　　　　　　　　　　影响京东方审计收费的主要因素

影响审计收费的因素		具体衡量指标	2003 年度	2004 年度	2005 年度
客户特征	客户规模	总资产(万元)	1 203 887	1 792 403	2 092 252
	业务复杂性	进行报表合并的子公司数量	15	13	17
		经营范围涉及的业务类型*	6	6	6
		境外资产占总资产比例	未披露	未披露	未披露
	固有风险	应收款项占总资产比例	18.51%	12.97%	11%
		存货占总资产比例	10.37%	6.29%	9.18%
	公司治理	审计委员会	否**	否	否
审计师特征	审计质量	是否八大/六大/五大/四大	是	否	是
		是否具有行业专长***	是(市场占有率 10.87%)	是(市场占有率 11.39%)	是(市场占有率 13.28%)
	审计师任期	是否更换审计师	否	是	是
业务属性	审计中发现的问题	是否出具非无保留审计意见	否****	否	否
	非审计服务	是否同时提供非审计服务	否	否	否
	备注 1	股东类型	大股东持股 53.15%	大股东持股 35.91%	大股东持股 32.80%
	备注 2	净资产收益率	15.68%	4.16%	−46.99%
	备注 3	事务所名称	普华永道中天	北京京都/浩华	毕马威华振/毕马威(香港)
	备注 4	审计收费	200 万元	160 万元	320 万元
	备注 5	万元资产审计收费	1.66	0.89	1.53

注：*计算所涉及的业务类型主要依据上市公司年报中提到的主要业务和其他业务的种类。

**公司未设立审计委员会,但是 12 名董事中有 4 名独立董事。

***本章以被审计单位资产为基础计算会计师事务所在电子行业的市场占有率(即某事务所审计的电子行业客户资产占该行业所有上市公司总资产的比例)。如果某事务所的市场占有率超过 10%,则认为该事务所具有电子行业的审计专长。

****根据财政部财监[2005]12 号《财政部关于对京东方科技集团股份有限公司 2003 年度会计信息质量检查结论及处理决定的通知》,公司 2003 年度报表存在 6 项会计差错(采用计划成本法结转成本时多计成本、未按权益法核算对北京星城置业有限公司的投资等),累计应调减 2003 年度净利润 42 019 842.54 元,占 2003 年度报表净利润的 10.4%。

转型经济中的审计问题

在2003年度至2005年度,京东方进行报表合并的子公司数量、经营范围涉及的业务类型、审计委员会、是否具有行业专长、是否出具非无保留审计意见、是否同时提供非审计服务等没有明显的变化,这些指标对其审计收费的确定没有影响。

反映被审计单位固有风险的指标(应收款项占总资产比例、存货占总资产比例)则可能对审计收费产生一定的影响,但是其影响的具体程度由于缺乏公开信息无法量化。

至于事务所在初次接受客户委托时是否存在低价揽客的问题,我们注意到2004年度的万元资产审计收费明显低于2003年度的万元资产审计收费,但是这种差异可以理解为国内会计师事务所(及其境外合作所)与国际四大会计师事务所之间客观存在的收费标准的差异[1],并不意味着必然存在低价揽客的问题。

五、结论与建议

本章通过对审计收费影响因素的相关文献回顾、电子行业类上市公司2003年度至2005年度财务报表审计收费概况及京东方审计收费的影响因素分析之后,发现影响某一公司的审计收费的因素并不复杂,影响京东方审计收费的最重要因素是其资产规模及是否由国际四大会计师事务所审计。另外,我们注意到,2003年度至2005年度电子行业类上市公司中有9家公司的审计收费未发生变化,其中8家公司的会计师事务所也未发生变更。关于这种现象的解释可以是被审计单位(与会计师事务所)希望保持合理的审计支出(或长期的业务联系),而不是拘泥于某一期间的数据变化。DeAngelo(1981)指出,现任的审计师通过对被审计单位多个会计期间的财务报表审计取得了与该审计单位有关的准租金(Client Specific Quasi-rents)[2],只有与被审计单位保持后续年度的审计业务关系,这类准租金才会发挥其效用。

2001年12月,证监会颁布了《公开发行证券公司信息披露规范问答第6号——支付会计师事务所报酬及其披露》,首次要求上市公司在年报中披露审计费用。此后,上市公司的年度财务报表中一般都会披露其所聘用的会计师事务所及其审计收费的相关信息。但是,由于没有更详细的操作细则,上市公司在披露审计收费信息时仍然具有一定的随意性,有的上市公司未披露审计收费信息,有的上市公司披露的是被审计年度实际支付的上年度报表审计费用,有的上市公司披露的则是被审计年度应付未付的审计费用,也有的上

---

[1] 表9.4中同时发行A股和B股的电子行业类上市公司万元资产审计收费的差异可以说明这一点。
[2] 审计师通过对被审计单位多个会计期间的财务报表审计,较全面地了解了被审计单位的经营、财务等方面的内部控制及风险管理,审计师可以利用这些信息降低以后期间的审计成本,提高审计效率。这些信息只与某一特定的被审计单位有关。

第九章 审计收费的影响因素分析

市公司披露的审计费用包括了验资、专项审计等年度财务报表审计以外的其他审计业务，这些因素都导致审计收费数据的可取得性和可比性存在一定的问题①。建议监管机构能够进一步规范审计收费的信息披露，全面反映财务报表审计的相关信息。

参考文献

1. 刘斌、叶建中、廖莹毅："我国上市公司审计收费影响因素的实证研究"，《审计研究》2003 年第 1 期。

2. 韩厚军、周生春："中国证券市场会计师报酬研究"，《管理世界》2003 年第 2 期。

3. 张继勋、陈颖、吴璇："风险因素对我国上市公司审计收费影响的分析"，《审计研究》2005 年第 4 期。

4. Abbott, L. J., S. Parker, G. Peters, and K. Raghunandan, 2003: The association between audit committee characteristics and audit fees, *Auditing: a Journal of Practice and Theory*, 22(2):17—32.

5. Crawswell, A., J. Francis, and S. Taylor, 1995. Auditor brand name reputations and industry specializations, *Journal of Accounting and Economics* 20(3):297—322.

6. DeAngelo, L., 1981: "Auditor independence, 'low balling', and disclosure regulation", *Journal of Accounting and Economics* 3(2):113—127.

7. Hay D., W. R. Knechel, and N. Wong, 2006: Audit fees: A meta-analysis of the effect of supply and demand attributes, *Contemporary Accounting Research* 23(1):141—191.

8. Palmrose, Z., 1986, Audit fees and auditor size: Further evidence, *Journal of Accounting Research*. 24(1):97—110.

9. Simunic, D. 1980: The Pricing of Audit Services: Theory and Evidence, *Journal of Accounting Research* 18(1):161—190.

10. Simunic, D. and M. Stein. 1996: The impact of litigation risk on audit pricing: a review of the economics and the evidence, *Auditing: a Journal of Practice and Theory*, 15(Supplement):119—134.

---

① 本章采用估计的方法解决个别公司存在的审计收费信息披露不全的问题，例如，某公司披露了 2003 年度和 2006 年度的审计收费，但是没有披露 2004 年度与 2005 年度的审计收费，那么本章假定 2004 年度的审计收费与 2003 年度的审计收费相同，2005 年度的审计收费与 2006 年度的审计收费相同。该方法共涉及 2004 年度 2 家上市公司及 2005 年度 4 家上市公司的审计收费数据。但是，上文提到的有 9 家公司 2003 年度至 2005 年度审计收费未发生变化是根据上市公司年报的实际数据得出的结论，未考虑估计数据的影响。

转型经济中的审计问题

思 考 题

1. 以下信息摘自部分上市公司的年度财务报表,请分析被审计单位对财务报表审计过程中发生的差旅费的三种不同处理方式是否会影响会计师事务所的独立性与审计质量?被审计单位承担的差旅费是否可以算作会计师事务所的收入?为什么?

(1)本公司聘请××会计师事务所有限公司为本公司提供2010年度审计服务,审计费用30万元,本公司不承担差旅费用;

(2)本公司聘请××会计师事务所担任公司2010年度的财务审计工作,其年度财务报告审计费用为人民币22万元,审计期间的差旅费用全部由公司承担;

(3)本公司聘请××会计师事务所担任公司2010年度的财务审计工作,其年度财务报告审计费用为人民币90万元,公司承担审计期间的部分差旅费用,共计10万元。

2. 查阅部分上市公司的财务报表,并选取一家上市公司对其多个年度的审计费用进行分析,说明哪些因素可能影响该公司的审计收费。为什么?

3. 如何理解审计收费、审计质量与事务所选择之间的关系?

分 析 题

资料一

王兵、辛清泉(2010)[1]采用2005~2008年会计师事务所分所的数据,考察了会计师事务所总所和分所在审计质量和审计收费上的差异,以及分所规模对审计质量和审计收费的影响。结论总体上表明,会计师事务所分所的审计质量和审计收费更低,并且,规模越小的分所,其审计质量和审计收费越低。在此基础上,根据样本公司是否由"十大"会计师事务所审计,进行了分组检验,结果显示分所审计质量和审计收费更低主要体现在"非十大"会计师事务所上。

资料二

冯延超、梁莱歆(2010)[2]采用A股上市公司2006~2008年的经验数据,考察了公司的诉

---
[1] 王兵、辛清泉:"分所审计是否影响审计质量和审计收费?"《审计研究》2010年第2期。
[2] 冯延超、梁莱歆:"上市公司法律风险、审计收费及非标准审计意见——来自中国上市公司的经验证据",《审计研究》2010年第3期。

第九章 审计收费的影响因素分析

讼仲裁、违规处分等法律事件对审计收费和非标准审计意见的影响。实证结果发现：在控制其他因素的影响后，上市公司的法律风险与审计收费显著正相关，与非标准审计意见显著正相关。这表明审计师在风险导向审计模式下，充分利用了公司的诉讼仲裁和违规处分信息，修正了审计风险判断。

问题：

1. 会计师事务所分所收费与总所存在差异的原因是什么？
2. 哪些因素可以衡量法律风险？举例说明不同程度的法律风险对审计收费和审计意见的影响。

第十章
上市公司内部控制信息披露与审核

——以民生银行与兴业银行为例

摘要：本章通过对沪市上市公司 2006 年度与 2007 年度内部控制相关信息披露与审核的情况进行分析后发现，审计师执行上市公司内部控制审核（或鉴证）业务的依据尚不明确，有待进一步统一。

民生银行与兴业银行在 2006 年度与 2007 年度均披露了较详细的内部控制自我评估报告并经审计师审核。在分析了这两家银行及其所属的金融保险业的其他公司 8 类指标之后，我们发现资产规模、外部股东持股集中度、高管持股比例、负债权益比率以及机构投资者持股比例都可能是影响这两家银行自愿披露内部控制相关信息的因素。

一、引言

内部控制制度的设计与实施是企业风险管理的重要环节，也是保证财务报表信息可靠性的一个重要因素。披露有关内部控制制度有效性的信息有助于管理层全面评估本公司的内部控制并及时完善存在的控制缺陷，也有助于报表使用者更全面地了解被审计单位财务报告的相关控制[1]并在此基础上进行更恰当的决策。

萨班斯法案出台之前，美国上市公司可以自行选择是否披露内部控制自我评价报告并经注册会计师审核。2002 年 7 月公布的萨班斯法案第 404 条款要求公众公司管理层披露企业内部控制的有效性，并要求注册会计师对该报告进行审核。2004 年 6 月，美国公众

---

[1] 控制环境或会计核算的重大缺陷可能导致被审计单位在报表公布后重述盈余数据，甚至可能导致公司出现经营困境。

第十章 上市公司内部控制信息披露与审核

公司会计监督委员会(PCAOB)发布了第 2 号审计准则(AS2)《在财务报表审计过程中执行的、关于财务报告的内部控制审计》[①],对内部控制审计的计划制定、审计方法、审计报告等内容作出了详细规定。

上海证券交易所和深圳证券交易所分别在 2006 年 6 月 5 日和 9 月 28 日发布了《上海证券交易所上市公司内部控制指引》[②]和《深圳证券交易所上市公司内部控制指引》[③],要求上市公司在披露年度报告的同时,披露年度内部控制自我评估报告及会计师事务所对内部控制自我评估报告的核实评价意见。2008 年 6 月 28 日,财政部、证监会、审计署、银监会和保监会联合发布了《企业内部控制基本规范》[④],该规范也要求公司披露年度内部控制自我评价报告并可聘请中介机构对内部控制有效性进行审计。由于上海证券交易所和深圳证券交易所对内部控制自我评价报告的内容只给出了原则性的规定,因而导致上市公司可以自行选择披露内容的详简程度。

上市公司披露的内部控制信息详简程度是否存在差异?进行较详细的内部控制信息披露(内部控制自我评价报告)与审核的公司具有哪些共同的特性?本章拟通过对沪市上市公司的整体分析以及具体的案例来说明上述问题,共分为五个部分:第一部分是引言,第二部分是相关文献回顾,第三部分是沪市上市公司内部控制信息披露与审核的概况,第四部分是影响民生银行与兴业银行内控信息披露的相关因素分析,第五部分是结论与建议。

二、内部控制信息披露的相关文献回顾

(一)上市公司内部控制信息的披露与审核

Bronson 等(2006)发现在萨班斯法案实施之前,397 家样本公司中有 1/3 左右(143 家)的公司自愿披露了内部控制自我评价报告,这些自愿披露内部控制信息的公司都没有提到其内部存在任何的重大控制缺陷,其自我评价报告也均未经过审计师审核,41% 的内部控制报告明确表示公司的内部控制是有效的,只有 3 份报告提到用于评价控制有效性的标准。

Glass Lewis(2007)发现在萨班斯法案实施之后的 2005 年,美国的公众公司中有

---

① 2007 年 6 月,美国公众公司会计监督委员会发布了第 5 号审计准则(AS 5)《在财务报表审计过程中执行的、关于财务报告的内部控制审计》,取代了第 2 号审计准则。
② 该指引自 2006 年 7 月 1 日起开始施行。
③ 该指引自 2007 年 7 月 1 日起开始施行。
④ 该规范自 2009 年 7 月 1 日起首先在上市公司范围内施行。

9.3%的公司(1 315家)披露其内部控制存在重大缺陷,并且集中在三个方面:会计核算(股票选择权、套期保值、可转换证券、租赁会计等)、内部控制制度(非常规业务、期末结账过程、控制环境、会计政策制定、管理层逾越控制等)、其他(子公司、境外业务、购并等)。审计师对其中的724份内部控制报告出具了否定意见,另对29家公司的内部控制报告出具了无法表示意见的审计报告;2006年,美国的公众公司中有8.6%的公司(1 208家)披露其内部控制存在重大缺陷。审计师对其中的357份内部控制报告出具了否定意见,另对6家公司的内部控制报告出具了无法表示意见的审计报告。

陈天骥(2008)发现,深圳主板上市公司中有92.4%的公司(449家)按照深交所的要求披露了内部控制报告,有8.6%的公司(42家)内部控制报告经过审计师审核。从内部控制报告披露的内容看,"大多数公司都存在重形式、轻内容、过于模式化的问题";另外,经过审计机构核实评价的42家公司的内部控制报告,审计师均未提出异议。

许碧(2008)发现,在披露年度报告的221家深圳中小板上市公司中,共有84家公司主动披露了2007年度内部控制自我评价报告,占披露年度报告公司总数比例达38.01%,其中54家聘请审计师对其内部控制自我评价报告出具了鉴证意见。"多数公司在内部控制自我评价报告中对公司内部控制存在的问题泛泛而谈,未触及实质性内容,改进措施和建议也较为原则,缺乏针对性,个别公司出现重大违规行为,但出具的内部控制自我评价报告未反映出任何问题。"

(二) 披露内部控制相关信息的公司的共同特性

Bronson等(2006)通过对萨班斯法案实施之前自愿披露内部控制自我评价报告的公司进行分析后发现,这类公司的共同特点是:规模较大、审计委员会开会次数较多、机构投资者持股比例较高、利润增长幅度较快。Deumes等(2008)通过分析1997年至1999年自愿披露内部控制信息的荷兰上市公司特征后发现,外部股东持股集中度、高管持股比例、负债权益率、公司规模、盈利能力等指标对上市公司自愿披露内控信息有重要影响。表10.1对这两篇文献的内容作了进一步的说明。

陈天骥(2008)从控制人类型的角度对深圳主板上市公司内部控制报告披露情况进行了分析,发现财政部控制的公司(4家)均披露了内部控制报告,而国资委控制的公司(70家)仅有61家(87.1%)披露了内部控制报告;许碧(2008)则认为企业经营业绩与披露内部控制报告存在一定的关联,经营业绩同比增长的公司主动披露内部控制自我评价报告达72家(占主动披露内部控制自我评价报告公司总数的85.71%)。

第十章 上市公司内部控制信息披露与审核

表 10.1　　　　　自愿披露内部控制相关信息的公司特征及其理论解释

自愿披露内控信息的公司特征	具体衡量指标	与公司自愿披露内控意向的关系	该特征影响公司自愿披露意向的原因	相关文献
固有风险	（公司规模）资产	正相关	大公司建立有效控制的成本相对较低；披露内控信息可以减少信息不对称降低诉讼风险	Bronson 等（2006）
固有风险	盈利能力（净利润除以资产平均余额）	正相关	盈利能力较好的公司可以有更多的资源用于完善内部控制	Deumes 等（2008）
固有风险	过去 5 年的营业收入环比增长率*	负相关	营业收入增长幅度较快，内控制度并没有及时完善导致这类公司比较可能存在重大内控缺陷	Bronson 等（2006）
公司治理与代理成本	外部股东持股集中度（持股比例超过 5% 的外部股东持股比例合计）	负相关	外部股东持股分散，可能没有动力积极监督公司管理层的经营活动，需要借助其他监控措施来降低信息不对称，例如，要求管理层披露内控信息	Deumes 等（2008）
公司治理与代理成本	公司高管持股比例	负相关	公司高管持股比例越低，管理层与股东之间的代理冲突就越大，股东需要通过要求管理层披露内控信息等方式降低信息不对称	Deumes 等（2008）
公司治理与代理成本	机构投资者持股比例	正相关	机构投资者在监督公司财务报告的质量方面往往发挥重要的作用。公司管理层通过披露内控信息向其表明公司内部会计控制的有效性及会计信息的可靠性	Bronson 等（2006）
公司治理与代理成本	审计委员会开会的频率	正相关	审计委员会开会频率较高，则其可能有较多时间关注并改进公司内部控制制度的有效性及相关信息的披露	Bronson 等（2006）
公司治理与代理成本	负债权益比率**	正相关	负债权益比率越高，债权人与股东之间的代理冲突就越大。披露公司内控信息有助于债权人了解公司的风险管理和内部控制信息，也可能有助于公司降低以后的筹资成本	Deumes 等（2008）

注：* 如果无法取得 5 个年度的数据，则以可取得的所有年度数据为基础进行计算，至少需要 2 年的数据。

** 负债权益比率＝负债÷（股票市价＋负债）。

通过上述研究文献可以看出,美国萨班斯法案的实施及强制性要求公众公司按照相关规范披露并审计其内部控制信息,促使公众公司更客观地披露了其内部控制的重大缺陷。而我国目前由于还没有内部控制自我评价报告的规范格式及审计报告格式,目前有关内部控制的信息披露和审计还存在一定的问题。另外,在没有明确规范的情况下,对于哪些公司会倾向于披露较详细的内部控制信息并聘请审计师审核,国内外学者在这一问题上的观点也存在一定的分歧。

本章准备通过分析沪市上市公司内部控制相关信息的披露和审核来进一步说明目前我国上市公司内部控制信息披露与审核的现状,并分析披露较详细信息的上市公司的特征。

三、沪市上市公司内部控制相关信息披露和审核的概况

上海证券交易所的《关于做好上市公司 2006 年年度报告工作的通知》和证监会发布的《公开发行证券的公司信息披露内容与格式准则第 2 号〈年度报告的内容与格式〉》(2007 年修订)均鼓励有条件的上市公司在披露年报的同时披露董事会对公司内部控制的自我评估报告和审计机构对自我评估报告的核实评价意见。沪市上市公司 2006 年度和 2007 年度内部控制相关信息披露与审核的情况如表 10.2 所示。

根据表 10.2 的数据,我们可以看出,2006 年度披露内部控制自我评估报告或审计师审核报告的上市公司较少,4.2%(35 家)的沪市上市公司披露了自我评估报告,3.9%(33 家)的公司自我评估报告经过审计师审核;2007 年度披露内部控制自我评估或审计师审核报告的上市公司明显增加,16%(138 家)的沪市上市公司披露了自我评估报告,15.8%(136 家)的公司自我评估报告经过审计师审核。有 16 家上市公司在 2006 年度和 2007 年度均披露了内部控制自我评估报告并经审计师审核。下文的案例公司将从这 16 家公司中选择。另外,我们也注意到,审计师在执行内部控制审核(或鉴证业务)时,所依据的准则或规定存在较大差异,这说明这类业务的执业规范尚待进一步明确或统一;并且审计师对于公司的内部控制自我评估报告出具的基本上是无保留意见的审计报告(只有 1 家公司除外)。

第十章 上市公司内部控制信息披露与审核

表 10.2　　　　沪市上市公司 2006 年度和 2007 年度内部控制相关信息披露与审核

			2006 年度	2007 年度
	上交所上市公司总数		842	860
内部控制信息的披露形式	单独的内部控制自我评价报告	年报中披露内控自我评价报告全文(公司家数)	18	132
		年报中未披露内控自我评价报告全文*(公司家数)	17	6
		小　计(公司家数)	35	138
	年报全文的"公司治理结构"、"重要事项"或"董事会报告"**(公司家数)		716	717
	年报全文没有专门的段落提及内部控制(公司家数)		91	5
	小　计(公司家数)		842	860
内部控制审计(或审核)	经审计师审核的内部控制自我评价报告	年报中披露内控审核(或鉴证)报告全文	19	125
		年报中未披露内控审核(或鉴证)报告全文	14	11
		小　计	33	136
	审计师执行该业务的依据***	内部控制审核指导意见	10	48
		中国注册会计师其他鉴证业务准则第 3101 号	5	48
		中国注册会计师其他鉴证业务准则第 3101 号和(或参照)内部控制审核指导意见	0	10
		中国注册会计师审计准则第 1211 号及 1231 号	1	8
		其他****	3	11
		小　计	19	125
	审计师的意见类型	无保留意见	19	124
		保留意见	0	1
2006 年度与 2007 年度均披露内部控制自我评价报告及内部控制审核(或鉴证)报告的上市公司家数				16

注：* 这类公司仅在年报中提及内部控制自我评估报告或者审核报告，并没有在年报中披露这些信息的全文，而是作为单独的一个上市公司公告出现在上海证券交易所网站上。

** 上海证券交易所的《关于做好上市公司 2006 年年度报告工作的通知》要求上市公司在 2006 年年报全文的"重要事项"部分，说明公司内部控制建立健全的情况；证监会在 2007 年修订的《公开发行证券的公司信息披露内容与格式准则第 2 号〈年度报告的内容与格式〉》要求上市公司在"公司治理结构"部分披露其内控情况。

*** 本表中"审计师执行该业务的依据"及"审计师的意见类型"均以年报中披露内控审核(或鉴证)报告全文的上市公司相关信息为依据进行分析。

**** 中国注册会计师审计准则、中国注册会计师独立审计准则、上海证券交易所上市公司内部控制指引、独立审计具体准则第 9 号、中国注册会计师鉴证业务基本准则、财政部的《企业内部控制规范》(征求意见稿)等。

表 10.3　2006 年度与 2007 年度均披露内部控制自我评价报告及内部控制审核(或鉴证)报告的 16 家沪市上市公司概况

项　目		2006 年度	2007 年度
资产规模	最大值(万元)	72 508 705	91 979 641
	最小值(万元)	47 496	49 925
	中位数(万元)	195 315	242 022
审计师出具的审核意见	无保留意见(公司家数)	16	16
行业分布		A 农、林、牧、渔业(1);C 制造业(8);F 交通运输、仓储业(1);G 信息技术业(2);I 金融、保险业(2);L 传播与文化产业;M 综合类(1)。	

四、影响民生银行与兴业银行内控信息披露的因素分析

考虑到不同行业的企业之间差异较大,本章选择金融保险业的沪市上市公司作为进一步分析的基础。同时公布 2006 年报和 2007 年报的金融保险类沪市上市公司共有 14 家。其中,在两年的年报中均披露内部控制自我评估报告或审计师审核报告的上市公司为民生银行(600016,SH)和兴业银行(601166,SH)。下文将根据相关理论,分析这两家银行自愿披露内控信息的可能原因(详见表 10.4)。

表 10.4　影响金融保险类沪市上市公司内控信息披露的因素分析

	影响内控信息披露的因素	2006 年度					2007 年度				
		最大值	最小值	中位数	民生银行	兴业银行	最大值	最小值	中位数	民生银行	兴业银行
固有风险	资产(万元)	750 911 800	42 990	54 049 617	70 044 932	61 770 434	868 428 800	50 499	75 121 963	91 979 641	85 133 527
	盈利能力(净利润除以资产平均余额)	15.4%	−6.4%	0.7%	0.61%	0.7%	14.38%	0.4%	1.31%	0.78%	1.17%
	过去 3 年的营业收入环比增长率*	552%	−23%	33.9%	35.9%	40.1%	415%	−20%	43.3%	45%	61.5%
公司治理与代理成本	外部股东持股集中度(持股比例超过 5%的外部股东持股比例合计)	92.67%	16.62%	46.5%	16.62%	46.5%	92.72%	11%	33.9%	11%	33.18%
	持股 5%以上的外部股东数量	6	1	3	3	3	5	1	2.5	2	2
	公司高管持股比例	0.6%	0	0	0	0	0.495%	0	0	0	0
	机构投资者**持股比例	58.03%	0	8.77%	23.66%	2007 年初上市	71.08%	1%	32.37%	15.19%	71.08%
	审计委员会开会的频率	6	1	—	未披露	未披露	7	4	—	未披露	未披露
	负债权益比率	93.32%	12.25%	34.36%	86.79%	2007 年初上市	87.8%	2.16%	54.33%	80.21%	75.81%

注:* 由于部分公司 2007 年初上市,所以只能计算 2005 年度至 2007 年度的环比营业收入增长率。

** 这里的机构投资者持股比例指的是基金公司持股比例。

第十章 上市公司内部控制信息披露与审核

表 10.5　　　　　民生银行与兴业银行内部控制信息披露与审核

项目		2006 年度 民生银行	2006 年度 兴业银行	2007 年度 民生银行	2007 年度 兴业银行
实际控制人类型		无,持股 5% 以上的股东共 3 个,性质均为其他(非国有)	持股 5% 以上的股东共 3 个,性质分别为境内机关事业法人和境外法人	无,持股 5% 以上的股东共 2 个,性质分别为其他(非国有)和国有控股	持股 5% 以上的股东共 2 个,性质分别为境内机关事业法人和境外法人
内部控制自我评估报告内容	第一部分	内部控制制度体系的基本构成	内部控制环境	—	内部控制环境
	第二部分	不断梳理与完善内控制度	授信业务/资金业务/中间业务/流动性风险的内部控制	—	风险评估
	第三部分	集中管理模式等体现内控有效性	会计内部控制/计算机系统的内部控制	—	控制活动
	第四部分	内部控制尚需完善的方面及改进措施	关于落实《金融工具确认和计量暂行规定》及财政部第 33 号令的内部控制/应急事件的内部控制	—	内部控制的监督与纠正
	第五部分	2007 年内部控制工作重点	内部控制的监督与纠正	—	内部控制的自我评估
审计师审核意见	审核报告名称	对中国民生银行股份有限公司内部控制自我评价报告的评价意见报告	内部控制审核报告	—	对兴业银行股份有限公司内部控制自我评估报告的核实评价意见
	审计师执行该业务的依据	中国注册会计师审计准则第 1211 号/1231 号	内部控制审核指导意见	—	中国注册会计师审计准则第 1211 号/1231 号
	审计师意见	无保留意见	无保留意见	无保留意见	无保留意见
	审核结论	根据我们的研究和评价,我们未发现贵行与编制 2006 年度会计报表相关的内部控制与后附的《内部控制自我评价报告》中对于内部控制的自我评价在所有重大方面存在不一致的情况	我们认为,贵公司按照相关控制标准于 2006 年 12 月 31 日在所有重大方面保持了与财务报表相关的有效的内部控制	—	根据我们的研究和评价,我们未发现贵行与编制 2007 年度财务报表相关的内部控制与后附的《内部控制自我评价报告》中对于内部控制的自我评价在所有重大方面存在不一致的情况

根据表 10.4、表 10.5 的数据可以看出,与金融保险业的其他企业相比,民生银行与兴业银行的资产规模较大、外部股东持股集中度较低、高管持股比例较低、负债权益比率较高,这些都表明公司管理层与股东、股东与债权人之间存在较大的利益冲突,主动披露企业内部控制的相关信息并经审计师审核有助于降低三方之间的信息不对称。此外,民生银行(2006 年)、兴业银行(2007 年)的机构投资者持股比例较高,也可能会促使公司更多地披露内控信息以增加机构投资者对其内部控制的有效性及财务信息的可靠性的信心。

五、结论与建议

本章通过对沪市上市公司 2006 年度与 2007 年度内部控制相关信息披露与审核的情况进行分析后发现,审计师执行上市公司内部控制审核(或鉴证)业务的依据尚不明确,有待进一步统一。可以考虑参照美国的有关规定,明确哪些情况属于内部控制重大缺陷、在什么情况下需要出具非无保留意见的内部控制审核报告等,避免目前存在的绝大多数公司的内部控制审核报告均为无保留意见的情况。另外,有关上市公司内部控制的规范也是政出多门。例如,证监会在 2003 年 12 月发布的《证券公司内部控制指引》、上海证券交易所和深圳证券交易所分别在 2006 年 6 月 5 日和 9 月 28 日发布的《上海证券交易所上市公司内部控制指引》和《深圳证券交易所上市公司内部控制指引》、银监会在 2007 年 7 月发布的《商业银行内部控制指引》、证监会在 2007 年 12 月发布的《公开发行证券的公司信息披露内容与格式准则第 2 号〈年度报告的内容与格式〉》,以及财政部、证监会、审计署、银监会和保监会在 2008 年 6 月联合发布的《企业内部控制基本规范》等,这些规范对于内部控制的构成要素、自我评估报告的格式等方面的规定存在一定的差异,给上市公司编制自我评估报告以及审计师的审核带来了一些困惑,有必要对此进行适当的调整。

民生银行与兴业银行在 2006 年度与 2007 年度均披露了较详细的内部控制自我评估报告并经审计师审核。在分析了这两家银行及其所属的金融保险业的其他公司 8 类指标之后,我们发现资产规模、外部股东持股集中度、高管持股比例、负债权益比率以及机构投资者持股比例都可能是影响这两家银行自愿披露内控信息的因素。

第十章 上市公司内部控制信息披露与审核

附录 10—1 兴业银行内部控制审核报告

对兴业银行股份有限公司内部控制自我评价报告的评价意见报告

(闽华兴所(2008)审核字 G-003 号)

兴业银行股份有限公司董事会：

我们接受委托，审计了兴业银行股份有限公司(以下简称"贵公司")的财务报表，包括 2007 年 12 月 31 日的资产负债表，2007 年度的利润表、股东权益变动表和现金流量表以及财务报表附注，并于 2008 年 3 月 18 日出具了标准无保留意见的审计报告。按照企业会计准则的规定编制财务报表是贵公司管理层的责任，我们的责任是在实施审计工作的基础上对财务报表发表审计意见。

在审计过程中，我们按照《中国注册会计师审计准则第 1211 号——了解被审计单位及其环境并评估重大错报风险》规定的有关要求，了解了与贵公司财务报表审计相关的内部控制，以评估财务报表的重大错报风险及设计进一步审计程序的性质、时间和范围；同时作为实施审计程序的一部分，我们亦按照《中国注册会计师审计准则第 1231 号——针对评估的重大错报风险实施的程序》中有关控制测试的要求，对所要依赖的与财务报表编制有关的内部控制环节执行了相关控制测试。在上述了解内部控制和控制测试的过程中，我们结合贵公司的实际情况，实施了包括询问、观察、检查、追踪交易在财务报告信息系统中的处理过程及重新执行等我们认为必要的检查程序。

建立健全内部控制制度是贵公司管理层的责任，我们所执行的了解内部控制和控制测试程序是根据上述中国注册会计师审计准则的要求以财务报表审计为目的进行的，而不是对内部控制的专门审核，不是专为发现内部控制缺陷、欺诈及舞弊而进行的，所以我们不可能发现存在的所有缺失，因此本报告不应被视为对贵公司内部控制的专项审核意见。另外，由于任何内部控制均具有固有限制，存在由于错误或舞弊而导致财务报表错报但未被发现的可能性，所以不应依赖我们的审计工作揭示所有重大错误和不当行为。此外，根据内部控制评价结果推测未来内部控制有效性具有一定的风险，因为情况的变化可能导致内部控制变得不恰当，或对控制政策、程序遵循程度的降低。因此，在本期有效的内部控制，并不保证在未来也必然有效。

根据中国证券监督管理委员会的要求，贵公司准备了《兴业银行股份有限公司 2007 年度内部控制自我评价报告》(以下简称《内部控制自我评价报告》)。根据我们的研究和评价，我们未发现贵公司与编制 2007 年度财务报表相关的内部控制和后附的《内部控制自我评价报告》中对于内部控制的自我评价在所有重大方面存在不一致的情况。

转型经济中的审计问题

本报告仅作为兴业银行向中国证券监督管理委员会和证券交易所提交年度报告之用,不得作为其他用途使用。

福建华兴有限责任会计师事务所
中国注册会计师：童益恭　林　霞
2008 年 3 月 18 日

参考文献

1. 陈天骥:"深市主板上市公司内部控制披露情况分析",《上海证券报》,2008 年 6 月 6 日,D3 版。

2. 许碧:"中小企业板上市公司内部控制披露情况分析",《上海证券报》,2008 年 6 月 6 日,D3 版。

3. Bronson, S., J. Carcello and K. Raghunandan, 2006. Firm characteristics and voluntary management reports on internal control, *Auditing: A Journal of Practice and Theory*, 25(2):25—39.

4. Deumes, R. and W. R. Knechel, 2008. Economic Incentives for voluntary reporting on internal risk management and control systems, *Auditing: A Journal of Practice and Theory*, 27(1):35—66.

5. Glass Lewis &Co., 2007. The materially weak. *Yellow Card Trend Alert*, February 27.

6. Hermanson, H. M. 2000. An analysis of the demand for reporting on internal control. *Accounting Horizons* 14(September):325—341.

7. Kinney, W. and L., McDaniel. 1989. Characteristics of firms correcting previously reported quarterly earnings. *Journal of Accounting and Economics* 11,71—93.

8. McMullen, D. A, K. Raghunandan and D. V. Rama. 1996. Internal control reports and financial reporting problems. *Accounting Horizons* 10(December):67—75.

9. Public Company Accounting Oversight Board(PCAOB), 2007. Auditing Standard No. 5,"An audit of internal control over financial reporting that is integrated with an audit of financial statements", www.pcaobus.org.

第十章 上市公司内部控制信息披露与审核

思考题

1. 内部控制鉴证与内部控制审计有什么区别？
2. 内部控制评价与内部控制审计所涵盖的内部控制范畴一致吗？如果不一致，解释理由。
3. 公司自愿披露某些信息的目的是什么？

分析题

资料一

以下信息摘录自紫金矿业（601899，SH）2010年内部控制自我评价报告。

2010年公司内控缺陷清单

序号	业务范围	缺陷描述	缺陷性质	整改情况
1	公司治理	因2009年度事件及2010年度紫金山铜矿"7·3"事件，涉嫌信息披露违规，公司在报告期内受到证监会两次立案调查	重要缺陷	（略）
2	人力资源	忠诚企业、具有丰富国际化管理经验的管理人才、技术人才严重不足	一般缺陷	（略）
3	人力资源	人才培养、引进、评价和考核体系还不够完善与科学	一般缺陷	（略）
4	社会责任	环保安全方针贯彻不到位；个别企业环保工程设防标准不够，"三同时"执行不到位；下属企业在报告期内发生了"7·3"和"9·21"事件	重大缺陷	（略）
（略）				（略）
17	资产管理	公司下属部分单位存在个别库存材料物资积压时间太长，可能产生一定的损失风险	一般缺陷	（略）
18	资产管理	实物保管环节存在漏洞，有资产流失的风险	一般缺陷	（略）
19	工程建设	基建工作管理水平总体偏低，集团化项目管理体系建设还不尽合理。区域公司缺乏监督力量制度执行不力	重要缺陷	（略）
（略）				（略）
30	内部信息传递	因对国内外同行标杆企业或竞争对手跟踪、研究不够深入，可能影响公司战略规划、目标的适时调整	一般缺陷	（略）

转型经济中的审计问题

要求：

查阅紫金矿业 2010 年内部控制评价报告全文，并回答以下问题：

1. 区分内部控制的重大缺陷、重要缺陷和一般缺陷的标准是什么？并举例说明。
2. 如果由你负责该公司的内部控制审计，应重点实施哪些审计程序？

资料二

宋京津（2011）[①]以深圳发展银行、浦发银行和民生银行在 2001～2008 年年度报告中披露的内部控制信息情况为例，研究了内部控制信息披露政策的变化。文中指出上市银行内部控制信息披露存在着一些突出的问题，表现在以下几个方面：

(1) 各银行侧重于内部控制制度的制定，缺乏对制度执行情况的描述和评价或简单地说制度得到了有效地执行；

(2) 侧重于组织机构设置的介绍，忽视其他内部控制环境，如管理层的管理哲学和经营风格、授权方式、员工的诚实性和道德观、人力资源政策和实施等的披露；

(3) 侧重于外部环境带来的风险，缺少系统性、流程风险的揭示；

(4) 侧重于取得的成绩，较少提供有建设意义的内部控制整改计划和方案；

(5) 监事会意见多流于形式，缺乏实质性内容，甚至监事会与董事会的评价意见自相矛盾。

问题：

1. 是否有必要强制要求上市公司披露内部控制相关信息？
2. 内部控制信息披露应包括哪些对报表使用者决策有用的信息？

[①] 宋京津："经济后果观下的内部控制信息披露问题——基于三大上市银行 2001～2008 年年报的思考"，《审计与经济研究》2011 年第 3 期。